民办高教发展研究

第6辑

黄崴 主编

·广州·

版权所有　翻印必究

图书在版编目（CIP）数据

民办高教发展研究. 第 6 辑/黄崴主编. —广州：中山大学出版社，2021.12
ISBN 978-7-306-07349-5

Ⅰ. ①民… Ⅱ. ①黄… Ⅲ. ①民办高校—发展—研究—中国 Ⅳ. ①G648.7

中国版本图书馆 CIP 数据核字（2021）第 251878 号

MINBAN GAOJIAO FAZHAN YANJIU（DI-LIU JI）

出 版 人：王天琪
策划编辑：王延红
责任编辑：吴政希
封面设计：徐嘉蔚　曾　婷
责任校对：卢思敏
责任技编：靳晓虹
出版发行：中山大学出版社
电　　话：编辑部 020-84111946，84113349，84111997，84110779，84110776
　　　　　发行部 020-84111998，84111981，84111160
地　　址：广州市新港西路 135 号
邮　　编：510275　　　　　传　真：020-84036565
网　　址：http://www.zsup.com.cn　　E-mail：zdcbs@mail.sysu.edu.cn
印 刷 者：广东虎彩云印刷有限公司
规　　格：787mm×1092mm　1/16　15.75 印张　264 千字
版次印次：2021 年 12 月第 1 版　2021 年 12 月第 1 次印刷
定　　价：48.00 元

如发现本书因印装质量影响阅读，请与出版社发行部联系调换

本书编委会

主　编	黄　崴
副主编	祝宪民
执行主编	门学坤　林　丹
责任编辑	门学坤　郑春元　黄柳梅　林　丹　张金连
成　员	陈春平　邓　惠　黄观德　胡敏沪　李文红
	梁普建　刘春其　刘瑾辉　刘　飞　刘勇奎
	宋宁翔　王丽英　武电平　吴文平　吴晓义
	易　钢　曾小亮　张曙光　战秀琴　张　平
	祝宪民　周建民

目录
CONTENTS

◇ **校长论坛**

凝心聚力再出发，砥砺奋进齐攻坚，谱写科研工作新篇章
  ——在2020年科研大会上的讲话 　　　　　　　　黄　崴　2

夯实基础　突出特色　提升品牌　共谋发展
  ——在第三届教代会暨第六届工代会第二次会议上的
  工作报告　　　　　　　　　　　　　　　　　张曙光　6

◇ **民办高校管理**

民办本科院校转型发展面临的困境及对策　　　　　　　郑春元　19

招考改革形势下民办高校招生策略研究　　　　　　　　骆乐生　33

广东民办高校教师流失原因及对策分析
  ——基于薪酬福利的视角　　　　　　　　　　　曹忠辉　39

民办高校与教师良性互动机制构建
  ——基于广东省五所民办高校的满意度调查研究　吴晓宣　49

试论"放管服"新形势下高校两级财务管理体制的改革
  ——兼以H民办高校为例　　　　　　　　　　　李秀花　58

◇ **人才培养**

创新创业教育应重视开发学生的思路　　　　　　　　　王仁法　68

新《公司法》视角下民办高校大学生创业法律风险与防范　周　瑜　76

论大学生行政职业能力的培养
  ——以行政职业能力测验考试为例　　　　　　　吕坤鹏　82

数字化阅读对民办高校大学生有效学习的影响研究
　　——以广东培正学院为例　　　　　　　　　　　　李文红　91

◇ 思政与校园文化

基于学校社会工作视阈下民办高校贫困生心理脱贫探析　谢俊芳　103
基于 UGC 模式下的大学校园文化传播新手段研究
　　——以 Vlog 为视角　　　　　　　　　　　　　　宋　可　113

◇ 教学改革

大学生人文素质的全面培养与大学语文教学略议
　　——以公务员考试公共科目为材料　　　　　　　严孚良　122
智能化时代本科会计教育供给侧改革研究　　　　　　谭洪益　138
民办高校管理学教学方法改革
　　——以广东培正学院管理学院管理学教学为例　　张成龙　150
高校体育教育中的性别公平问题探究
　　——社会性别视角的透视　　　　　　　　　　　杨秀华　159
产品开发视野下的文化创意与策划课程教学改革研究
　　　　　　　　　　　　　　　林　刚　陈嘉颖　刘　勤　168

◇ 教学探索

思维导图教学法研究　　　　　　　　　　　　　　　陆燕冰　180
认知语言学视角下高校英语专业口译教学探索　　　　冯亚玲　192
基于翻转课堂的会计综合实训教学模式研究　　　　　谭洪益　199
民办高校混合式教学模式实践及效果评价体系研究
　　——以统计学课程为例　　　　　　　　　　　　田　玥　208
平行研究法在大学语文教学中的运用　　　　　　　　杜冰卉　216
潜显理论与语音"潜性"问题研究　　　　　　　　　杨　凌　225
基于职业能力培养的文书写作教学研究　　　　　　　周巧香　235

校长论坛

凝心聚力再出发，砥砺奋进齐攻坚，谱写科研工作新篇章

——在2020年科研大会上的讲话

黄 崴[①]

摘要："十三五"时期，我校（指广东培正学院，下同）的科研工作取得了较大的成绩，学校逐年加大科研经费投入力度，出台一系列奖励科研的制度，取得了较丰富的科研成果，但还存在一定不足。近期科研工作的主要任务是进一步增强全校教师的科研意识、科研能力，鼓励全体教师努力申报课题、完成课题，增加科研成果的数量，提高科研成果的质量和档次，实现科研管理的信息化、科学化，使我校的科研工作再上新台阶，谱写新篇章。

关键词：科研工作；奋进攻坚；科研意识；科研能力；科研成果

各位领导、老师们：

下午好！

今天，请各级领导、全体教师来参加科研工作大会。开好这次会议，对于进一步明确我校科研工作的任务和方向具有重要的指导意义，对于进一步深化我校科研管理体制改革具有现实意义，对于提升我校的办学质量和办学水平具有十分重要的全局意义。

下面由我来简单回顾一下"十三五"时期我校科研工作的情况，说一说其中存在的问题，同时，梳理我校科研工作接下来的目标和任务。

一、工作回顾

"十三五"时期，学校始终坚持社会主义办学方向，坚持"公益办学、规范办学、诚信办学、特色办学、质量至上"的办学理念，坚持走内涵式发展道路，紧紧围绕立德树人的根本任务，全面贯彻党的教育方针，以质量为

[①] 黄崴，男，广东培正学院校长。

核心，以特色求发展，全校师生凝心聚力、奋发图强，持续推动学校健康快速发展。2018年5月，学校通过了教育部本科教学工作审核评估，办学质量、办学效益和社会声誉逐步得到提升。

"十三五"时期，学校逐年加大科研经费投入力度，科研工作取得了较大成绩。一是2016—2020年的预算经费为800多万元，实际使用347万元，科研经费有保障；二是出台《广东培正学院科研奖励办法》《广东培正学院教师科研工作量考核办法》等规章办法，加大对科研的奖励力度，使科研考核机制有保障；三是学校科研立项形成了校内、校外等项目全方位立项的局面，科研工作有成果。"十三五"时期，校内项目共立项515项，校外共立项80项。其中，广东省教育厅课题37项，广东省科技厅课题11项，广东省社科规划课题10项，广州市社科规划课题6项。值得一提的是，我校2017年获得教育部人文社科项目立项，填补了我校教育部科研项目的空白。《广东培正学院论丛》（本刊原名为《广东培正学院学报》，其间所刊载论文共有9篇被《中国人民大学复印报刊资料》全文复印转载）多次获奖，4次蝉联全国民办高校学报"十佳期刊"，能有幸获此殊荣的民办高校，全国仅3家。

作为"十三五"规划的收官之年，今年（2020年），我校的科研工作取得了可喜的成绩。省级以上项目共立项27项。其中，省教育厅项目14项，省科技厅项目11项，省财政厅和省社科规划项目各1项；公开发表论文274篇，实现人均成果翻番，其中，在核心期刊发表12篇，比去年同期增长50%；出版著作共4部，艺术作品获奖1幅。特别要提到的是，今年成功申请了12项专利，实现了零的突破。

这些成绩的取得，得益于董事会的坚强领导，得益于学校各相关部门的密切协作，更得益于老师们的无私奉献和辛勤耕耘。在此，我代表学校党政领导班子，向大家表示衷心的感谢和崇高的敬意！

二、科研工作的现状和存在问题

虽然各项工作取得了一定成绩，但应该清楚地认识到：科研工作仍是我校的短板，存在不少问题。其一，论文发表数量较少。2019年教师人均发表论文0.25篇；今年（2020年）截至目前，人均不足1篇。其二，科研成果档次较低。2020年我校教师在核心期刊共发表论文12篇，核心期刊发表论文数只占全部公开发表论文的4.7%；学术专著较少；无国家级立项的科研项目，省部级立项的项目不多。其三，教师人均科研经费较少，为3500元，对比兄弟院校教师人均1万元的科研经费差距很大。

著名科学家钱伟长说："教学没有科研做底蕴，就是一种没有观点的教育。"确实，对高校而言，科研与教学犹如鸟之两翼，车之两轮，缺一不可。在新时代，学校正围绕建设国内一流、国际有影响力的应用型民办本科大学的伟大目标进行积极谋划并付诸行动。国内外的办学实践一再证明，加大科研工作力度是创建高水平民办高校的必由之路。创建中国一流的民办大学，要遵循高等教育发展的客观规律，树立"教育发展，科研先行"的理念。近年来，我校的科研工作虽有所加强，但发展不平衡成为制约我校发展的重要因素，同国家对创建高水平民办高校的要求相比还存在较大差距。因此，加强科研建设仍是我校今后工作的一个重点。

三、近期科研工作的思路和主要任务

我校接下来的科研工作目标：一是做到全体教师科研基础工作扎实，科研能力明显提高，科研意识明显增强，学校学术氛围浓厚，争取实现人人申报课题、人人有课题；二是做到科研成果数量增多、质量提高，实现科研项目、科研成果、科研经费翻番；三是做到科研管理系统全面上线，使科研激励机制得到全面有效实施。

基本工作思路是：坚持以习近平新时代中国特色社会主义思想为指导，以学科建设为基础，以专业建设为基地，以教师队伍建设为核心，以科研项目为抓手，以教育教学研究为重点，进一步完善科研激励机制及校院的两级管理体制，完善科研管理架构；通过科研孵化器，培养中青年学术骨干，努力组织以校、院、系和科研孵化器为单位的科研团队，积极创造条件，筹建校、院、系和科研孵化器四级研究机构与科研平台，争取在学科与专业建设、特色办学等方面取得标志性成果和高质量成果，争取成功申报省部级及以上的高层次项目，开创科研工作稳定、持续发展的新格局，为我校成为特色鲜明的应用型本科院校打好科研工作基础。主要有七个工作举措。

一是发挥好"四轮驱动"，即发挥教师、教学、科研和产教融合的重要作用。建设一支高质量教师队伍，提高教学水平，搞好科研，促进产教融合。

二是全力做好学校"十四五"科研发展规划，建立科研工作绩效考核标准，并纳入二级学院和教师绩效考核体系。

三是建设科研管理自动办公系统。2019年计划使用"易普拉格"的科研管理系统，预计两年内正式启动。

四是积极组织教师组建科研团队，围绕其学科专业方向，积极申报各级各类课题。根据每个学院的专职教师队伍人数，确定申报市厅级、省部级、国家级课题的数量，实现申报课题和获批课题翻番的目标，实现国家级课题立项零的突破。

五是启动并推广科研孵化器。2020年9月，学校已在经济学院启动了科研孵化器，待试点成功后，再向有条件的二级学院推广。要充分发挥集群效应和聚集功能，以团队的形式主攻各级各类纵向和横向课题，并积极争取社会和企事业单位的横向课题，特别是省部级及以上课题。从校外争取更多科研项目经费，从以学校科研经费为主，逐渐转变为以争取校外科研经费为主、以学校科研经费为辅的科研格局。

六是举办好"培正大讲坛"。活跃校园科研气氛，提高广大教师的参与度，促进学术水平不断提高，营造浓厚的学术氛围。学术讲座按其组织举办的层面分为校级学术讲座和院级学术讲座。校级学术讲座是指面向全校师生，由科研处代表学校组织学术讲座，有关部门配合、共同组织举办；院级学术讲座是指主要面向各二级学院内部师生的学术讲座，由各院组织举办，科研处参与。我校每年举办"培正大讲坛"10次以上。校级讲座每学期举办1次；院级讲座每月举办1次，由各二级学院轮流举办。聘请校内外著名专家作学术报告，举办学术讨论会，活跃校园学术气氛，提高广大教师的参与度，促进学术水平不断提高，增强教师们的科研兴趣并提高其积极性。

七是为联合培养研究生做好准备工作。切实提高我校的科研实力，为申请硕士学位授权点提供基础保障，争取早日实现研究生培养计划的成功申请。

"不积跬步，无以至千里；不积小流，无以成江海。"万事开头难，坚持就是胜利。学校已有明确的科研工作计划，请老师们也要制订个人的科研工作计划，做到自上而下执行科研工作要求，由内而外提高科研工作水平，从始至终让科研成为习惯。

"雄关漫道真如铁，而今迈步从头越。"让我们行动起来，凝心聚力再出发，砥砺奋进齐攻坚，谱写科研工作新篇章。

谢谢大家！

夯实基础　突出特色　提升品牌　共谋发展

——在第三届教代会暨第六届工代会第二次会议上的工作报告

张曙光[①]

摘要：2019年，我校完成了全面提升办学质量、积极推进党团建设、努力实现转型发展、打造高素质的应用型师资队伍、狠抓学风、打造优良的校园文化环境、加强校园基础设施建设、进一步改善办学条件等各项工作。2020年的努力方向是寻求"高"的发展格局，充分落实评估整改措施，实现科学化管理，营造"好"的智慧校园，形成"稳"的师资队伍，对照《普通高等学校本科专业类教学质量国家标准》（以下简称《国标》）对我校专业进行适度调整，健全"严"的标准体系，努力把我校办成省内一流民办高校，奋力谱写学校教育事业发展的新篇章。

关键词：办学质量；人才培养；努力方向

尊敬的各位代表：

现在，我代表学校向大会作工作报告，请予审议，并请列席代表提出宝贵意见。报告分为两个部分：第一部分是对2019年学校取得的工作成绩进行总结，第二部分是提出2020年工作设想与计划。具体内容如下。

第一部分　2019年工作回顾

2019年，是本科教学工作审核评估整改之年，学校依据《本科教学工作审核评估专家组审核评估报告》《本科教学工作审核评估整改工作方案》要求，在全校范围内广泛深入地开展审核评估整改工作，推动各方面工作取得了长足的进步和提升。

2019年，我们主要完成了以下工作。

[①] 张曙光，男，广东培正学院原校长。

一、深入整改，全面提升办学质量

2019年，学校各部门围绕审核评估整改这项核心工作，全面落实立德树人的根本任务，进一步优化顶层设计，探索学校治理体制改革，加强师资队伍建设，完善应用型人才培养体系，推动办学质量和人才培养质量不断提高，共凝练整改成果100余项。2019年7月，由梁董事长亲自带队到省教育厅汇报工作，工作成果得到了教育厅领导的充分肯定。2019年9月，学校总结一年来的整改成果，形成了《广东培正学院本科教学工作审核评估整改报告》，正式上报省教育厅，并提请对我校整改工作进行检查和验收。

二、从严治理，积极推进党团建设

（一）加强思想建设

以习近平新时代中国特色社会主义思想为指导，贯彻落实党的十九大和十九届四中全会、全国教育大会和习近平总书记视察广东重要讲话精神，围绕立德树人的根本任务，较好地完成了"不忘初心、牢记使命"主题教育工作。

（二）抓好政治建设

党委书记进入董事会，党委积极参与学校重大决策和干部任免工作，党委领导核心和政治核心作用更加凸显。

（三）加强基层党建工作

认真贯彻党支部工作条例，规范学校基层党组织建设；制定并落实二级学院党政联席会议制度；推进教师党支部"双带头人"工程，覆盖面已达75%。尤为可喜的是，2019年，我校的党建工作被省委教育工委评为一等。

（四）进一步夯实团建基础

通过推进"青马工程""班团一体化""三会两制一课""主题团日"等活动，开展常态化主题教育，青年学子对团员身份的认同感得到增强。全校现有团员13794人，团青比例达到90.07%。

三、积极转型,人才培养效果日益凸显

(一) 推进重点专业与特色专业建设

评选校级一流本科专业 5 个(商务英语、财务管理、工商管理、英语、应用心理学),校级一流本科专业建设点 3 个(市场营销、计算机科学与技术、经济统计学)。2019 年 12 月,我校商务英语专业获批广东省一流本科专业建设点。

截至 2020 年 3 月,我校本科专业数量达 39 个,其中 32 个获得本科学位授予权。有 28 名专业负责人具有高级职称。

(二) 重构 2019 版人才培养方案

各专业在开展专业调研的基础上,以社会需求为导向,明确专业人才培养的目标定位及人才培养规格,构建应用型人才培养课程体系,优化专业实践教学体系和实践教学项目,完善实践课程教学大纲。

(三) 加强课程思政建设,积极推动教学改革

各二级学院以课程思政为切入点,充分发挥课堂教学在立德树人工作中的主渠道、主阵地作用。鼓励任课教师采取理论与实践相结合、课内与课外相结合、以赛促学等不同的教学手段和教学方法,积极探索改革课堂教学模式,努力提高应用型人才培养效果。

(1) 将慕课、微课、翻转课堂、混合式教学等新的教学模式引入课堂教学,逐步建立我校在线课程教学资源库。2019 年,我校有 29 门线上课程通过中期检查,其中有 16 门上线并开课。

(2) 积极探索"1+X"证书的应用型人才培养路径。在专业课教学中有针对性地融入职业资格知识与技能,助力学生做好就业准备。如在 2019 年,法学院 58 名学生通过国家统一法律职业资格考试,占该届毕业生总数的 20.57%;外国语学院有 109 名学生通过英语专业八级考试,占该届毕业生总数的 20.4%;数据科学与计算机学院网络工程专业有 16 名学生通过华为智能计算高级工程师认证;等等。

(3) 开展大学计算机基础课程改革,实行"教师课堂授课+网络自主学习"的教学模式。计算机基础课程试点班学生参加全国计算机等级考试一级

的通过率达到了90%。从2019年9月起，学校将改革范围扩大至所有计算机基础课程教学班级。

（4）学校鼓励教师将研究成果应用到教学改革实践中。2019年，完成第二届校级教学成果奖评选工作，评选出特等奖1个、一等奖2个、二等奖2个，教学成果奖培育项目3项。立项教育部产学合作协同育人项目1项、省级质量工程建设项目8项。8项省级质量工程项目已结项，其中，4项省级校企合作协同育人项目、2项实践教学基地项目、2项专业综合改革项目通过省教育厅验收。

（四）深化校企合作，推进产教融合

2019年，学校新建校企合作基地40个，现有校企合作育人基地161个，覆盖全校38个专业。

2019年5月，学校与广东百捷教育投资管理有限公司共建产业学院——广东培正学院百度云智学院，通过共建专业的模式引入企业资源，使学校与企业优势互补，协同培养应用型人才。2019年，百度云智学院开设软件工程（大数据科学与技术方向）、网络工程（物联网方向）、电子商务（商务智能方向）3个专业，共招收226名新生入读。

（五）构建科研工作体系和激励机制，鼓励教师潜心科研教研

2019年，我校教师公开发表论文170篇，其中在核心期刊发表8篇；艺术作品获奖或入选20幅；校内科研教研项目立项128项；省级以上项目立项9项，另结项9项；受出版奖励的著作5部。

（六）调整优化教学管理体制

学校以权责划分为教学管理改革核心，逐步实现教学管理重心下移，落实二级学院的办学主体地位，形成学校宏观决策、部门协调配合、学院实体运行的管理模式。2019年，学校新成立7个二级学院，并初步完成了二级学院内部机构调整和人员设置。组建了二级教学督导队伍，聘任二级教学督导员29名，加强对二级学院教学质量和教学过程的监控。

完善教学管理制度，制（修）定各类教学管理制度共计27项。引进了新的教务管理信息服务系统，进一步优化教学管理流程，提高教务管理效率及水平，为推进应用型人才培养模式改革提供了信息化条件。

四、质、量并举,打造高素质的应用型师资队伍

2019年,学校积极实施"人才强校"战略,大力引进、培养高水平师资,增加师资队伍经费投入,提高教师薪酬待遇,建立相对稳定的中青年骨干教师队伍和"双师双能型"教师队伍,切实打造一支规模适度、结构合理、素质较高的应用型师资队伍。

(一)进行薪酬制度改革,积极稳定教师队伍

学校自2018年开展薪酬结构调整与套改以来,每年净增加师资建设经费投入1900万元,大幅度提升了教职工薪酬与福利待遇。2019年11月,学校开展了首次岗级竞聘晋升工作,有近百位教职工获得了晋升,在"保基础"的同时进行"强激励"。

(二)建立高层次人才引进和培养机制,增加教师数量,优化师资结构

近3年来,共引进各类师资172人,其中具有高级职称的教师137人,具有博士学位的教师7人。本校专任教师中有40人取得了相关高级职称。

学校积极打造应用型教师队伍,专任教师中现有"双师双能型"教师120人。2019年,引进39名优秀企业人才担任专兼职教师,参与人才培养方案制定、实践教学和实验项目开发、毕业论文(设计)指导和实践教学基地建设等工作。

经过努力,学校的师生比明显降低。截至2019年12月底,共有教职工914人,其中专任教师726人,师生比为1∶19.71。

(三)加强培养培训工作,助推中青年教师快速成长

2019年,学校评选出校级教学名师5人(刘飞、陈军、练志宁、张妤、周淑云),教学名师培养对象2人(刘锦、谭洪益),评选2019年度中青年骨干教师19人。

举办"第七届青年教师教学基本功大赛",共21名青年教师获教学竞赛奖。开展名师大讲堂,邀请上海交通大学余建波教授、复旦大学蒋玉龙教授等举办专题讲座,向我校教师传经送宝,拓展教师们的教学改革思维。实施针对青年教师的"一对一"导师制,让青年教师多听课、多学习,并将

"导师制"与高校教师资格认定、职称评审等挂钩。5年来，160名新进青年教师经过"导师制"的培养，绝大部分都成长为合格的高校教师。

（四）以课程建设为抓手，培养优秀教学团队

数据科学与计算机学院的4位老师组成了在线课程技术辅助团队，辅助我校教师制作在线课程，并推出了相关教程。

为配合学校的外语教学改革，外国语学院8位老师组成了商务英语"金课程"和"金课堂"教学团队，于2019年6月参加了外研社举办的"教学之星"大赛，获得了全国复赛二等奖。

五、狠抓学风，人才培养质量不断提高

2019年，学校继续狠抓学风建设，评选出"优良学风先进班"72个、"学风建设先进工作者"77名、优秀实习生79名、荣誉毕业生158名、优秀学生宿舍69间；举办6场优秀学生宣讲会，组织开展1388次社会实践活动、11次学科技能竞赛和创新活动等，培养学生积极、健康、向上的精神面貌，激发学生的学习兴趣和潜能，鼓励学生参与社会实践、学科技能竞赛和创新活动，培养学生的实践能力与创新意识。学校还加强了课堂内外的体育综合建设，提高学生身体素质。积极推动高素质应用型人才培养质量不断提高。

（1）2019届本科学生毕业率为97.10%，其中一级荣誉生（GPA 3.65以上）23名，二级荣誉生（GPA 3.50—3.64）135名。

2019届本科毕业生3407人，初次就业率94.73%，年底总体就业率为99.03%。我校毕业生近3年总体就业率均在99%以上。专业对口率达到74.49%，平均薪酬4606元/月。

2019届本科毕业生大学英语四级考试累计通过率70.18%，在同类院校中处于较高水平。

（2）2018—2019学年，学生参与学科竞赛获奖总计162项，其中国家级11项。学生参与的赛事包括"科云杯"全国大学生财会职业能力大赛、全国高校数字艺术设计大赛、第十届大学生广告艺术大赛、全国高校商业精英挑战赛"浪潮铸远杯"全国总决赛、"外研社杯"全国英语阅读大赛等重要比赛，均取得了优异的成绩。

获广东大学生科技创新培育专项资金（攀登计划）项目8项（其中重点项目1项）；大学生科研项目立项80项，发表论文50篇；大学生创新创业

训练项目103项（其中国家级5项、省级35项）。

（3）2018—2019学年，全校学生体质测试通过率达到94.09%。参加各类文体活动获奖102项，其中国家级5项。

2019年5月，在广东省第十届大学生运动会比赛中，我校健儿获得甲组羽毛球女子团体金牌和男女团体总分第二名、羽毛球女子单打和田径女子400米第二名、男子50米自由泳铜牌等若干好成绩。游泳队和羽毛球队获得了组委会颁发的"运动队体育道德风尚奖"，学校代表团荣获"代表团体育道德风尚奖"和总分三等奖。竞赛团体总分和奖牌数量均实现了历史性突破，在广东省民办本科院校中处于领先地位。

（4）学校长期坚持开展创新创业（即"双创"）教育，培养、锻炼学生的双创能力。2019年，独立第三方机构（麦可思）对我校2015届毕业生进行了调查，认为我校毕业生创新创业意识较强、创业质量较好。毕业3年后自主创业的学生比例达到8.8%，比全国非"211"本科院校2015届毕业生3年后自主创业比例（4.2%）高4.6个百分点，且七成以上（72%）创业项目已实现盈利。

（5）学校办学条件的改善，教育教学质量的提升，进一步提高了社会对学校的认可度，生源质量有所提高，新生报到情况良好。2019年，学校面向全国14个省（自治区、直辖市）招生，共录取5203人，报到率为89.87%。招生计划人数及报到人数创历史新高。

六、以德树人，以美育人，塑造优秀的校园文化环境

2019年，学校通过课内、课外多种形式，将社会主义核心价值观融入校园文化活动中，加强学生的理想信念教育，提升其人文和审美素养，积极推动文化育人，全面提升学生综合素质。

（1）加入"优课联盟""粤课联盟"等平台，引入优质课程资源，丰富通识课程体系，2018—2019学年向全校学生提供了健康教育、人文与社会科学教育、自然科学与技术教育、创新创业教育五大类109门线上公共选修课程资源，同时增设了18门线下公共选修课程。

（2）将"第二课堂成绩单"制度纳入本科专业人才培养体系，从2019级学生开始，实施广东培正学院"第二课堂成绩单"学分管理，鼓励学生积极参与第二课堂活动，并将思政教育和第二课堂活动有机融合，促进大学生提高思想政治素养、社会责任感和创新实践能力。

（3）推动志愿者队伍建设，积极参与公益活动。学校注册志愿者人数超过1.7万人，开展服务活动1388项。2019年7月，组建了36支队伍深入乡村开展调研、教育帮扶、文化宣传、法律知识宣讲等社会实践活动，其中15支队伍获得省级重点团队立项、3支队伍获得"灯塔实践团队"立项、2支队伍获得全国重点团队立项。

（4）积极营造文化育人氛围。组织开展了校园文化艺术节、体育文化节、社团文化节、公益志愿文化节、安全法制教育文化节、周末文化广场等60余项校园文化活动，参与人数2.6万人次，活动融入了素质教育、国家安全教育和生态文明教育等内容，全面提升学生综合素质。

（5）坚持落实"阳光关爱工程"，强化资助育人理念，构建资助育人质量体系。实施发展能力提升项目"鸿鹄计划"，在身心发展、道德品质培养、学业帮扶、就业指导等方面给予家庭经济困难的学生更多的关怀和帮助。2019年，我校有家庭经济困难学生2349人，获得各项资助的总人数为16577人次，资助面几乎达到100%，资助金额达1738.39万元。

七、加强校园基础设施建设，办学条件进一步改善

2019年，学校加大对基础设施建设的投入，解决了用地和用电两大难题，突破了学校跨越式发展的瓶颈。

（1）"317亩二期用地"项目取得新进展，现已纳入花都区功能片区土地利用总体规划及"三规合一"规划，项目已通过功能片区规划调整并由花都区政府上报广州市国土资源和规划委员会，且已交付设计规划。

（2）学校几个大的基建项目主体结构均已完工，或正进行装饰，或已交付使用，总建筑面积近9万平方米。投入使用后，学校将增加停车位1000个，充电桩750个，教室74间，办公室72间，教师宿舍165套，还将增加屋顶运动场、体育公园等设施场地。师生的学习、工作、生活环境将得到明显改善。

（3）学校两大"专变工程"及与之配套的各区强弱电缆沟建设、室内外电缆改装已顺利完成，满足了学校的用电需求，现学校各区学生宿舍的空调全部投入使用。

（4）学校斥资700万元，加强实验教学硬件设施建设。改造西方文化园，新增了VR情景教学系统；新建数媒专业实验室，改善了专业课程的实验条件；新建跨专业综合实践教学实验室，用于全校跨学科课程教学；新建

的"云桌面实验室"也即将投入使用。

（5）对信息化建设投入390余万元，完成了教务管理系统、OA协同办公系统和智慧校园基础平台3个子系统的建设工作，现均已上线运行，并实现了各个信息系统之间的统一认证和单点登录功能。

（6）做好后勤保障和校园安全工作。2019年春季，学校制定了学校诺如病毒防控工作分工表，积极有序地开展防疫工作，杜绝了诺如病毒"三进宫"。进一步健全校园安全体系，强化校园治安综合治理工作，平安校园建设工作持续向好的方向发展。

优异的成绩是全体教职工员工协同努力、共同奋斗的结果。在这里，我代表董事会和学校党政班子向大家表示衷心的感谢！同时，我们也要看到，学校各方面工作仍存在不足和短板：一是本科教学工作审核评估整改工作还需进一步落细落实，师生比、行政教学用房等指标尚未完全达标；二是学校办学的顶层设计和目标定位还需完善，对定位与目标、应用型人才培养内涵等的理解仍有待深化；三是学校的办学基础需进一步夯实，办学特色不够显著；四是师资队伍建设仍需加强，尤其是高学历师资不足；五是优势专业少，专业建设亟需加强。

第二部分　2020年努力方向

一、要大视野布局，寻求"高"的发展格局

"十四五"时期是广东省教育事业纵深推进、建设粤港澳大湾区人才高地的关键时期，也是学校进一步加快"双一流"建设，提升办学水平、办学实力和社会影响力，建成特色鲜明的应用型民办本科高校的关键时期。为此，我们需要充分结合学校实际，做好"十四五"建设发展规划编制工作，深入贯彻习近平总书记系列重要讲话精神和建设教育强国总体要求，以"四个全面"重大战略布局为指导，紧紧围绕立德树人根本任务，积极服务国家重大发展战略和粤港澳大湾区发展规划，抓住建成特色鲜明的应用技术型财经类院校战略目标，全面总结评估学校"十三五"规划实施的成绩与经验、存在问题与原因，把握着力点，找准发力点，主动对接粤港澳大湾区发展战略需求，结合区域社会经济发展趋势和学校发展现状，分析制约学校发展的关键问题所在，研究解决路径与方法，谋划好路线图与时间表，力争到2025

年初步建成应用技术型财经类院校，核心竞争力、综合办学实力和社会影响力显著增强。

二、要全方位考量，提升"强"的适应能力

贯彻落实广东省《关于引导部分普通本科高校向应用型转变的实施意见》精神，主动融入粤港澳大湾区建设和广东产业转型升级中，努力把办学思路真正转移到服务经济社会发展上来，转移到产教融合、校政企合作上来，转移到培养应用型人才上来，转移到增强学生创新创业能力上来，实现办学观念、特别是教学观念的彻底转变，在人才培养规格、内涵和功能上应充分体现区域经济社会发展需要，针对地方实体经济，使培养的应用技术型人才成为推动区域经济转型发展的支撑力量，促进学校与地方经济产业良性对接。

三、要聚焦点突破，充分落实评估整改措施

（1）深入推进本科教学审核评估整改工作，对照学校审核评估整改问题台账以及整改任务书中所列各项整改任务，查遗补漏，进一步汇集、完善整改成果，为迎接省教育厅专家组的回访做好各项准备工作。

（2）贯彻落实学校《教学部门教学质量保障实施办法》，建立教学质量监控与保障机制，构建"闭环"教学质量保障体系。

（3）全面加强对课堂教学、实验实训、毕业论文（设计）、课程考核等主要教学环节的过程管理与监控。

（4）进一步完善学生评教、同行评教以及领导评教机制，完善评教方法，探索以学生为中心的评教指标体系，提高评教的科学性和准确性。

四、要科学化管理，营造"好"的智慧校园

大数据时代已经到来，只有构建稳定、灵活、便捷、安全、科学、广泛参与的智慧校园，才能更好地适应大数据时代。

一是对学校校园网络进行全新改造，引进中国联合通信公司进行全光网建设，使学生上网网速由原来的20兆升至100兆，教学办公网速达千兆。无线网络覆盖整个校园，逐步推进5G、边缘云建设，使全校师生在教学、

办公、生活等方面享有网络的全新体验。教职工及红蓝物业公司员工全部免费使用。

二是在第五教学大楼新建学校数据中心，投入更先进、更实用的教学设施及设备，优化教学环境。为满足教学需要，继续规划建设计算机实验室及相关实训室。

三是启动信息化二期建设工作。建立大学生管理系统、人事管理系统、科研管理系统、网站站群管理系统以及进行校园一卡通升级。

五、要多层次塑造，形成"稳"的师资队伍

一是继续加大师资队伍建设力度。以重点人才队伍建设为抓手，建立和完善高层次人才引进和培养创新机制，采取引进和培养相结合的措施，建设高水平的学科带头人队伍。

以"强师工程"为抓手，继续组织实施"优秀青年教师培养计划""中青年教师国内外访学研修计划"等高层次人才计划，鼓励支持学术基础扎实、具有创新能力和发展潜力的中青年专业负责人、学术骨干和在科研领域取得突出成就的中青年教师到国内外知名高校或研究机构开展研究工作，培养一大批具有较强创新能力和发展潜力的中青年学术骨干和学术团队，进一步提升师资整体水平。

二是进一步优化师资队伍整体结构。根据不同层次和不同类别学科建设的需要及队伍现状，制订科学合理的师资培养、引进规划，合理配置人才资源，逐步形成规模适度、结构合理的学术梯队；进一步优化队伍结构，使各学科教师队伍的学历、职称、年龄等结构满足学科建设的实际需要，发挥学科队伍的作用；形成以学科规划为依据，有序配置师资队伍的运行机制，在人员编制核定、高级岗位设置与比例、人才培养支持力度等方面充分考虑学科发展的水平和潜力，对主干学科、重点学科和特色学科在队伍建设、资源配置上给予倾斜。

三是着力完善教师考核评价制度。尽全力建立健全与学校发展定位、学科特点相适应，符合教师岗位特点的考核评价指标体系，突出考核教师师德表现、工作业绩和能力水平与岗位职责要求的匹配度，引导教师潜心教书育人。

四是努力建立健全教师激励保障制度。建立荣誉与奖励相结合的表彰机制，激励优秀教师发挥示范引领作用，引导广大教师立德修身、潜心育人，

营造尊师重教的良好校风。继续大力开展教师教学技能大赛，为教师搭建专业技能展示平台。积极组织开展校级优秀教师、校级教学名师、中青年骨干教师的评选活动，激励广大优秀青年教师奋发向上，成为学校师资队伍的中坚力量。

五是积极建设教师队伍教学质量排名公示制度，加强队伍整体建设、促进教师自我提升。

六是努力实现管理队伍参与内外竞聘上岗，优化管理队伍，提高管理能力。

六、要前瞻性考虑，健全"严"的标准体系

（一）对照《国标》，寻找专业优势

进一步落实《国标》，开展专业自查、自建和整改工作。根据未来经济社会发展和粤港澳大湾区发展的需要，对照《国标》，对我校专业进行适度调整，发挥外语类和艺术类专业优势，并使商科专业办出特色。

（二）拓宽校企合作，推进产教融合

进一步深化产教融合，落实专业培养方案中的实践教学环节。加强实验实训、实习和毕业论文等实践教学环节管理，提高毕业论文质量，以我校产业学院的3个专业为切入点，不断探索多样化人才培养模式的创新，积极推进产业学院的建设。

凡是过去，皆为序章。2019年取得的各项成绩是各部门各司其职、通力协作的结果，2020年是学校"十三五"规划收官之年，也是"十四五"规划筹划之年，还有更多工作需要我们去完成。学校将积极响应习近平总书记"只争朝夕，不负韶华"的召唤，凝心聚力，锐意进取，坚守公益办学初心，牢记立德树人使命，聚焦办成省内一流民办高校的目标，全力谱写学校教育事业发展的新篇章！

谢谢大家！

民办高校管理

民办本科院校转型发展面临的困境及对策

郑春元[①]

摘要：民办本科院校转型为应用型高校，是国家经济发展的需要，是国家高等教育战略调整的需要。目前，民办本科院校转型发展面临的困境及难题主要有：对技术型高校的认识有偏差，存在误区；因传统的办学方式、教学方式的巨大惯性而难以转型。解决这些难题的主要措施有：转变观念，坚定转型信念，增强转型发展的自觉性；大胆探索、勇于实践，用创新精神来做好转型工作。具体的转型路径有：人才培养方式的转型、师资队伍建设的转型、科研工作的转型、办学方式的转型、管理方式的转型。全面完成转型工作要广泛动员，全员推进，要坚持长期不懈的努力。

关键词：民办本科院校；转型发展；应用型人才培养

一、民办本科院校转型发展的必要性、迫切性

所谓转型，是指院校对办学类型进行方向性的调整，即从原来的以学术型为主转向以应用型为主，使学校的办学类型发生方向性、根本性的质变，是主动求新、求变的创新过程。[1]民办本科高校转型是我国经济发展的迫切要求。

众所周知，经济发展的基础是人才。进入21世纪以来，我国经济持续高速发展，党的十八大以来，中国经济发展进入一个新常态。十九大报告提出，要建设现代化经济体系。经济的转型升级对人才的培养提出了新的要求，社会对高素质应用型人才的需求日益增长。产业结构转型升级对应用型人才的规格要求不断提高，并且需要更多的高技术技能型人才。在新的经济发展形势下，高等教育专科层次培养的应用型人才暴露出一些不足，主要是

---

① 郑春元，男，广东培正学院学报编辑，编审。研究方向：民办高教、明清小说、编辑学等。

专业领域狭窄、基础理论薄弱、专业能力不强、缺乏创新能力和发展后劲等。因此，不管从数量还是质量上，专科层次培养的应用型人才已经不能满足社会发展的需求。传统的本科毕业生是按学术型人才来培养的，学生虽然学习了较多的理论知识，但缺少实践技能、职业能力，不能很好地适应岗位技术和能力要求，从而产生了一系列就业问题，出现了高技能人才严重缺乏的状况。鉴于此，必须提高应用型人才培养的层次与质量。国务院于2014年出台《国务院关于加快发展现代职业教育的决定》，提出"引导一批普通本科高等学校向应用技术型高等学校转型"；2015年10月，教育部、国家发展改革委、财政部三个部门联合发布《关于引导部分地方普通本科高校向应用型转变的指导意见》；2017年，党的十九大中更从全局出发，提出了地方本科高校要明确"培养应用技术型人才"的使命，要培养理论知识丰富、实践能力强的"复合型"应用型人才，为地方经济发展服务。

本科高校的转型是国家经济发展方式转变的需要，是国家的战略要求和科技创新的需要，是服务国家发展职业教育战略部署的需要，是国家高等教育结构调整的需要，是我国高等教育改革的重要战略，是新时代的必然要求，更是民办本科院校突破办学困境、自身生存发展的需要。因此，民办本科高校转型，已经成为该类高校办学的第一要务。国家提出上述转型要求已十多年，但全国民办本科高校转型的步伐依然不大，真正实现成功转型的不多，这非常不利于民办本科高校的生存和发展，因此必须加快转型的步伐。

二、民办本科院校转型发展面临的困境及难题

（一）对应用型高校的认识有偏差，存在严重误区

一些民办本科院校对应用型教育存在较严重的误区。由于我国存在"重学术、轻技能"的传统观念，在当代的突出表现就是，重视普通高教、轻视应用型高教与职业高教，这使较多民办本科高校的办学在思想认识方面陷入误区，对应用型教育有偏见。有一部分人认为，应用型教育总是不正规，不够"高大上"，是"低档次""低层次"的教育，办应用型教育是自贬身价的事；还有的人认为，转型就是"本降专"，降低了学校的档次和社会地位，影响学校的办学声誉；甚至有的人认为高校转型就是"自讨苦吃，瞎折腾"，是在向高职、高专靠拢，于是在心理上不愿意接受转型。直接导致有些学校一直在徘徊观望，有些学校对转型持怀疑、抵触情绪，也使得很多民办本科

院校态度不积极。

一些民办本科院校并未从心理上真正接受转型，仍坚持认为学术型高校是正规高校，不顾自身的办学条件，基本沿袭学术型院校的思路，一心想办成培养学术型人才的高校，因此仍套用学术型人才培养模式，盲目追随传统本科的培养学术型人才的办学之路，自觉或不自觉地以学术型大学人才培养为标杆。一些民办高校习惯以理论知识教学和学术型人才培养为标准，鼓励学生考硕士研究生，几千个学生中仅有几个考上硕士研究生，就在学校及社会上大力宣传，以此作为办学水平的标志，办学者并没有考虑没考上硕士研究生的毕业生的出路。

以学术型人才的标准衡量，很多民办高校的毕业生都不是合格的学术型人才，他们所接受的理论知识与就业岗位的要求脱节，毕业后没有一技之长，造成就业困难。大多数学生就业较难，这不仅影响学生个人的发展前途，还影响千家万户——对这些家庭来说无疑是一种损失，对国家、对社会来说也是一种人才浪费。所以，采用高质量应用型人才的培养模式有利于学生就业，对少数希望深造、有能力深造的学生可以给他们提供学术型的学习发展空间，对绝大多数学生则可以按应用型人才的模式来培养。

（二）因传统的办学方式、教学方式的巨大惯性而难以转型

一些民办本科院校习惯于原有的办学模式，对国家要求的转型的重视程度不够，缺乏转型发展的动力，使转型工作难以推动，进展迟缓。不少学校满足于现状，认为只要学校能办下去就行，传统的办学方式、传统的教学方式惯性巨大。某些学校的转型仅停留在口号上，实际上仍然是培养学术型人才。如在教学方面，大多民办本科院校都聘请了公办高校的退休教师，这些返聘的老教师几十年来一直从事理论知识讲授教学，采用传统的教学方式，让他们改变这种方式绝非易事；一些年轻教师是新毕业的硕士、博士，所接受的也都是传统的理论教学，这在无形中存在着巨大的惯性。

再有，民办高校教师教学任务繁重，每个专任教师每周要上十几节甚至二十几节课，并且每人要上几门课。要上好这些课需要巨大的精力和时间投入，使得他们几乎成为"上课机器"，实在没有余力到社会上进行调研或参与应用型人才培养的教学改革。这致使学校的教学不适应社会新需求的现状很难改变。

在这种情况下，一些学校的转型工作也只是召开几次大会，进行"口号性"的转型。口号喊了十几年——"转为应用型高校""培养应用型人才"，

但连什么是"应用型高校"、什么是"应用型人才"都没有弄清楚。这样一来,转型工作也只能是"有应用型之名而无其实"了。

(三) 缺乏转型发展的基础条件

我国新建民办本科院校起步晚,大多刚升级为本科没几年。这些学校历史积淀少,办学资源不足,缺乏本科教育经验,前期为节约办学成本,多以举办"短、平、快"专业为主,采取低成本的方式办学,办的主要为成本低的热门专业,缺少应用型专业;专业设置不是从地方产业结构的需要出发,与地方产业结构的联系也不够紧密。[2]民办本科院校融资渠道较为单一,主要靠收取学生学费;经费紧张,普遍基础差、底子薄,建校以来的低成本发展导向使学校"欠账"较多。学校的硬件条件还不够完善,特别是在实践教学基础设施上由于资金不足,实验实训基地不够,人力、物力投入不足;基础设施不健全,实验实训基地不多,缺少关键的仪器设备;实验实训场地、设施、设备的质量和数量没有达标,现有的实训设施还远未能满足教学实践的需要,学生的实习也只能是"名义实习",与培养应用型人才的要求相差太远。因此,要想使学校转型,办社会需要的应用型专业,建设满足培养应用型人才的实习实训基地并购置相应的设备,其难度是相当大的。

三、破除困境的方法及实现转型的前提

(一) 转变观念,坚定转型信念,增强转型发展的自觉性

如前文所述,民办本科院校转型最大的障碍就是观念问题,因此,要转型首先就要转变观念。民办高校的转型,转变观念是重要前提,转变教育观念和办学理念是转型发展的重要先导。观念不转变,学校转型就是一句空话。转变观念首先要深刻领会党中央、国务院关于加快发展现代职业教育的深刻内涵,充分认识本科高校转型的重要意义,且要下大力气来全面实现这一转变。我们可以通过召开全校各种教职工会议,组织教职工进行办学思想的大学习、大讨论,广泛宣传转型的理念、意义和基本政策,并让学校所有教师了解转型的紧迫性和重要性,上下达成共识,让所有教师主动参与到学校的转型建设中来,积极思考学校转型的路径,共推学校加速转型。学校从领导到教师,都要提高思想认识,破除"应用型教育是低端层次教育、应用型高校是低层次高校"的观念,树立"应用型不是办学层次的高低,而是类

型的不同"的观念。[3]应用型高等教育相对于学术型高等教育来讲，在人才培养规格上具有其不可替代的作用。

要有正确的人才观，确立"学术型、理论型人才是人才，应用型、技能型人才也是人才"的观念。民办本科院校要认清人才市场的需求形势：人才市场对学术型人才的需求是少量的，而对于应用型人才的需求是大量的。据统计，2009年以来，我国大学毕业生就业人数平均每年为600万～700万人，其中，人才市场吸纳的学术型人才不足10%，这意味着人才市场每年需求的90%都是应用型人才。[4]无论国际还是国内，"高等教育结构基本上是'二八结构'，即20%学术型创新型人才在实验室、科学院从事基础性研究，80%的技术技能型人才工作在企业的创新岗位"。[5]面对这种人才类型的需求现状，民办本科院校要研究国家对应用型人才的需要、学生就业的需要、学生家长的需要，努力实现学校的转型，扎扎实实做好应用型本科人才培养的工作，努力提高应用型人才的质量，把学校办成人民满意、家长满意、学生满意的应用型大学。

（二）大胆探索、勇于实践，用创新精神做好转型工作

应用型本科教育是崭新的教育类型，是一种"舶来品"，普通本科转型是高等教育的一场革命，具体怎么转还在探索之中，对于该采用什么配套措施等，均没有现成的经验可以照搬。现在一些转型要求都是原则性的，在实际操作中会遇到许许多多的问题。所以，我们要对应用型教育的关键性问题进行全面、系统、深入的理论研究，要明确转什么、怎么转；转型的新任务、新目标、新要求是什么；怎样来全力解决疑难问题。如应用型教育与学术型教育、职业技术教育有哪些异同点，以及应用型人才与学术型人才、应用技能型人才的主要区别等理论性问题必须搞清楚，唯有如此，才能明辨转型的方向。

应用型大学的指标是什么，目前尚无明确和权威的意见，还要在实践中加以探索。比如，现在培养应用型人才都在强调专业技能、上岗能力的培养，但能力培养不能等同于技能训练，还要避免过度"职业化"，应用型大学毕竟是大学，不是企业上岗技能培训所，不能限制专业教学的广度和深度。如果学生知识面过窄，就无法实现后续发展、全面发展，无法在工作中实现创新。此外，怎样处理好专业能力培养与学生全面发展的关系，怎样处理好应用能力教育与文化素质教育二者的关系、二者各占多大比重，等等，也是必须解决的问题。在培养学生专业能力方面，还要面对一个难题：工科

学生毕业后所面向的岗位或岗位群比较明确,该培养他们具有什么样的岗位能力的问题比较容易解决,但其他一些专业的学生,比如汉语言文学、新闻、经济、管理、法律等专业的学生毕业后所面向的岗位非常宽泛,可适应的工作岗位也非常多,他们应该具有什么样的专业能力,需要学校花大力气进行调查研究。应用型人才要培养哪些方面的岗位能力,需要民办本科院校在转型工作中大胆探索、大胆创新。

四、具体转型的路径

民办本科院校转型的本身就意味着"变",如何改变、变成什么样,是转型的关键性问题。要找准转型发展的着力点、突破口,我们认为应该从以下几个方面做出努力。

(一) 人才培养模式转型

民办普通本科高校向应用型高校转变的核心是人才培养模式的转变。2016年3月10日,时任教育部部长的袁贵仁在出席全国两会新闻中心记者会时明确指出:"高校转型发展的关键是调整专业设置,核心是人才培养模式。"[6]人才培养方式改革是民办高校最根本、最核心的改革。人才培养模式转型主要包括以下几个方面。

1. 人才培养目标转型

人才培养目标的转型在培养目标定位上,民办本科院校向应用型转型最关键的是培养应用型人才。民办高校必须摆脱传统公办高等教育中的精英型人才培养目标,要从传统的本科学术型人才培养转变为本科应用型高素质人才培养。实现人才培养目标的转型是民办高校的核心任务。这种人才的层次定位是:具有深厚的理论基础和精深的专门知识以及娴熟的实践动手能力。学生能够把理论和技术应用到实际的生产生活中去。这种能力不仅是岗位能力,更是职业岗位群能力;不仅是专业能力,也是综合能力,包括开发能力、转化能力、设计能力、应用能力等。学生不仅应有就业能力,还应有一定的创业能力。应用型人才是集专业知识和社会实践于一身的专门人才,是能将专业知识和技能应用于所从事的社会实践的一种专门的人才。人才培养目标转型是民办本科高校转型的关键,确定这一目标后,要根据这一目标来进行专业设置、课程设置,确立培养模式,构建应用型人才培养体系。

2. 专业及课程建设转型

专业建设是应用型高校人才培养的核心。应用型教育在专业和课程体系建设上，要实现从学术型向应用型的转变，打破以学术体系为标准进行学科专业建设的传统思路，改变传统的学科教育追求专业学科知识掌握的系统性、完整性、学术性，以及片面追求基础知识、专业知识的学理性和系统性，忽视对学生知识综合应用能力的培养的做法。应用型教育的专业和课程体系建设应以区域需求为导向，不是面向学科设置专业，而是面向行业设置专业。要围绕区域经济发展和产业调整升级的迫切需求，着力建设与地方主导产业、优势产业、新兴产业紧密联系的应用型学科专业，并以此来构建学科专业体系，形成有特色的学科专业群。要力争做到专业设置与产业发展高度契合，做到李克强总理在国务院常务会议上提出的现代职业教育要实现"三个对接"，即专业设置与产业需求对接，课程体系与职业标准对接，教学过程与生产过程对接。[7]课程体系建设是应用型教育转型的实现途径。应用型课程设计要以市场需求为导向，以实践应用为根本，以能力培养为核心，以素质提高为目标。要突出以实践为导向的课程体系建设，就需要按"岗位—能力—课程"进行课程体系架构。要突出能力建构，努力构建"通识教育课程＋专业基础课程＋专业核心课程＋专业方向模块＋跨专业任选课程"体系，将理论课程体系与职业、技能课程体系结合起来，建立以专业实践能力、职业转换能力为基础的应用型实践教学体系。

3. 教学方式转型

传统的教学方式是以教师为中心、以知识为中心；教学方式的转型，就是要把课堂教学转变为"以学习者为中心"或者"以问题为中心"，以培养人才的能力为本位。我们要改变传统课堂教学教师"一人堂"现象，将灌输式、填鸭式的教学方式转变为启发式，从"教"的思维转向"学"的思维，调动学生的学习积极性。改变单一的教师讲授式教学，采用灵活多样的教学方式，如"讲授＋研讨"的师生互动式、"精讲＋多练"的理论与实践结合式、多方指导提高的能力式等等。要善于运用"以问题为中心"的教学方法，以及通过运用案例式、项目引导式、嵌入式、情景式等多样化的教学方法，鼓励学生自主学习和合作学习，让学生真正成为学习的主人，将被动接受知识转变为主动学习探索，变"知识获取型"学习为"技能提高型"学习。要十分注意培养学生的一技之长，打造学生的核心竞争力，不断提高学习效果。

4. 评价方式转型

评价方式是对学生学习效果的检验。现有的关于学术型人才培养的评价方式不利于应用型人才的培养，要实现四个方面的转变：其一是考核内容侧重点的转变。要把以考查学生记忆和知识掌握程度为主转变为侧重于考核学生解决问题的能力和创新能力，增加实践能力的考核。其二是评价考核方式的转变。要由单一的笔试闭卷式改为多样式考核，努力做到既有笔试的理论考核，又有对学生实际动手能力的考核；还可以引进资格证考试制度，将职业资格证书、科技竞赛等纳入课程考核中来。其三是改变"一次性评定"的考核方式，推进过程性评价和结果导向式考核。要突出考核评价与教学过程相结合，加大实践能力考核比例，针对不同教学内容，采取相应的测试形式，使学生具备岗位要求的职业能力与素质。要注重考核方式的过程化，灵活采用大作业、技能测试、实习实训报告等多元化的考评方式。其四是由学校教师单一主体考核变为教师、行业（企业）专家及学生三个主体共同评定考核，改变教师自己出题、自己评卷的考核方式。还可以邀请企业参加人才培养质量测评，定期举办综合测试，由企业命题，采用笔试、面试、技能测试相结合的形式，成果由企业评审。有些技能测试还可以采用自评与互评相结合的方式，这样更能体现评价的客观性和全面性。

（二）师资队伍建设转型

高校的人才培养，教师是关键。既然民办高校的培养目标是应用技术型人才，那就要有与之相适应的教师队伍。应用型高校的教师不同于学术型高校的教师，应该是"双师双能型"教师。该类型教师应具备理论与实践教学相统一的能力。教师不仅应构建自身的应用知识理论体系，同时还需兼备丰富的生产实践经验；既有较高的文化和专业理论水平，又有熟练的专业实践技能和实践教学能力，能指导学生进行实践操作。但目前大多民办本科院校的师资队伍的构成主要是退休返聘的老年教师和新毕业的青年教师，业界一般称这种结构为"两头大、中间小"。返聘的教师在退休前一直在公办高校从事理论教学；青年教师虽然有博士、硕士学位，但他们大多是"从高校到高校"，普遍缺少行业从职或实践经历，也不具有工程实践能力。他们大多出身于学术型高校，擅长知识教学，但缺乏实践经验，运用知识的意识与能力不足。由此看来，较多民办本科高校的师资队伍情况与培养应用型人才的要求存在较大差距，不能完全满足应用型人才培养的需要。

民办本科院校师资队伍的建设普遍存在短板，在专任教师中，"双师型"教师占比不足50%，大多数教师难以胜任应用型人才的培养工作。民办本科高校师资队伍建设的转型业已成为迫在眉睫的问题。师资队伍转型的总体原则是：加强"双师型"师资队伍建设，实现"学历本位"向"能力本位"

的转变。可采用以下几方面措施：其一，引进聘请行业、企业实践技能过硬、具有丰富实践经验的高级技术人才担任专业课或实习指导教师；引进富有实践经验的企业管理人员、工程技术人员和能工巧匠作为兼职教师。其二，通过在职培养，积极培养"双师型"教师。对现有教师开展多种形式、多批次的实践能力培训。学校应有计划、有目的地组织专业教师深入企业一线，到企业参观学习，熟悉企业的生产环节和操作工艺，了解最新的技术信息，接受一段时间的实践锻炼，提高实践操作能力。学校还应根据教学需要，选派具有潜力的中青年教师参加国家级、省级师资培训基地或其他高校组织的相关培训。其三，通过有力的激励措施促进教师转型。学校在职称评聘、津贴待遇上应有所倾斜。改变原有学术导向的教师职称评聘制度，突出应用能力、实践经历和业绩导向，"使得过去完全以学术性指标来评聘教师转变为以应用性指标为主的评价机制"[8]。对取得"双师型"资格的教师，在岗位聘任、职称晋级、评优评先、工资晋级等方面给予适当的优先政策；或采取业内竞争、评优评先、考试考核、奖罚并举等方式调动民办高校教师参与转型的积极性。

（三）学校科研工作转型

致力科学研究工作永远是一所合格大学的办学的天职，科研是学校发展的支柱之一。科研水平关系到学校人才培养能力和水平的提高，也是衡量一所学校整体水平的重要指标。但民办本科院校的科研大多是基础理论研究，多为"关起门来搞科研"，研究的问题与当地经济发展及学校的应用型人才培养的关系不密切。若学校转型为应用型高校，科研也必须随之转型。首先是研究方向的转型。把研究的重点从基础理论研究转向应用研究，把科研目标转向应用研究。要以地方经济发展、产业结构调整的对接作为研究对象，帮助企业进行技术革新、工艺创新改造、产品研发，解决技术难题。其次要努力促进科研成果的转化，提升为地方社会经济服务的能力，改变科研与应用相脱离的现状，使学校成为区域和行业的科技服务基地、技术创新基地。要切实落实《关于引导部分地方普通本科高校向应用型转变的指导意见》中的明确要求，即地方普通本科高校要"积极融入以企业为主体的区域、行业技术创新体系，以解决生产生活的实际问题为导向，广泛开展科技服务和应用性创新活动""通过校企合作、校地合作等协同创新方式加强产业技术技能积累，促进先进技术转移、应用和创新"。

新时期的应用型高校是一种新型学校，通过研究明确应用型高校的特征、标准、实现途径，有利于实现学校的转型。只有明确了应用型人才的内涵、能力构成、培养要求，才能成功地培养出应用型人才。因此，应用型教学研究更为重要，要大力加强应用型教学研究，应用型教学研究成果可以将自己的研究成果引入到课堂教学中，反哺教学，引领教学，丰富教学内容，改进教学方法。要开阔研究思路，促进教师教学质量的提高，形成以教学推动科研、以科研促进教学的良好局面。这种科研与教学的有机结合，不但能丰富课堂教学内容，还能激发学生的学习兴趣，有力地推进学科专业建设。

要实现民办本科院校科研的全面转型，还需改变传统的科研评价及管理办法，改变原有那种只把理论研究、学术研究作为评价主体的片面评价导向，创建以应用研究为导向的科研评价管理机制，建立激励教师进行应用技术研究的科研评价机制。学校出台科研政策，要加强对"应用的"科学研究和"教学的"科学研究的奖励，积极鼓励教师深入企业、行业，通过应用研究、开展技术咨询、解决技术难题等方式，为地方经济和社会发展提供技术服务。鼓励教师开展应用型人才研究、应用型教学研究，完善学校科研激励机制和科研评价体系，在科研经费的投入方面，向校企合作项目倾斜，给予从事应用型研究的教师在论文发表、课题立项、职称评审、参加学术交流、深入企业实践、工作量认定、经费资助等各方面的政策支持和优惠，在职称评定的科研要求方面增大应用技术成果评价权重。[9]此外，还要建立科研转型的促进保障机制。以科研评价机制来推进科研转型，这是民办高校实现科研转型的关键。

(四) 学校办学方式转型

办学方式转型就是将传统的"闭门办学"转变为"开门办学"。传统的大学办学方式，总体来说，学校与社会联系不多，与企业联系少，很难培养出应用型人才。因此，要跳出"围墙"培养人才，打破封闭办学模式，强化产教融合、校企合作，采取多方有效措施，加大力度，扩大"开门办学"、开放办学范围。在一些教育发达的国家和地区，"开门办学"早已是常规性的做法，国家要求应用型高校不仅要实现校企合作，还要做到产教融合。

应用型大学是与经济社会联系最为紧密的教育类型，可以说，"开门办学"是应用型院校的生存之路，如果对行业、对社会的需求缺乏了解，就无法培养应用型人才。实现"开门办学"，就是学校向社会开放，要做到两个方面：一方面要"走出去"。所谓"走出去"，是教学管理者要走出去了解社会、行业、企业对应用型人才的需求情况，跟踪产业发展需求，调整自己的专业课程设置，走出去选择合适的合作对象，开展合作办学。专业教师要走出去，深入企业调研，深入市场考察，坚持问题导向、需求导向，找准人才培养改革的切入点；提高实践动手能力，了解企业的生产技术难题，并将其作为研究课题，或与企业技术人员合作研究，为地方经济服务。要让学生到企业一线进行实习实训，把教学场所从校园内向校园外延伸，让社会走尽可能近课堂，尽快提高学生的实践动手能力，在社会这个更广阔的空间、更丰富的资源、更开放的环境中培养出自己的实践能力。只有这样，学校办学才能融入产业、融入行业、融入企业，教师和学生直接到生产、管理第一线锻炼实际能力。另一方面，"开门办学"还要"请进来"，即邀请国内外应用型大学的专家过来交流"开门办学"经验，请企业研究人员与教师进行科研项目合作，请相关专家进校园开学术讲座、请优秀企业家进校园介绍经营管理之道，请优秀校友回校园介绍创业经验等。与此同时，学校还应请技术专家进校担任实习指导教师，建立"双院长""双主任"机制，请企业专家担任合作办学"院长"或"主任"。要善于通过多方努力，建立"开门办学"的常态机制。要深化校企合作，实现敞开门办学、无门槛办学。实现校企深度合作，应实现"四个结合"，即产业与教育相结合、教学与生存相结合、能力培养与岗位标准相结合、高校教师与企业工程师相结合。[10] "开门办学"可以弥补学校自身培养应用型人才能力的不足，完善人才培养模式。

为进一步拓展"开门办学"之路，进一步加强大学与社会的联系，首先需要建立和完善联系制度。学校要成立相应的机构承担与社会联系的职能，制定相关制度来保证"开门办学"的实施。应做到与社会联系的常态化，设立专门的机构，如校地合作处或社会服务处，组建校企合作委员会，使得学校与社会企事业单位的联系从依靠私人关系转到有组织保障，由专门的机构、人员负责与社会企事业单位联系，提升合作效率。其次，要完善学校与社会企事业单位合作的制度，规范学校各单位、教师与社会合作行为，使得学校与社会企事业单位的合作有制度保障，有规章可循，实现与企业的深度合作。[11]

（五）管理模式转型

民办本科院校要实现转型，需要在管理模式上有大转变。学校在现有的管理模式下，讲求管理成本、管理效率与办学效益，这种"经营性"操作形成了企业化的管理模式。这种管理模式强调整齐划一、标准化、规范化，对教师管得过严过死，教师上下班要"打卡"，实行统一"坐班制"，行政管理工作严重滞后于教学科研的需求等。大学毕竟不是企业,高校教师也不同于企业职工,高校教师是一个高知高智的知识群体,培养人才的劳动也与一般的劳动不同,他们大都有很强的自我管理、自我规划能力。高校教师的工作更大程度上是一种"创造性"的智力劳动,他们的劳动不限于校内,也不限于上班的数小时之内。学校要实现转型,就要大力改变封闭式办学模式,实施开放式办学,使教师除在校内进行工作外,还可到校外进行工作,如带领学生到社会企业进行学习、实习、实训。此外,管理模式要与时俱进,以"目标激励"取代"过程监督",通过"自我控制"而不是"压力管理"的方式,如从过程管理转变为目标管理,不再局限于"打卡管理",调动教师内在的能动性,让他们自我管理,主动完成工作。

民办院校管理方式的转型,就是要实行"去企业化"的管理,转变为服务型管理、学习型管理、民主型管理,以服务为出发点,帮助和支持教师完成教学和科研任务,完成培养应用型人才的重任。要实施服务型管理,管理人员就不能满足于整天坐在办公室收表格、发文件、听电话,而是要主动深入到教学、科研和管理一线,认真开展调查研究,掌握一线情况,及时发现问题、解决问题。学校管理者要狠抓服务本领的提升,确保服务的优质化,做到管理的高效、便捷和人性化。要提高服务效率,鼓励教师走向社会企业,进行教学改革,以富有成效的优质服务型管理促进学校的转型。

五、为保证转型成功务必推进的两方面工作

(一)广泛动员,全员推进

民办高校转型发展是一个庞大的系统性工程,意味着高校自身在办学理念、办学定位、办学体制和办学举措等方面都要进行整体性改变。对院校而言,转型工作十分复杂,每所高校需要应对的问题也千差万别。因此,民办本科院校转型需要全员参与、凝心聚力、竭尽全力,不断推进。

学校对转型以及人才培养方案要有一个统筹规划。首先,民办本科院校的转型发展要有顶层设计,学校要拟订一个转型的总体方案,明确转型的目标、任务及措施,根据学校的自身条件,确定哪些方面先转、哪些方面后转。要从学校转型的几个大的方面进行统筹安排,如资金的投入、师资队伍的建设、实习实训基地的建设等。其次,要把转型的具体任务分配、分解到各职能部门及各学院系部。所有部门和人员都要围绕学校转型中心工作各负

其责，都要行动起来。要求院系教学管理人员以及每个专业、每门课的任课教师都要到社会行业企业调研，了解用人单位对学生的专业、职业能力要求，明确应用型本科人才的知识构建、能力构建及素质构建。教师针对自身所任课程就应用型人才培养问题提出教学改革方案。在制定人才培养方案前应深入调研，以市场为导向，明确专业人才培养目标及其所需的核心能力。方案设计负责人应围绕问题，对方案的生成进行梳理阐述，学术委员会应对方案设计相关问题进行全面审核和质询，以确保培养目标及能力与行业需求紧密结合，搭建起以培育未来岗位需求核心能力为内容模块的课程体系。任课教师实施教学改革方案后，由督导负责检查教学效果，总结成绩与不足，并通过社会实践来验证是否提高了学生的应用能力。学校教学通过"实践—总结—再实践—再总结"的升级机制，形成一种成功的人才培养模式，使转型工作得以有效推进。

（二）要坚持长期不懈的努力

民办本科院校转型是一项艰巨性、长期性和全局性的战略任务，是教育领域的一次革命。民办本科高校转型的长期性特点是由其性质、特征以及自身条件决定的。如应用型高校需要高标准的、完备的实习实训基地，实习实训基地建设需要巨额资金的投入，而民办本科院校收入主要靠学生学费，不可能一下子拿出所需全部资金，需要多方融资或得到地方政府的支持。同时，还需要较长时间逐步完善"双师型"教师队伍的建设：需要引进相关高端技术人才——需要多方考察，用一定的薪酬引进，还需对其进行教学技能的培训；对学校现有理论型教师的培训，也需要经过较长时间的努力才能完成。应用型高校是一种新型学校，应用型教育是一种新型教育，需要长时期的客观实践和理论探索，不断总结，才能形成新的培养模式。应用型高校要培养高素质的应用型人才，需要教师有良好的职业素质，有熟练的专业技能；更需要长期的探索，才能形成完善的培养方案。

民办本科院校的转型是一个脱胎换骨的蜕变过程，必然会遇到许多新的问题、困难和挑战，不可能一蹴而就。我们要坚持打持久战，以"咬定青山不放松"的精神坚持不懈，扎扎实实，有序推进，一步一个脚印稳步前行，方能转型成功。

参考文献：

[1] 董泽芳，聂永成. 关于新建本科院校转型分流现状的调查与分析 [J]. 高等教

育研究，2016（4）：23．

［2］顾永安．新建本科高校转型发展论［M］．北京：中国社会科学出版社，2012：5．

［3］潘懋元，车如山．略论应用型本科院校的定位［J］．高等教育研究，2009（5）：5．

［4］毛建平．民办本科院校向应用技术大学转型的机遇与挑战［J］．黑龙江高教研究，2018（3）：58．

［5］鲁昕在部分省市地方本科高校转型发展座谈会上的讲话提纲［EB/OL］．（2014 – 06 – 05）［2014 – 08 – 05］．http://jyyjzx.xawl.edu.cn/cms/data/html/doc/2014 – 06/05/25529/index.html．

［6］袁贵仁．高校转型首先是调整专业设置［EB/OL］．（2016 – 03 – 11）［2020 – 03 – 01］．http://www.china.com.cn linghui/news/2016 – 03/10/content_37990424.htm

［7］李克强主持召开国务院常务会议，部署加快发展现代职业教育，审议通过《事业单位人事管理条例（草案）》［EB/OL］．（2014 – 02 – 26）［2020 – 03 – 01］．http://www.gov.cn/ldhd/2014 – 02/26/content_2622673.htm．

［8］王者鹤．新建地方本科院校转型发展的困境与对策研究：基于高等教育治理现代化的视角［J］．中国高教研究，2015（4）：57．

［9］杨莉．浅议转型发展背景下民办本科高校的科研转型［J］．中共乐山市委党校学报，2018（5）：111 – 112．

［10］成宝芝，徐权，陈立勇．地方本科高校产学合作协同育人模式的研究与实践：以大庆师范学院为例［J］．齐鲁师范学院学报，2019（5）：18 – 19．

［11］贺永平．新建本科院校应用型人才培养面临的挑战与应对［J］．继续教育研究，2016（4）：123．

招考改革形势下民办高校招生策略研究

骆乐生[①]

摘要： 高等教育招生考试制度改革是国家全面深化改革的重大举措之一，对于民办高校而言，在改革的大环境中与公办高校争夺生源，一方面需要通过各种渠道，利用各种手段，采取行之有效的策略，让学校在社会、家长、考生中有广泛的知名度；另一方面需更加注重内涵发展、特色发展，更加注重学生的培养过程、培养成效，提高学校的美誉度。本文主要围绕如何提高学校知名度和美誉度展开论述，探究招生考试制度改革形势下民办高校的招生策略。

关键词： 招考改革；知名度；美誉度；优势组合

一、高等教育招生考试改革的时代背景

2014年9月4日，作为中央部署全面深化改革的重大举措之一，国家关于招生考试制度改革的实施意见正式发布，这也是自恢复高考以来最为全面和系统的一次招生考试制度改革。高等教育招生考试改革是国家教育体制改革中的重点领域和关键环节，备受全社会关注。

（一）高中将不再分文理科

改革从考试科目、高校招生录取机制上都做出了重大调整。如上海与浙江作为第一批高考综合改革试点，高考科目设置为"3+3"模式，即3门必考+3门选考，不分文理科。

---

① 骆乐生，男，广东培正学院招生就业处处长，助理研究员。研究方向：高等教学管理、实践教学。

（二）录取机制大变革

一是普通高校逐步推行基于统一高考和高中学业水平考试成绩的综合评价、多元录取机制；二是加快推行职业院校分类招考，一些报考高职院校的学生可不参加高考，由学校依据其高中学业水平考试成绩和职业倾向性测试成绩决定是否录取。

（三）实施进程

2014年9月，国务院印发《关于深化考试招生制度改革的实施意见》，确定上海、浙江为首批高考综合改革试点省市，新一轮高考综合改革正式拉开帷幕。2017年，上海和浙江已经有了第一届学生参加新高考；2017年9月，北京、山东、天津、海南4个省市成为新高考改革第二批试点地区；2019年4月，河北、辽宁、江苏、福建、湖北、湖南、广东、重庆8个省市成为第三批试点地区，正式启动高考综合改革。

二、民办高校面临高等教育招生考试改革的机遇与挑战

（一）批次合并，民办高校与公办高校在同一平台竞争

改革前，民办高校的录取工作排在公办高校之后，二者被严格区分开来。如广东高校曾分为提前批、重本（985、211等院校）、二本A（普通公办本科院校）、二本B（民办本科）；从2017年开始，本科批次（除提前批）全部合并，民办本科与重本、普通公办本科院校同台竞争。批次的合并，一方面让优质的民办高校以机会与公办高校同台竞争，改变以往被"歧视"的历史。从实施的效果看，部分民办高校录取分数开始超过一些地方的公办高校，生源质量得到较大提升。另一方面，一些发展较差、较慢、新建的民办高校处于末位，在生源充足的情况下，此类高校还有生存空间；如果生源紧缺，便面临生存危机，甚至可能退出历史舞台。

（二）先天不足，与公办高校竞争尚需努力

无论是办学历史还是办学条件，目前的民办高校还无法与公办高校相抗衡。民办高校最主要的收入来源为学费收入，有的高校在办学初期，往往还要举债，办学条件、生源保障等需假以时日才能慢慢改善。但一般公办高校

的办学历史都较长，无论是办学条件还是学科建设都有较好的基础；最重要的一点是公办高校不愁经费，因其几乎所有的经费都来自国家或地方财政，无后顾之忧。民办高校为了生存，学费必然要比公办高校高，对于广大考生而言，花最少的钱享受最好的教育资源，首选肯定是公办高校。因此，民办高校在如此现状下与公办高校竞争，需要不断改善办学条件，加快学科建设、专业建设，提高人才培养质量。

（三）专业洗牌，冷门专业退出机制

招考改革的一个重要的举措是：改变以往先选学校再选专业的做法，学生填报志愿时先选专业，再选学校。如在浙江，学生可以填报"专业+学校"80个志愿，选择心仪的专业，再考虑学校。因此，各省的改革方案要求各学校、各专业明确做好选考科目的设置，如果考生参加选考科目的考核，将不能填报该专业。改革实施几年后，一些热门、办学质量好的专业必将生源充足，而一些冷门、无特色的专业将无法招录到学生，最终只能被撤销。民办高校办学历史短，专业建设时间都不长，难以在短时间内建设品牌专业，大多只能设置一些"热门"专业，长此以往，学科发展不均衡，不利于学校的可持续发展。周而复始，学校极有可能只能艰难地"办好"几个专业。

三、民办高校结合高等教育招生考试改革的招生策略

（一）突出优势学科、优势专业，"打包"保护弱势专业

基于民办高校学科、专业建设的先天不足，各院校在进行招生时，可考虑采用大类招生策略，即宽口径招进、严格条件分流。民办高校可根据本校现有的学科，按照二级学科归类，将能进行归类的专业统一到同一大类里招生，如管理类可包括人力资源管理、市场营销、工商管理、旅游管理等；经济类可包括经济学、投资学、国际经济与贸易、经济统计学等；财会类可包括会计学、审计学、财务管理等。通过大类招生，先把学生"框"进来，在学生入校经过一段时间的学习后，各专业根据专业考核，按照严格的筛选措施对学生进行专业分流。这样做的优势是，一方面可以保证优势专业的生源质量，另一方面可以给劣势专业以调整的时间。通过几年的整合，有利于学校建设一批品牌、特色专业，也有利于各学科、各专业的平衡发展，学校的

办学规模将会得到有效的保证。

此外，民办高校在进行专业选考科目设置时，除对一些国家规定、专业性强的专业（如医学、化工类）做选考科目设置外，大部分专业都不要进行太多的选考科目设置，最大范围地允许考生报考，以保证招到足够的学生，保证正常发展的"体量"。如广东高考改革"3+1+2"模式，其中"3"为"语、数、英"三门必选，"1"为选择"历史"或"物理"其中一门，"2"为从"化学、生物、政治、地理"中任选两门；不分文理科后，民办高校以往文理兼收的专业，大可允许考生从"历史、物理、化学、生物、政治、地理"六门中任意选考三门即可报考。

（二）深入地区、深入高中，提前"锁定"生源

招考改革对于地方、高中、家长、学生来说都是新生事物，而高校应比社会更加熟悉政策、更专业。民办高校应抓住时机，深入各地方、高中进行政策解读，提供现场咨询指导。在政策宣讲时，为各高中送服务（咨询、报考指引等）、送知识（心理咨询、职业规划等），结合学生的兴趣、科目专长，以本校的专业为例，指引学生填报专业，让学生在有所收获的同时，加深学生对所在学校和专业的了解，有利于提前"锁定"生源。

（三）"酒香不怕巷子深"——注重内涵建设，提高学校美誉度

学校的美誉度是生源质量的有力保证。高校的办学水平、办学特色、人才培养质量（就业质量、优秀校友影响力、考研率等）、科研水平、社会声誉（口碑）等都是考生选择学校的重要参考。

根据某民办高校2019年新生调查显示（多项选择，见图1），选择报考该校的原因：接近五成（49.85%）为"教学质量、专业特色"，超过四成（40.56%）为"学校社会声誉"，"就业情况良好"接近两成（19.56%）。换言之，多数考生和家长最为关注的是一所学校的教学质量和专业特色；其次是社会声誉，较好的社会口碑有利于获得更多的优质生源；再次，毕业生的就业质量得到考生和家长的认可，是一所学校的办学质量以及社会口碑的主要体现。

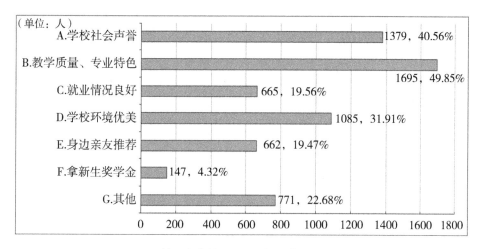

图1 某民办高校2019级新生填报原因分析

(四)"酒香还需人来品"——进行适当宣传,增加学校知名度

1. "软硬"结合,做好学校的宣传

学校的知名度是学校生源充足的保证。学校不仅要做好"软宣传"——宣传校园文化、社会公益等,因为此类宣传的受众更广,更容易被社会认可;还需要进行"硬宣传"——对办学条件、办学特色、品牌专业、特色专业等方面进行适当广告宣传。

2. 优势组合,避重就轻做媒介宣传

根据某民办高校2019年新生调查显示(多项选择,见图2),招生宣传的媒介效果比较:起到作用最大的是招生专业目录,在3400名参与调研的新生当中,有1953名新生表示是通过招生专业目录了解学校,占总人数的57.44%。其次是报考指南与学校的招生简章,高考考生作为专注升学的群体,接触外界媒介的机会较少,而报考指南、招生简章、招生咨询会、电话咨询、校园开放日以及招生报刊等途径恰好弥补了这一空缺,为考生提供了报考所需的相关信息。报告指南与招生简章是一种官方宣传资料,是信息最为详尽、最为考生家长喜闻乐见的资料类型,在招生宣传中会起到重要作用,应做到图文并茂,突出重点与特色。通过网站了解的有1202人,占总人数的35.35%;在当今时代,网络覆盖了我们生活的每一个角落,了解志愿填报的相关信息也离不开网络,信息网络化是一个必然趋势,通过网络获取高校信息的考生人数也将会日益增多。

从以上分析可知，在宣传媒体品流复杂的当下，官方媒体为最重要的宣传途径，需要着力打造；而传统的纸媒已日渐式微，受众更广、更便捷的宣传平台是网站及各种自媒体，如校园官网、微信、抖音等。在制定宣传策略时需要将优势组合，避重就轻，使投入产生最佳效果，根据主要受众（高中学生及家长），选择最好的宣传媒介。

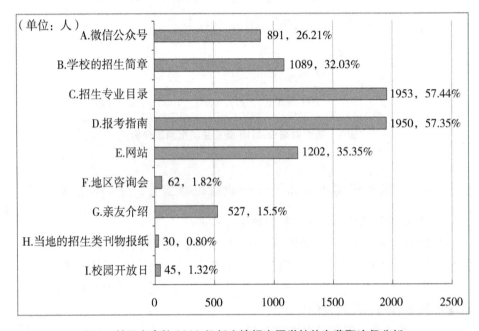

图2　某民办高校2019级新生填报志愿学校信息获取途径分析

综上所述，高等教育招生考试改革的步伐已迈开，民办高校不能只积跬步，应乘着改革的东风，迎头赶上，在注重内涵建设的同时，做好招生策略选择与优化，才能使自己在激烈的竞争中有所收获。

广东民办高校教师流失原因及对策分析

——基于薪酬福利的视角

曹忠辉[①]

摘要：广东民办高校是我国高等教育事业的生力军，每年为广东的劳动力市场输送大量人才。然而，广东民办高校的教师队伍人才流失严重，如何有效地稳定教师队伍已成为广东民办高校持续发展面临的一个重要问题。本文针对广东民办高校教师流失的现状，基于薪酬福利的视角，分析教师流失的原因以及所带来的问题，提出对策，以期解决教师流失的问题，加强师资队伍建设。

关键词：广东民办高校；教师流失；薪酬福利

一、广东民办高校教师队伍的构成

民办高校的教师一般可分为专任教师和兼职教师。专任教师与民办高校签订劳动合同或者聘用协议书，这部分教师在整个教师队伍中占的比例较大，其中包括刚毕业不久的青年教师、具有丰富教学经验的退休返聘老教师以及中年骨干教师[1]；而兼职教师是指聘请企业中的高层管理者或者兄弟院校的教师，以及校内非教学人员兼课的教师。在民办高校教师队伍中，年轻教师占的比例较大，其次是退休返聘的老教师，比例较小的是中年教师[2]。在广东民办高校教师的职称构成方面，只有讲师职称的教师仍然占十分大的比重，而副高以上职称的教师的比例不大。从教师的类别、年龄以及职称来看，加强广东民办高校教师队伍的建设仍然是一个重要问题[3]。

---

① 曹忠辉，男，高级人力资源管理师。研究方向：人力资源管理。

二、广东民办高校教师流失现状分析

(一) 广东民办高校教师流失现状

为了解当前广东民办高校教师流失状况以及分析流失原因,笔者从薪酬的角度设计调查问卷,并随机选取了广东 11 所民办高校进行调查。本次调查共发出问卷 160 份,其中收回有效问卷 158 份。

1. 中青年教师流失比例高

一支稳定的教师队伍的结构应该是年轻教师占的比例小,其次是年长的教师,以中青年教师占比例最大,呈金字塔形分布。[4] 由于年轻教师刚从学校毕业不久,缺乏经验,需要接受大量培训,这样会影响教学质量以及增加学校的开支。退休返聘教师大多数是从公立大学转至民办高校任教,他们有丰富的教学经验,可使学生在知识的吸收方面变得更快更容易,达到更佳教学效果。但是,此类教师由于离开学校的时间长,所掌握的知识缺乏时代性,容易使学生所学的知识跟不上社会发展的步伐。而中年骨干教师不仅拥有一定的教学经验,而且在不断更新知识,与时俱进,且许多中青年教师拥有对外进行学术交流以及外国留学经验,在理想情况下他们应占较大比例。

然而事实上,在笔者所调查的 158 位教师中,35 岁以下的年轻教师以及 50 岁以上的老教师所占比重较高,而 35 至 50 岁的中青年教师占的比例最小,只有 45 人。这说明现在广东民办教师年龄比例不协调,作为教师队伍中坚力量的中青年教师流失率高,教师队伍不稳定。(见图 1)

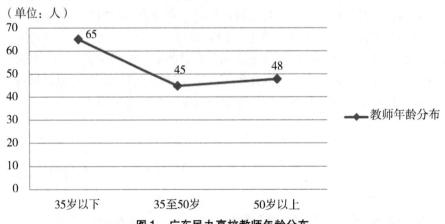

图 1 广东民办高校教师年龄分布

2. 显性流失与隐性流失并存

所谓显性流失，是指高校教师已经不在原校，转行或者跳槽到稳定性、保障性以及待遇更好的单位或者学校。例如，有的教师会通过参与相关考试，进入稳定性高、福利好的事业单位；有的教师会离开教师这个行业，转行到薪酬待遇好的企业；有的教师会选择攻读更高的学位以期毕业后可以在公办院校任教。由于民办高校的保障性、稳定性以及待遇没有公办院校或者某些大型企业好，所以广东民办高校的教师显性流失现象严重，刚毕业不久的年轻教师在民办高校任教几年、有了教学经验后，或会跳槽至其他更好的学校或者公办院校，有些中青年骨干教师会把在民办高校任教的资历作为职业跳板，就业空白期的时候在学校任教，找到更好的职业之后便会跳槽。因此，各民办高校需要重视显性流失问题，降低教师的离职率。

所谓隐性流失，是指高校在职教师失去工作积极性，没有履行好本职工作，对学校事务毫不关心，没有专注于教学，甚至在外发展自己的第二职业，直接影响到课堂的教学质量。隐性流失对高校的影响是隐蔽的，难以控制的，它不仅影响高校的办学质量，还会影响学校教师队伍的风气，降低学校的凝聚力和向心力，导致人心涣散，是绝对不能忽视的现象。

综合起来看，显性流失和隐形流失都会阻碍广东民办高校教师队伍稳定性的建设，因此，必须从根本上找出原因，提出对策，以降低流失率。

3. 教师流失有季节性趋势

与学生一样，寒暑假是所有教师的共同福利之一。由于寒暑假时间长，一些有意离职的教师，会趁着较长的假期寻求一份条件更好的工作，所以每当新学期开学前，这些有意离职的教师便会向学校请辞，造成教师季节性流失的现象。而教师的季节性流失一旦有了惯性，必定会对学校造成不良的后果。

（二）广东民办高校教师流失的影响

1. 不利于教师队伍的稳定发展

民办高校教师的流失率高，会使得教师队伍内部结构不稳定。在民办高校教师流失状况中，中青年教师的流失率高，其中有的具有外出留学的经历、有丰富的学识。这批优秀教师的流失会使得教师队伍中高素质教师数量减少，使得教师队伍的年龄结构、学历层次、职称结构等内部结构比例失调，令学校教师队伍的整体水平下降，不利于教师队伍的稳定发展。

除此之外，一些教师离职后所找到的工作如果在报酬、工作环境以及福利方面比原来在民办高校任教时要好的话，可能会对仍然在职的教师产生一些消极影响，有可能会使在职教师产生对所在学校的前途感到失望以及产生怠工的负面情绪，甚至会效仿他们离职。这样会使民办高校教师优秀教师的流失率继续上升，十分不利于广东民办高校教师队伍的稳定发展。

2. 影响教学质量

教师的流失会使教学工作"断裂"，破坏教学工作的连续性以及有效性，降低教学质量与课堂效果。频繁更换教师会加大教学任务衔接的难度，新教师不了解前任教师的教学风格以及教学进度，需要用大量的时间去重新探讨正确有效的教学方法，这会使教学的工作量增大。从学生方面看，更换老师会使部分学生出现一时难以接受新的教学方法的情况，导致学生一时不能够专心于课堂学习以及实际操作训练，从而影响对知识的接受程度。[5]

3. 增加学校的管理成本

广东民办高校教师流失量大，增加了学校的用人成本。除此之外，新教师在工作适应期内所致的工作失误也会造成一些难以预见的损失。因此，教师的流失会增加学校有形和无形的管理费用。总的来说，广东民办高校的师资队伍大多都未被规范管理，教师流失问题严峻，这种现象不仅影响着整个教师团队的积极性，还增加了人力资源管理成本，同时也给高校的教学工作和整个学校的长远发展带来不利的影响。

三、基于薪酬福利视角剖析广东民办高校教师流失的原因

（一）对薪酬构成的不满

广东民办院校教师薪酬的主要来源是学生的学费，基本上是"以学养学"的模式。[6]当前广东民办高职院校教师的薪酬普遍由基础工资、岗位津贴、职务津贴、超课时课酬、奖金、其他补贴等几个部分组成。[7]广东民办学院的教师对薪酬构成的满意度可以由图2看出。

结果显示，受访教师对自身的薪酬构成普遍不满，对科研或教学成果奖励以及基本工资的满意度最低。对基本工资表示满意和很满意者只有15%，对科研或教学成果奖励满意者只有6%。民办高校教师对自己薪酬的构成不满，会使他们对学校的归属感降低，从而出现怠工的情况，有的教师甚至会选择离职。

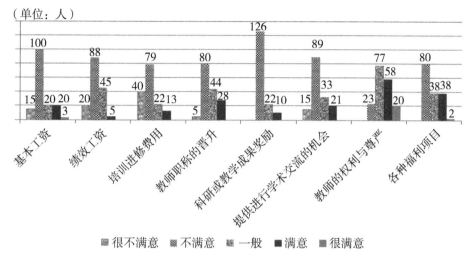

图2 广东民办高校教师对薪酬构成的满意度调查

（二）年轻教师收入偏低

当今广东的民办高校教师队伍中，青年教师占的比重较高，年轻教师在教学经验等方面不如中青年教师以及年老教师，却承担着大部分的教学任务，对学校的稳定发展做出不少贡献。但是，由表1可以看出年轻老师的收入偏低。

表1 教师薪酬幅度与资历的关系

薪酬幅度	职称	人数	年龄	学历
4000元以下	助教	20人	35岁以下	硕士研究生
4000—6000元	讲师	45人	35岁以下	硕士研究生
		37人	35—50岁	硕士研究生
6000—8000元	副教授	8人	35—50岁	硕士及博士研究生
		30人	50岁以上	硕士及博士研究生
8000元以上	教授	18人	50岁以上	硕士及博士研究生

注：数据来源于本项目调查统计。

笔者所调查的民办高校中，35岁以下的年轻教师收入明显偏低，平均幅度在4000—6000元，只具有助教职称的年轻教师的薪酬甚至少于4000元。当劳动者对所获的报酬感到不满时，会使其对所在工作单位的归属感减少，甚至会出现怠工现象。广东民办高校教师薪酬相对于公办院校的教师来说偏低，是由于民办高校教师在工作中付出的人力成本不断上升，但是其薪酬增长幅度却低于人力资本的付出，在追求利益最大化的情况下，教师们自然会对薪酬产生不满。薪金报酬较低是导致广东民办高校教师流失的直接原因。

（三）教师薪酬层级差距不合理

在受访的 158 位教师中，有 61 位教师认为资历深的教师收入过高，33 位教师认为获得较多课题的教师收入会比较高。（见图 3）

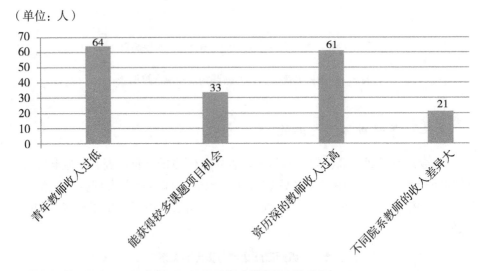

图3　教师对薪酬层级差距的认识

由于民办高校教师的薪酬等级是按教师的职称、在校职务以及教学资历划分的，因此一些资历深、职称高的教师会获得较多的薪酬，这样会使拥有同样学历但是职称较低的教师感到不公平。除此之外，不同院系之间的教师的薪酬差距问题也十分值得重视。一些大院系的教授会获得较多科研机会和课题项目，即获得更多增加薪酬的机会，而小院系的教师的科研机会和课题项目开发的经费，可能会相对较少，因此，在两者对比下，可发现同一学校不同系别的教师可能会出现一定的薪酬差距。

四、基于薪酬福利视角制定民办教师队伍建设的对策

（一）在薪酬设计中运用公平理论加强教师归属感

公平理论指出，人的工作积极性不仅与个人实际报酬多少有关，而且与人们对报酬的分配是否感到公平十分密切。人们总会自觉或不自觉地将自己付出的劳动代价及其所得到的报酬与他人进行比较，并对公平与否做出判断，公平感直接影响职工的工作动机和行为。[8]人将通过横向与纵向两个方面的比较来判断其所获薪酬的公平性。同样地，当教师完成一项工作并取得了相应的薪酬报酬时，他不仅关心薪酬的绝对数，还会关心薪酬的相对数。所以他会通过对比的方式去衡量劳动报酬，从横向、纵向等比较来对比自己的薪酬是否与自己的劳动报酬相适应，或者看是否合理公平。[9]

民办高校教师通过横向比较与纵向比较，通常会对自己所获薪酬产生不满，主要是职称低、资历浅的年轻教师，会通过与年长的职称高、资历深的教师横向比较，觉得年长教师的工作付出量与自己差不多，学历也与自己一样，却能获得比自己高很多的报酬，这有可能会令这些年轻教师出现怠工的情绪，体现为对待教学任务不认真、上课随便按课件讲课、拖延学校下发的工作任务等。而由于许多中青年教师都有在企业工作的经历，他们有可能会把教职与过去的经历做纵向比较，觉得自己所在院校的激励措施的效果比以前所在企业的要低，而且在民办学院任教满足不了自己对职位等方面的追求，因此他们同样会出现怠工情绪，甚至会离职。

对于这种状况，学校管理层可结合公平理论与要素计点法来设计教师的职位薪酬，通过降低任职资格即资历与职称在岗位评价中的权重，减少教师之间因职位、资历与职称的差异而产生的较大的工资差距，适当增加专业技能在岗位评价中的权重可间接提高教师的工作积极性，这有助于培养教师开拓新课题、设计教学方案的能力，也有利于提高教学质量。适当增加科研奖励也有利于留住人才。学校可适当增加对教师发表科研论文的奖励，多鼓励教师参加市级或省级的比赛，并加大对获奖教师的奖励以及对参与比赛的教师做出一定的奖励以资鼓励。

（二）灵活运用弹性福利计划留住骨干教师

弹性福利计划可以为员工提供多种不同的福利选择方案，从而满足不同

员工的需求，即企业会把各种福利组合成为"福利模"，每个福利模中的福利项目都不同，员工可自由选择福利模式，但不能自主安排福利模中的福利项目。[10]

由于每个福利模中的福利水平均不相同，选择福利水平较低的福利模的员工的实际利益会受损，因此，民办院校可参考企业把福利项目外包给专门组织、采用标准福利计划的做法。比如，可根据不同年龄层实施不同的福利计划。退休返聘的年长教师可实施核心福利计划，因为这部分教师本身已享有退休保障，拥有一定金额的退休金，并且大部分年长教师均住在校园，因此学校可以为他们提供人寿保险、健康体检、优质教师宿舍以及餐饮补贴作为核心福利项目，然后让这些年长的教师自由选择其他福利项目或者提高某种核心项目的福利水平。在年长教师层实施核心福利计划能让这部分教师感受到学校提供的福利是有针对性的，对他们的身心健康是有帮助的，以此提高这部分教师的忠诚度。

对于刚毕业且未婚的年轻教师，混合匹配福利计划较适合他们，因为这部分教师可根据自身需要来选择福利项目，避免收到某些原本专为已婚教师提供的福利。

至于附加福利计划则比较适合已婚的中青年教师，因为这部分教师有一定的工作经验和绩效水平，所以薪酬不会太少。选择这种福利计划可以减少家庭中的某些项目的开支，例如，他们可以用福利奖金在指定商场购买生活必需品或其他商品，也可以利用这些资金为家人购买保险。实施附加福利计划虽然在一定程度上会增加学校的福利支出，但是中青年教师是学校教师队伍中的中坚力量，增加他们的福利会使得他们对学校的忠诚度增加，从而有利于学校的长远发展。

（三）实施"内部粮票"计划，为教师提供职业成长平台

在职业成长方面，与公办高校相比，民办高校的职称评定比较困难，这会对青年教师未来的职业发展造成一定的阻碍。因此，民办高校可以根据自身情况实施"内部粮票"计划为教师评定职称。"内部粮票"计划仅适用于本校，一旦教师离职，其以"内部粮票"计划评定的职称便没有作用。[11]

"内部粮票"计划评定职称得根据两个方面：第一个方面，在学校任教3年以上可参与内部评定计划，每年定额15%的教师可以参加内部评定以提高职称，每个院系根据教师的数目分配名额，各院系的最高负责人选拔候选人。第二个方面，教师职称评定要综合学生对教师授课的满意度、教师本人

的教学研究成果、教学方法以及教学成果、对知识掌握程度的测试等几个方面，为教师的综合考核提供参考。

具体流程是：首先，学院应成立专案小组，指定评分表、得分标准以及通过分数线以专门用于负责执行"内部粮票"计划。然后在学期末由各院系的领导人根据候选条件选出候选人。之后，在新学期伊始，督导开始不定期对教师的上课情况进行考察，评定教师的教学方法以及教学成果；专案小组对教师的教学研究以及学术报告的发表进行考察，并在每学期末收集学生对教师的满意度评价，最后，综合评定教师得分用以考量其是否可以提高内部职称。通过内部"粮票计划"提高了职称的教师，可以获得更多的报酬以及更多学术交流的机会。这样可以激励教师努力提高工作水平，是留住优秀教师的一个良好方案。

五、总结

在经济快速发展的今天，社会对高素质人才的需求量不断增加。广东是我国的经济强省，拥有大量的高素质人才。但是由于多种因素的阻碍，作为学校发展的必要力量的教师队伍在广东民办高校中呈不稳定的发展趋势，存在流失率高的问题。因此，笔者从薪酬的角度调查分析广东民办高校教师流失的原因，提出改善教师流失问题所采用的理论方法，希望能启发广东民办高校管理人员通过调整薪酬体系以留住人才，为高校的长远发展乃至广东省的经济和社会发展做贡献。

参考文献：

[1] 王翠梅. 民办高校青年教师培养中存在的问题与对策探讨 [D]. 济南：山东师范大学，2014.

[2] 孙淳. 广东民办高校布局结构研究 [J]. 广东广播电视大学学报，2011（3）：117－118.

[3] 胡艳涛. 民办高校教师流失问题及其管理对策研究 [D]. 天津：天津大学，2010.

[4] 罗文英，赵静波. 试论民办高校教师队伍建设的可持续发展 [J]. 琼州学院学报，2014（21）：125－128.

[5] 郭玉莉. 民办高校教师流失现象及原因与对策探讨 [J]. 教育与教学研究，2014，28（1）：51－52.

[6] 饶丽娟. 当前民办高校教师流动问题及对策 [J]. 韶关学院学报，2010，31

(7)：105.

[7] 莫敏珊. 广东省高校薪酬管理存在的问题及解决措施 [J]. 长春教育学院学报，2014，30 (10)：121 – 122.

[8] 庄爱华. 广东省民办高职院校教师薪酬管理浅析 [J]. 院校管理，2014：190 – 191.

[9] Stacy Adams Rosen. Unfair Wages of Workers on the Inner Conflict of the Relationship with their Productivity [M]. Harper Business Essentials，1962：20 – 22.

[10] 刘昕. 薪酬管理（第4版）[M]. 北京：中国人民大学出版社，2014：237 – 238.

[11] 闵捷，程丽莎. 广东民办高职院校教师流失原因及对策分析 [J]. 教育与职业，2013 (769)：78 – 79.

民办高校与教师良性互动机制构建

——基于广东省五所民办高校的满意度调查研究

吴晓宣[①]

摘要： 国内外研究表明，工作满意度对工作态度和工作质量有重要影响。本研究采用问卷调查的方法，对广东省五所民办高校教师的工作满意度进行了调查。结果显示：薪酬待遇、晋升进修、学术氛围、领导管理是影响民办高校教师工作满意度的主要因素。与此同时，本文指出了民办高校教师工作满意度不高的主要原因是教师薪酬明显偏低，学术氛围差导致教师职业发展空间受限，管理水平低致使教师缺乏归属感等。对此，文章探讨了如何构建民办高校与教师的良性机制：适当提高教师薪酬；重视教师培训，改善学术氛围，提升教师职业发展空间；提高管理水平，增强教师幸福感，提升教师归属感。

关键词： 满意度；民办高校；教师

一、引言

改革开放以来，特别是建立了社会主义市场经济体制以来，我国民办高校的数量迅速增加。在我国高等教育普及化阶段，民办教育是中国教育事业发展不可或缺的重要力量。因此，创新育人模式和体制机制，提高教育教学质量，提高办学水平，是民办高校生存和发展的前提和基础。教师队伍建设关系着民办高校的可持续发展，教学质量的高低直接影响着学生是否愿意就读某一民办高校，也影响着学校的口碑。民办高校教师队伍不稳定，流动性大，严重影响正常的教学活动，有的民办高校甚至出现新学期课程安排好了，而该课程的任课教师却迟迟没到位的现象。提高教师满意度，稳定教师队伍，成为很多民办高校亟待解决的问题。

[①] 吴晓宣，男，广东培正学院管理学院讲师。研究方向：企业管理。

二、研究主旨及学术意义

笔者希望通对广东省五所民办高校教师的问卷调查，了解民办高校教师队伍的工作满意度现状以及影响满意度的因素，提出有助于提高广东省民办高校教师满意度的措施，降低民办高校教师流失率，为搞好民办高校师资队伍建设出言献策，探究民办高校与教师的良性互动机制。

笔者全面地研究了有关文献，发现以前的研究虽然从不同角度指出了导致民办高校教师满意度低的原因，但缺乏数据支撑，有的学者对导致民办高校教师满意度低的原因总结不全面，有的学者没有通过调查获得数据来支撑自己的观点。本文通过调查研究，发现薪酬待遇不佳、学术氛围差、教师职业发展空间受限、民办高校管理水平低、教师缺乏归属感等问题是导致民办高校教师满意度低的主要原因，并提出了相应的策略建议。

三、广东省五所民办高校教师的工作满意度调查结果

本研究采用问卷调查法，采用信度和效度较高的明尼苏达满意度问卷（MSQ）短式量表为研究工具，以广东省五所民办高校为研究对象，从五所民办高校随机抽取280名民办教师进行调查，剔除无效问卷后，获得260份有效问卷，有效率92.85%。

从表1可以看出，民办高校教师中，青年教师占有较大比例，退休返聘的教师也占有相当比例，这与民办高校实际情况相符。民办高校为了迎接教育教学评估，弥补高级职称人员严重不足的现状，引进了较多有高级职称的退休教师。教师学历以硕士层次为主，所占比例最大，有博士学位的教师比例较低，说明了民办高校对高素质人才缺乏吸引力。在职称方面，讲师所占比例最大，教授、副教授职称比例较低，这说明在高校职称评定权下放到学校前，民办高校教师在职称评定方面处于劣势；在工作年限方面，低于10年的占比最大，也说明了民办高校以青年教师为主；在月平均收入方面，民办高校教师工资水平处于中等偏低水平。

表1 广东省五所民办高校教师工作满意度调查基本信息统计

数据类别	数据特征	样本	比例（%）
性别	男	132	50.76
	女	128	49.24
年龄	24—29 岁	88	33.84
	30—40 岁	61	23.46
	41—50 岁	52	20
	51 岁及以上	59	22.7
职称	助教	45	17.31
	讲师	143	55
	副教授	41	15.77
	教授	16	6.15
	其他	15	5.77
学历	本科	38	14.62
	硕士研究生	203	78.07
	博士研究生	19	7.31
工作年限	1—5 年	98	37.69
	6—10 年	96	36.92
	11—20 年	41	15.77
	20 年以上	25	10.28
月平均收入（元）	3000—4500	83	31.92
	4500—5500	99	38.07
	5000—6000	49	18.84
	6000 以上	29	11.17

从表2可以看出，薪酬待遇、晋升进修、学术氛围、领导管理的均值处于中间值，说明民办高校教师的工作满意度较低。

表2 广东省五所民办高校教师工作满意度调查各变量描述性统计

变量及其维度	均值	标准差
薪酬待遇	2.88	0.79
工作环境	3.18	0.85
人际关系	3.83	0.92
晋升进修	2.99	0.89

续表2

变量及其维度	均值	标准差
学术氛围	2.63	0.71
领导管理	2.73	0.86

信度是指调查问卷的可靠程度，信度系数越高，表明测验结果越可靠。问卷的信度测量采取克朗巴哈系数值来检验，经测算，量表的克朗巴哈系数值大于0.8，说明问卷有较高的可靠性。效度反映了测量的准确性和有用性。本研究在实施调研前进行了预调研，并依据预调研结果删除或修改了部分指标，较好地保证了问卷的内容效度。

四、民办高校在满意度管理方面存在的问题

（一）民办高校教师薪酬明显偏低

民办高校教师与公办高校教师在薪酬待遇和福利保障方面存在巨大差距，特别是在民办高校工作没有编制，其退休后的养老金比公办高校退休教师低得太多，这极大地影响了教师的工作满意度。本次调查发现，民办高校教师月平均收入低于5500元的占比约为70%，甚至比公办中小学教师的薪酬待遇还低了不少，但同时物价、房价却在不断上涨。据调查，17年前某民办学院教师的月工资可在学院所在地购买至少两平方米房子，比当时的公办学院教师和政府公务员的收入还要高，而现今月工资只能购买学院所在地0.3平方米的房子。在现有保障制度下，同样的工作年限，公立学校的教师退休后的养老金至少可以拿到一万多元，而因为民办高校具有企业性质，民办高校教师退休后通常只能拿到两三千元。

在本次调查访谈中，有几位从公立学校辞职到民办高校工作的老师后悔不已，认为自己当初的选择缺乏考虑。在这次调查中，我们了解到，某民办高校二级学院招收的中职学生的综合素质偏低。该二级学院聘用刚本科毕业的青年教师任教，底薪2500元，每周至少要上24节课，以至有一周上30多节课的，每节课的课酬30元。学校要求交的各种资料极其繁多，教师每周为准备各种资料，严重缺乏休息时间，学校领导经常责骂教师教学质量不高，不能吸引学生专心致志地学习，教学督导的指责让很多老师无法接受。因中青年教师家庭压力大，经济性需求表现还是很明显的。只有改善教师的物质生活条件，妥善解决户口、住房、配偶就业、子女入学等问题，提高薪

酬待遇和福利保障，才能提高民办高校教师对工作的投入度、满意度和对学校的忠诚度。因此，民办高校着手建立健全教师工资保障机制与动态增长机制，确实刻不容缓。

（二）学术氛围差，教师职业发展空间受限

民办高校缺乏学科带头人，缺乏高层次学术讲座。教师缺乏与高水平专家沟通交流的机会，不利于提升教师的学术素养。学术带头人是在某一学科领域造诣深厚，能正确判断所在领域的发展方向，能正确选定课题，指导开展科研工作并获得重要成果的优秀学者。他们能担任科研团队的领导工作，及时提出本学科范围内的学术动态报告，组织并参与学术交流。学术带头人决定了高校院系专业的学科地位、学术声望，学校如没有浓厚的学术氛围，则不利于培养学术带头人，不利于提高民办高校教师的学术素养，对民办高校的学科建设和发展肯定会产生不利影响。

职业激励是高校管理者不应该忽视的重要内容。接受培训，掌握新知识、新技能是高校教师的高层次需求，让他们有自我成长、自我发展、自我实现的强烈需要，渴望职业激励，有晋升进修机会。民办高校多注重学校硬件条件建设，忽略对教师的培养，导致教师的职业荣誉感和成就感不高；对教师的培训、职称评定设置附加条件，限定服务期，设置违约赔偿条款，这降低了教师的工作满意度。教师们都希望在完成教学任务后，有机会参加各种培训，以提高自己的科研技能，学习教学教法理论，了解专业前沿知识。但由于办学经费有限，民办高校不可能投入大量资金用于教师培训，加上民办高校教师流动性大，培训的回报率较低，所有者担心"为别人作嫁衣裳"，不愿意花太多资金在教师培训上。此外，民办高校教师获得各类培训的机会也较公办高校教师少得多。

（三）民办高校管理水平低，教师缺乏归属感

部分民办高校投资人创办学校的目的是赚钱，投资人自身不研究教育，不懂教学管理，办学规划也未必合理，对教师不重视，认为教师就是"打工仔"。投资人的管理理念直接影响学校采用什么样的管理模式，学校管理层的管理理念如果与投资人的管理理念不相符，其结果必然是被"炒鱿鱼"，所以很多民办高校的管理人员必须迎合投资人的管理理念，无法采用更适合高校的科学管理方式。其中一位接受我们访谈的民办教师，每天坐班，不仅要承担颇重的教学任务，还要兼职当辅导员，学校甚至要求他每周至少守半

天的校门，充当保安员的职责。这样的管理，就不难解释为什么这类学校离职率这么高了。在这种情况下，何谈提升教师满意度，何谈培养教师对学校的认同感和归属感？

一些民办高校内部管理制度不健全、不规范，管理权与所有权不分，责权利分配不合理，缺乏合理的规章制度。多数民办高校采用企业化管理模式，教师工作压力大，工作不够稳定，缺乏职业安全感，教师普遍将自己认定为"打工仔"，在学校各项事务中缺少话语权，对学校也缺乏归属感和主人翁意识，职业风险意识强烈。

五、满意度视角下良性互动机制的构建

只有提高教师的满意度，才能增强教师工作的责任心，教师才能更好地发挥主观积极性，努力提高自己的教学水平，把知识更多、更好地教授给学生，学校的教学水平才能更上一层楼。民办高校只有健全管理机制，增强长期发展动力，克服师资力量薄弱的困难，稳定教师队伍，改善教师队伍结构，明晰产权，建立完善的教学质量保障体系，更新办学理念，才能提高其社会认可度，实现可持续发展。

（一）适当提高教师薪酬

我国的民办高校主要靠学费支撑学校运营，除学费收入外其他收入较少。很多民办高校投资人更愿意把钱投到基础设施建设上去，以为只有这样才能改善学校的外在形象，有利于招生。由于是私人投资兴建，投资人特别关注办学成本和利益。由于经费不足，学校难以为教师提供有竞争力的薪资待遇，难以吸引和留住优秀人才，导致高学历、高职称、中坚骨干教师结构性失衡，年轻教师和从公办高校退休后被返聘的教师占据了民办高校教师的较大比例，中年骨干教师队伍相对断层。只要有机会，民办高校教师会不惜成本、想方设法进入公办学校，致使民办高校优秀教师流失严重。调查发现，民办高校的高学历、高职称骨干教师的流失率是最高的。民办高校优秀教师的流失，直接导致教育教学、学科建设、招生办学声誉受到严重影响，不利于学校的可持续发展。

每个人都有改善自己生活状况的客观需求，每个人都向往更美好的生活。适当提高民办高校教师的薪酬，有利于提升他们的工作满意度，从而让教师全身心地投入到工作中去，进而努力提高教学质量，努力提高科研水

平,实现教师和学校的双赢。

建立健全薪酬激励制度。努力提高教师薪酬水平,是民办高校增强教师队伍凝聚力的关键。民办高校教师的收入包括基本工资、岗位工资、岗位津贴、超课时费、绩效工资、社会保险金与社会保障金。在薪酬制度建设方面,民办高校一方面要重视直接经济激励的作用,增加教师的课时补贴、岗位工资,为教师更高质量地完成工作提供货币性激励;另一方面还要重视直接非经济激励,如支持教师开展科研,组织教师培训,为民办高校教师提供经济保障性福利,如养老保险、医疗保险、住房公积金、补充养老金等。与此同时,还要注重更新教学设备,完善工作环境,不断健全教师管理制度。

建立健全薪酬激励制度。一定要考虑各个岗位的特殊要求,保证薪酬制度合理,保证岗位公平、内部公平;要根据自己学校的优势和劣势,充分考虑本地区其他学校的薪酬标准,不能让本学校教师工资明显低于本地区同类学校。目前,民办高校教师工资明显低于公办高校,也低于公办中小学,加上退休以后只有微薄的退休金,这导致他们普遍存在自卑感,不敢与公办学校教师沟通交流,也不敢让别人知道自己是一位民办高校教师,缺乏职业归属感和职业荣誉感。

民办高校投资人应该充分认识到薪酬的激励作用,要下定改善教师收入的决心,采取切实行动,提高教师收入,这样才能增强民办高校对教师的吸引力。民办高校办学经费来源单一,要解决民办高校教师与公办高校教师薪资待遇差距大等问题,也需要政府完善相关政策制度,以便民办高校得到政府的政策支持和补贴。

(二)重视教师培训,改善学术氛围,提升教师职业发展空间

培训是人的高层次需求,高层次需求得到满足,会给人以极大的满足感。本次调查显示,较多民办高校教师希望通过培训和学术交流,掌握新知识、新技能,从而提高教学质量,提高研究能力。

如本次调查中的某学院建立了青年教师导师制,为刚入职的青年教师安排教学经验丰富、拥有高级职称、多次获得教学质量奖的教师做导师,以老带新,进行传、帮、带,极大地提升了新教师的教学水平和科研能力。民办高校可以考虑发展完善这项制度,让广大青年教师都能接受学科带头人、优秀教师在科研和教学方面的指导。应进一步鼓励教师到国内"985""211"大学去访学,鼓励教师到企业去待岗实习,鼓励教师到企业参加实践培训,增加实践经验。

浓厚的学术氛围有助于激发教师的求知欲和内在的创新意识,学术交流对拓宽教师学术视野、提高科研水平特别重要,应更积极地支持教师外出进行学术交流;要通过讲座、学术报告会、论坛、沙龙等形式营造学术氛围,培养教师主动发现问题、分析问题、解决问题的能力和意识;要加强科研团队建设,学校应鼓励教师组建科研团队,鼓励成员间的定期交流沟通、相互启发,及时发现自身研究中存在的问题与不足;民办高校要增加对有学术成果教师的奖励,现在很多学校的奖励力度太小,教师发表论文的成本与收获往往入不敷出,使很多老师只关注评职称,不愿意搞科研、发论文。民办高校应建立科研奖励机制,对在科研方面表现突出的单位和个人给予物质和精神奖励。

民办高校要千方百计地创新思路,积极引导教师申报科研课题,支持教师参加培训进修,关注教师职业需求,引导教师制订职业生涯规划,搭建好教师发展平台,给予教师职业发展空间,切实保障教师合法权益,满足教师成长需求,提高教师满意度,培养教师归属感。

(三) 提高管理水平,增强教师幸福感,提升教师归属感

民办高校的非国家投资性质,导致其管理方式与公办高校存在较大差别。民办高校要完善董事会结构,建立法人治理结构;完善管理模式,建立竞争机制、监督机制;要完善学术委员会制度,充分发挥学术带头人的作用;要构建多元化评价体系,营造学术氛围;充分发挥教职工的民主管理与监督作用,充分发挥职工代表大会的作用;完善教师评价体系,学生、督导、系主任、同事都是评价主体,要从教学效果、教学改进、科研成果、指导学生获奖等方面对教师工作进行全方位考评。

民办高校应该重视增强教师的幸福感,使他们因满足感与安全感的获得而产生积极奋发的情绪。学生学有所成,教师获得学生的尊重和爱戴,可以使教师产生幸福感;教学技能提升了,知识丰富了,职称评上了,收入提高了,也可以增强教师的幸福感。幸福感得到提升后,教师工作的责任心就会更强,面对学生时更富有爱心和耐心。

民办高校要加大对教师的情感投入,加强对教师的人文关怀,从而激发教师的工作热情和对工作的认同感。本次调查发现,有些民办高校管理非常人性化,坚持常态化为教师集中举行生日派对,并赠送生日礼物,发放生日蛋糕卡;定期举行各种文体活动和工会活动,让大家融入团体,充分交流沟通,增进教师之间的感情。事实证明,如果组织成员没有归属感,工作的积

极性与主动性必然受到影响，因为每个人都希望自己的能力和价值得到别人的认可，而科学的管理制度，良好的工作环境和人际关系，都可增强教师的归属感。

《中共中央 国务院关于全面深化新时代教师队伍建设改革的意见》提出："经过5年左右努力，教师培养培训体系基本健全，职业发展通道比较畅通，事权人权财权相统一的教师管理体制普遍建立，待遇提升保障机制更加完善，教师职业吸引力明显增强。"[1]民办高校教师与公办高校教师一样，都为社会主义现代化事业培养人才，为国家建设做出贡献，政府应该将民办高校教师与公办高校教师纳入统一的管理，给予相应的补贴，保证民办高校教师与公办高校教师有相同的工资标准；落实对营利性和非营利性民办高校的分类管理政策，对那些坚持公益性办学、承担较多社会义务的民办高校，给予更多政府优惠政策，规范营利性民办高校的各项活动。

参考文献：

[1] 中共中央 国务院关于全面深化新时代教师队伍建设改革的意见[EB/OL].(2018-01-31)[2018-03-18]. http://www.moe.edu.cn/jyb_xwfb/moe_1946/fj_2018/201801/t20180131_326148.html.

试论"放管服"新形势下高校两级财务管理体制的改革

——兼以H民办高校为例

李秀花[①]

摘要：在我国高教体制改革日益深化的进程中，高校原有的财务管理模式在很多方面越来越难以适应改革发展的要求。目前，我国无论是公办还是民办高校，都程度不等地存在校院两级管理权责不清晰、学院财务管理理念陈旧、绩效考核和监督不到位、财务管理信息系统支持不够等问题。对此，H民办高校做出了探索。基于存在的问题和探索结果，以及对外国高校财务管理体制的借鉴，在"放管服"改革新形势下，我国的高校财务管理体制主要应从合理划分校院两级财务权责、转变财务管理理念、加强对学院的绩效考核和监督、建立财务信息共享平台等方面进行改革。

关键词：民办高校；"放管服"改革；两级财务管理体制；探索发展

一、我国高校两级财务管理制度面临的主要问题

随着我国全面深化改革的不断推进，"放管服"改革成为全面深化改革的重要内容。但是，在"放管服"改革新形势下，各类高等学校的财务管理体制都面临不少问题。纵而观之，其主要包括如下几方面。

（一）校院两级管理权责不清晰

高校"放管服"改革的一项重要内容，就是财权下放与重心下移，这对于大多数高校来说，随之而来的是不同程度地出现权责划分界限难等问题。高校实现学校和学院两级管理的财务体制，是一个复杂的系统工程。从横向看，涉及学校教学、科研、学生工作等最少三个系统的协调配合；从纵向

[①] 李秀花，女，广东培正学院财务处会计师。研究方向：财务管理等。

看，涉及学校与学院之间在人事、财务、资产、教学、科研、学生工作管理等方面的权责问题。由于不同学院各自的学科特点和发展历史不同，对于学校经费使用按什么标准、使用权属于学校还是学院等问题，目前全国尚无统一模式。学校与学院之间的财务权责划分不当，则无法履行相应的责任。

(二) 学院财务管理理念陈旧

学校与学院的两级财务管理体制改革，需要重新规划学校财务管理职能部门与学院各自的财务管理职责，但学院的财务管理理念的更新速度往往跟不上改革的步伐。在经费管理权下放到学院之后，学院拥有了更大的经费使用决定权，这有利于二级学院成为真正的办学实体。因而提高学院财务管理效率，是高校财务"放管服"改革的核心任务。在改革实践中，不少高校在这方面还存在一定的问题。

(三) 对院校的绩效考核和财务管理监督不够到位

高校财务"放管服"改革，实际上就是加大学院的财务管理权力，这就需要其管理水平随之相应地提高，但往往会带来一些相关联的问题。比如，学院可支配的经费在学科建设、学生培养、师资建设和实现服务效益等方面，都存在成本与产出、投入与效益等方面的问题，其中还有财务管理监督、绩效考核等问题。目前，绝大多数高校的财务管理体制在财务管理的监督考核等方面，仍停留在检查预算经费的执行进度和业务的真实性等层面，而在学院的经费使用效益、业绩考核及奖惩措施等方面，存在制度不完善等问题。

(四) 学校财务管理信息系统对学院商务管理系统的支持度不够

在学校与学院两级财务管理体制下，需要对与财务活动中的各项业务相关的一些基本数据进行整理并予以分析。在这个过程中，可能会出现学校财务管理信息系统对学院账务管理系统的支持度不够等问题，这可能会给非财务专业出身的学院领导利用财务信息做出财务管理决策时带来困难。因此，如何解决学校财务管理信息系统对有关数据的处理与分析中出现的相关问题，是当前学校与学院两级财务管理改革中的重要难题。

二、民办高校财务两级管理体制改革的实践探索

为了深化"放管服"改革,让高校拥有更大的办学自主权,2017年3月印发的《教育部等五部门关于深化高等教育领域简政放权放管结合优化服务改革的若干意见》要求,高等教育的行政机关向院系、研发团队和领军人物等实行"放权",从而确保改革措施落到实处。这一要求对于切实推进高等教育的"放管服"改革具有重要意义。对高校财务体制进行改革,无论是公办高校还是民办高校,都是亟须落实解决的问题。

长期以来,在计划经济管理理念的影响下,在原来的"统一领导、集中管理"的高校财务管理体制下,学院基本没有财务方面的自主权。民办高校虽然是 20 世纪八九十年代才大量涌现出来的,但其财务管理基本上也承袭计划经济财务管理的那一套。本着国家推进"放管服"的财务管理改革,越来越多的民办高校也跟上步伐,积极尝试进行两级管理体制改革,本文讨论的 H 民办高校就是其中一所在两级财务管理方面积极探索的高校。该校对于学校与学院两级财务管理体制的改革探索,早在 2012 年便开始启动,现已完成从一级财务管理体制向各财务管理体制过渡。

在办学体制改革的新形势下,如何推进其两级财务管理体制的改革,是摆在 H 民办高校面前的重要课题。为此,H 民办高校主要从这几方面进行了改革创新:一是在观念上,明确学校分权和管理重心下移,明确学校和学院的权力和责任;二是逐步落实学院的办学主体地位,即学校对于学院以宏观决策、制度完善和监督服务为主,对学院实行目标责任制管理,以考核评估、监督制约为主要途径规范学院管理;三是学院结合自身的发展,规划使用学校拨划的各项经费,这样可以充分发挥学院自主办学的积极性;四是以各财务管理体制改革为抓手,全面提升学校的办学活力,促进内涵式发展再上新台阶。

三、对国外高校财务管理的借鉴

高校财务管理体制改革是一项新鲜事物,尤其是对于民办高校来说,国内尚未有大量成功的先例可循。有鉴于此,参考借鉴国外的先进经验就显得十分必要。

(一) 国外两级财务管理体制现状

在美国，公立大学大多采用集中型财务管理模式；私立大学则主要采用分权式的财务管理模式，高校大部分经费下发给学院直接使用，学院便成为办学实体和管理重心，即以绩效拨款、绩效预算、绩效报告为考核机制，采用单位成本、教学工作量、生产率、学生总学时等绩效指标，体现财务绩效评价体系，使高校的经费使用符合效率原则。

英国采用的是以学院为主的模式，高校的财务管理采用校、院、系三级管理，财力集中于校级，预算经费及课题适当下放，高校财务监督采取问责制。学院编制预算要向财务处提交三年的详细计划，年终提交当年的财务总结报告，并以此作为考核依据。

荷兰的阿姆斯特丹大学的财务管理是按校、系两级来设置的，校级财务管理部门是全校财务管理的枢纽，包括预算科、管理信息科、会计核算科和办公室等4个部门；各系部配备财会人员负责系部财务工作，由校财务中心统一领导。财务管理体制实行集权制。荷兰的大学对教育经费预算实行强约束机制，当预算支出超支时，一般不予追加。荷兰政府重视高校绩效评价，并把它作为教育拨款的重要参照，绩效评价成为高校财务管理的重要手段。

国外高校分权管理模式的责、权、利分明，有利于激励各级单位主动地、创造性地开展财务预算管理活动，同时学校对学院进行考核，绩效评价成为高校财务管理的重要手段。

(二) 国内两级财务管理体制研究

对于高校财务管理，我国学术界已有不少研究，为我国高等教育改革及其财务体制改革提供参考。

在相关研究中，路秋玉、刘小娟（2019）针对高校两级管理体制改革实践中存在的问题，对绩效评估和预算管理评价体系等问题进行了探讨，就财务管理理念、责权划分、绩效评估等问题提出了探索性见解。[1]卢国强、薛松（2018）以一流学科建设为统领，认为学校应以学科建设和学术发展为核心，把学院建设成统筹学科、平台建设和人才培养的办学实体，并使之真正成为学科建设的主体。其提出的具体做法是建立"三位一体"的管理体制：以学院党委为政治核心，院长对办学行政工作负责，委员会对学术问题进行决策。这种做法合理、清晰地划分了校、院各自的责权关系。[2]王洪敏（2018）认为，学校财务管理的改革应树立新的工作理念，实现从传统的财务核算向新理念下的管理服务的转变，通过服务实现管理，并加强对学院的经费预算及执行过程的监督，建立和完善高校财务管理绩效评价指标体系，通过绩效评价体系进行科学的衡量和比较，确保学院的各项任务的有效履行。[3] 耿晓霞（2019）对推进"放管服"改革在高校财务服务工作中落实，并运用互联网技术改进财务服务存在的问题，提出了树立服务意识、创新服务方式的建议，认为财务人员应当"用真心、用诚心、用爱心"去为广大师生服务，从而推动高校的各项建设。[4]

纵观目前相关研究的情况，大部分是对公办学校两级管理体制改革进行讨论，对民办高校的研究比较少。民办高校的财务管理固然有其特殊性，但在学校与学院的分级财务管理方面与公办高校还是具有许多共性的，因而改革探索的方向和方式等也有许多共同之处。

四、高校两级财务管理体制改革的对策

权力分权和管理重心下移，是高校适应"放管服"改革的体现。通过下放权力，通过"服务"实现"管理"，此即"放管服"改革。在这一改革中，必然会面对种种困难。鉴于国外高校的财务管理经验，以及有关国内高校改革探索的研究成果，本文就当前高校两级财务管理体制改革问题，提出以下几方面的设想。

（一）合理划分校、院两级财务权责

财权下放至学院，可谓高校"放管服"改革的核心。校、院两级财务管理涉及学校与学院财务的集权与分权关系，即学校作为委托人将财权下放至学院（代理人），根据财权与事权相结合的原则，这种放权可以使学校和学院各自的利益相互协调，并明确划分学校和学院两级财务管理体制下的财务职责。比如，H 民办高校的院校两级职责分工，就体现了这一集权与分权关系（见表1）。

表1 H民办高校校、院两级职责分工

学校的权责	学院的权责
（1）制定学校专业建设规划、财务发展计划，统一制定人才培养方案； （2）制定学校教学资源统筹调配及基础设施的建设方案； （3）制定学校财务管理的系列规章制度； （4）对学校的财务预算、决算、会计核算进行统一规范； （5）按照国家有关规定制定收费管理办法； （6）制定重大项目建设的经费控制和风险防控制度； （7）制定对学院预算执行绩效和账务综合考核绩效评价制度	（1）按照学校专业建设规划，制定学院各学科专业的培养方案、教学大纲等，确保教学计划严格执行； （2）根据学科和专业建设发展规划，调整和优化专业设置，组织实施专业评估及新增专业论证和申报工作； （3）全面负责教学过程管理，对人才培养质量和教学质量负责； （4）建立有效的教学信息收集系统并向学校反馈质量信息； （5）合理编制学院预算，根据下拨经费自主调配； （6）制定学院内部经济调控、考核体系以及奖惩、激励制度

当H民办高校在将部分财务管理权下放到学院时，根据学校有关规章制度，学院必须严格遵守学校的财务规章制度，学校财务处及校董事会应对学院财权的经费预算及经费执行情况予以监督，对各学院应以专项资金的方式进行调控，大型设备的购置及基建统一由学校根据发展规划安排。各学院根据院、系发展和工作任务编制年度预算，报学校"两上两下"批准执行，建立以预算为主导的财务管理体制。

关于校、院两级管理体制下明确学校与学院的经费支出范围，H民办高校的做法如下（见表2）。

表2 H民办高校校、院两级经费支出范围

学校经费支出范围	学院经费支出范围
（1）人员经费：教职员工的工资、津贴、福利费、加班费、社会保险、公积金等； （2）后勤支出经费：办公费、差旅费、接待费、水电费、汽车维护费、物业管理费、财产折旧费等； （3）公共设施建设及维护费：大型仪器设备购置、在建工程、零星基建、设备维护等费用； （4）教职工奖励和补贴等经费	（1）教工经费：课酬酬金、加班费等； （2）办公经费：办公用品购置费、专业建设费等； （3）学生经费：学生活动费、学生科研费、学生奖补助经费； （4）科研经费：外拨经费、学校资助经费； （5）激励经费：根据创收收入按照比例进行分配

由上表可见，职责、权力等管理制度的制定，为落实学校财务管理制度相关的奖罚措施提供了支持，这样就可以激发各学院的积极性和创造性，以考核、引导、监督学院完成目标管理。对各学院的权力下放及责任履行等的后续跟踪管理，还应在实际工作中不断总结经验，不断改进和优化。

（二）转变财务管理理念并完善财务管理制度

学院是学校战略发展目标的执行主体和责任主体，也是经费预算的编制主体。在经费权重下移后可能出现风险控制问题，这就需要采取相应的防范措施。因此，根据现实中存在的问题，依法完善财务管理制度是十分必要的。首先，应当转变财务管理理念，完善财务制度。对此，管理制度中应当明确规定学院设置财务助理，用来与学校的财务管理部门对接。其次，学院相关人员应规范、合理地使用各类经费，定期分析学院经费使用的执行情况并向学院领导汇报。再次，负责与学校财务部门业务联系与沟通的人员也应为经费核算和绩效评估做好统计，为顺利开展各学院的财务管理工作提供有力保障。最后，学校财务部门还应定期对学院的财务助理人员进行培训，以提升财务助理人员的综合素质，从而有效提高学院的财务管理效率。

（三）树立正确的管理服务理念

树立"以人为本"的财务管理理念。以人为本是高校新形势下对财务管理的客观要求，是促进财务管理水平提升的关键。每项财务活动的成效主要取决于每个人的知识、智慧及努力，要理解人、尊重人，以对人的激励为主，并同时建立约束机制。高校财务管理应充分发掘学校每个教职员的潜力，调动其工作积极性，创造和谐的财务环境，变被动服务为主动服务。树立"监督者也要被监督"的理念，常用换位思考的方式来处理业务，创造出良好的理财氛围，坚持民主理财、科学理财，促进学校事业健康协调发展。

高校财务服务观念，是指财务部门基于学校的发展计划和经济状况，通过财务管理对预算内、外资金的筹措、计划、使用、监督和调节，通过收支核算、增收节支，为学校各部门的业务活动提供相应的资金支持，加强财务预算管理。财务人员树立财务服务观念，就是在法律、法规和规章的框架内，提供更高价值的劳务，以"高效、严谨、专业、热情"的服务观念，实现个人与集体、社会的共赢。

（四）加强对学院的绩效考核和监督

在高校两级财务管理体制中，学校将部分财权下放到学院之后，一项重要的工作就是加强对学院财务工作的绩效考核和监督。学校通过开展全面的绩效考核，使学院清楚自身财务管理中存在的问题，对发现的问题及时改进，对偏离学校战略发展目标的财务问题追究相应的责任。这就需要制定具有可操作性的学院分类考核的绩效评价指标。指标的制定应坚持三项基本原则：一是实现学校战略目标的原则，无论是将部分财权下放到学院，还是对学院的财务工作进行绩效考核，都是为了推进办学目标的实现；二是坚持常规考核与创新考核相结合的原则，既有对学院常规财务工作的考核，又专门设置对学院财务工作创新与特色的考核；三是坚持绩效导向原则，将绩效与预算和学院的年终绩效奖励挂钩，以激发各学院财务管理工作的积极性，从而充分发挥考核评价的激励导向的作用。

一方面，学校财务处在对各学院各项预算支出进行监督时，要对预算过程进行分析、控制，发现问题要及时解决；另一方面，学校内部的审计部门还应对学院经费安排及使用情况做专项审计与评价，并提出审计意见和建议，从而确保经费运行的合理与稳定；同时，要对各学院履行职责的情况进行监督，以保障学院的教学质量。

（五）打造财务管理信息共享平台

在高校实行两级财务管理制度后，学校财务处应当将工作重心向基层转移。同时，学校财务处应当发挥自身在信息技术方面的优势，将"互联网＋"的思维与技术应用到高校财务管理中，打造财务管理信息共享平台。在平台中提供自助财务票据鉴别及财务数据筛选等服务，通过平台介绍财务工作流程和具体工作要求，对大量基础数据进行收集整理并分析，定期发布相关财务管理动态信息，让师生通过网上报销系统就能了解到业务内容是否合法、合理，收集师生提出的相关问题并进行整理和解答；要把更多精力放在服务创新上，为高校管理层提供高效、准确、科学的财务数据作为决策依据，满足校、院两级财务管理体制改革的需要。

"放管服"改革不可能一蹴而就，应根据新情况和新问题不断进行调整、改革。因此，高校深化两级财务管理体制的改革创新是一项长期而艰巨的工作，但只要确定了改革目标，制定了科学的改革方案，科学地划分好学校与学院之间的权责界限，并及时对改革方案进行调整，那么，原有的学校财务的角色，必然会从单纯的以"管理"为主，转变成以"服务"为主，这样就可以切实激发学院办学的积极性和主动性，从而为高校师生提供优质、便捷的公共服务，更好地保障高校办学宗旨和办学目标的实现。

参考文献：

[1] 路秋玉，刘小娟. 高校校院两级财务管理体制改革研究：以 S 大学为例 [J]. 行政事业资产与财务，2019（2）：64-65.

[2] 卢国强，薛松. 新形势下深化高校校院两级管理体制改革的探索与思考 [J]. 中国农业教育，2018（4）：31-35，93.

[3] 王洪敏. 对完善高校校院两级财务管理体制建设的思考 [J]. 教育财会研究，2018（1）：3-8.

[4] 耿晓霞. "放管服"改革和"互联网＋"背景下高校财务服务模式与方法创新研究 [J]. 商业会计，2019（4）：80-83.

人才培养

创新创业教育应重视开发学生的思路

王仁法[①]

摘要：创新教育是一种素质教育、基础教育，而创业教育是一种能力教育、实验教育，两者相辅相成。在创新思维素质教育中，如注重对学生思路的开发，将大大提升他们的思维品质。而开发学生的思路，将直接有益于学生的创业实践，为学生的创业助力。因此，应当在学校的创新创业教育中开设思路开发课程，对学生的创新性思维进行深层次的系统性开发，使学生的思路创新，为校园创业以及日后的社会创业做好充分的准备。

关键词：创新创业教育；思路开发；创新思维；创业能力

目前，各地高校均重视对学生进行"双创"（创新创业）教育，不少学校专门成立了创新创业教育学院，创新创业学分也成为必修学分。然而，应当如何开展对学生的创新创业教育，开设什么课程，包含哪些内容等，各个高校的做法不尽相同。本文认为，不管构造何种创新创业的教育体系，开发学生的思路都是十分重要的，它对于创新创业教育能否发挥出实际效果起了关键性的作用。

一、创新教育与创业教育的关系

创新教育主要是培养学生的创新思维，创业教育主要是培养学生的创业精神和创造能力。两者的关系可以简单解读为：以培养创新思维为基础，以树立创业精神为导向，使学生具备创造或创业的能力，有条件的高校可让学生在校进行创业实验或体验，帮助学生实现创业梦想。由此可见，培养创新思维是进行创新创业教育的前提。培养学生的创新思维能为学生发展创造能力奠定基础，为学生今后成功创业植下种子。

关于创新思维的研究，国外早在20世纪五六十年代就已广泛展开。走

---

① 王仁法，男，广东培正学院教授。

在前列的主要是日本、美国、德国、英国和加拿大等国家。这些国家已有丰富的研究论文和著作等科研成果,并开办了许多研究机构,在社会上产生了很大的影响。在此基础上,许多专家学者推动关于创新思维对创造、创业实际应用的研究,推动了大量的创新科技、创新产品的出现,为现代社会的快速发展做出了巨大贡献。比如,以奥斯本提出的"头脑风暴法"为代表的创造技法已有100多种;英国创新思维大师波诺提出的"水平思考法"(六顶帽子)帮助许多大企业层出不穷地推出新产品;加拿大商业思想家罗杰·马丁倡导的"整合思维"培养了一批工商界的卓越人才。这些成果主要是从社会直接应用的角度,激发人的创造力,系统总结出创新思维的原则和许许多多的创造技法。

在国内,20世纪七八十年代,在钱学森的倡导下,学界对思维科学的研究如火如荼。进而,学者们翻译、出版了大量有关创新思维的书籍。与此同时,教育界也极力倡导并推进素质教育,许多教育家也呼吁在高校开设创新思维课程。2006年,在全国科学大会上,国家提出了在15年内把我国建成一个创新型国家的目标。在这样的背景下,在就业形势日趋严峻的情况下,创新创业教育开始在部分高校开展,并纷纷建立起学生创业园区。然而,时至今日,真正重视创新思维课程的高校凤毛麟角,对学生进行系统的创新思维教育、为学生创业而开设创新思维课程的高校尚不多见。近年来,广东省教育厅开始重视对学生进行创新思维的教育,并委托中山大学展开了系列研究,一些高校也进行了有益的尝试。

笔者认为,探讨思维素质,进而深入探讨创新创业思维的素质十分重要,其理论意义可概括为以下几点:第一,在哲学思维方面,深入探讨思维素质问题,可将思维素质与培养学生的创新创业能力紧密结合,形成新的视角;第二,在创新创业教育方面,理清创新思维与创造、创业的关系,使"双创"或"三创"(创新创业创造)教育形成内在的有机联系,为创新创业教育提供坚实的基础,能大大丰富创新创业教育的内容;第三,在社会实践方面,能为学生毕业后从事创业、创造实践提供理论武器,为学生成功进行创业创造实践提供了理论保障。

二、开发创新思维教育思路的意义

创新或创新思维的根本是什么呢?有关创新的定义已有数百种之多,但从根本上讲,必须联系思路来进行解释。

我们知道，并不是一切东西都可以创造、一切事物都可以创新的。马克思主义哲学告诉我们，物质是不能创造的，规律是不能创造的。这也就是说，人的主观能动性的发挥是有条件的，人的创新能力是有限制的，不是盲目随意的，否则创新就会惨遭失败。因此，我们的创新只能是在尊重客观规律的前提下，掌握、利用规律而进行创新；我们的创造也只能是在"物质不能创造也不能消灭"的前提下，对具体物质的性能进行深入的了解，然后利用规律对具体物质的特性进行重新组合，从而创造出新的具体物质。譬如，一把铁锹就是在重新组合了铁片的锋利特性和木杆的易被手持的特性后，利用杠杆原理而被创造出来的。所以，创新的实质不是物质的创新、规律的创新，而是思维的创新、思路的创新。

可以这样说，创新能力在大多数情况下体现在思路的根本变换上。创新活动是依靠创新能力实现的，创新能力是依靠对创新方法的掌握体现的，而创新方法实际上只是更有效地将各种物质的特性重新组合的方法。因此，从根本上讲，变换原有的思路才能达到对各种物质特性进行重新组合的目的，从而发现新的规律，发明创造出新的事物。

人类近百年的创新成果超过了以往历史创新成果的总和，美、日等发达国家的创新能力、创新速度、创新成果数量也远远超过多数国家。可见，创新的效率十分重要。怎样才能极大地提高创新效率呢？根本的途径就是开拓思路，高效地取得创新成果。计算机等高科技手段的使用无疑大大提高了创新效率，但它们毕竟是辅助手段，要从根本上提高创新效率，必须打开思路闸门，力求找到能高效解决问题的思路。比如，当我们为适应现代社会的需求，想尽各种办法来提高汉字印刷效率的时候，王选院士另辟思路，采用激光照排技术，对历史上的排版方法进行"否定之否定"，提升了印刷效能。

总之，思路的研究对于创新来说具有根本性的意义。应做好以下七点。

第一，加强思维的明确性。思路具有方向性的特征，一般来说，思路具有单一的指向。据此，我们要求思维应具有明确针对性的特点，即一个人不管进行怎样的思考，都应做到目的性很强，目标非常明确。有些人在思考问题时，一开始具有明确的指向，目标非常清楚，但随着思考的深入，其思维马上就转向了其他层面的问题，甚至越想越偏。这样的思考方式很难建立固定的、单一的思路，极有可能陷入思维混乱的局面。明确性是开发思路必备的最基本素质。

第二，开拓思维的广阔性。好的思维，不仅要有多个层面，还要十分广阔。不具备思维广阔性特点的人，在思考问题时总是局限在很小的范围之内，不愿意多思多想，遇到困难往往束手无策，坐以待毙；而一个具有思维广阔性特点的人，不论遇到什么情况、思考什么问题，都能从多个角度、多个层面、多个时段、多个空域来展开思考。可以这样说，思维素质的广阔性就是指人不仅要尽可能地增加思考点，而且要善于把思维对象置于它原来所在的时空之外，突破原有范围的局限，对其进行全方位的广度思考。

第三，提高思维的深刻性。思维是认识活动的结晶。有的人对事物的认识比较肤浅，停留在较为表面的层次；有的人则对事物的认识较为深刻，能透过现象看本质，抓住事物的内在规律。对于开发思路来说，其目的是要找到准确反映情况实质、高效解决问题的思路。认识的深刻性就是要善于揭示一个事物之所以是这个事物的决定性因素，善于把握决定事物发展的规律。所以，要很好地开发思路，就必须具备认识深刻的思维素质。

第四，增强思维的敏捷性。处于危难紧急关头的人们，急于找到解决困难的良策，但往往是苦思冥想，头昏脑胀，却还是找不到出路。这时，最需要的就是反应敏捷的头脑。敏捷的思维素质就是善于在思维对象所处的环境中，迅即发现可以巧妙利用的东西，找到解决问题的突破点或反映情况的关键点。如在《三国演义》中，关羽身手不凡，临阵当先，但就其思维敏捷性来说，远远不如摇着鹅毛扇、慢条斯理的诸葛亮；诸葛亮稳坐军中，却总能根据战事处境，设计出"火烧赤壁""草船借箭"等奇妙招数，这就是具备了思维的敏捷性。

第五，强化思维的逻辑性。开发思路的意义不仅仅在于能够迅速建立多条思路，更重要的是能建立起清楚情况实质、真正解决问题的有效思路。这就对思维提出了逻辑性要求，因为严密遵守逻辑是思路合理正确的保证。在建立思路的过程中，不顾逻辑的规则要求，胡思乱想，这样建立的思路往往是不合理的，无法付诸实施的。发明"永动机"的思路是行不通的，因为它违背了能量守恒的基本科学原理，失去了基本的逻辑前提。发明"万能溶液"的思路一下子夭折，因为它有逻辑上的矛盾：能溶化一切物质说明无法用东西盛它，而溶液必须有容器，这就产生了逻辑矛盾。思维的基本逻辑素质是指在思维活动过程中能够始终把握主题而不偏离，能够明确运用概念，准确进行判断，合理进行推理，论证观点有理有据，阐述内容观点鲜明、层次清晰、条理清楚，不产生逻辑矛盾等。

第六，培养思维的批判性。思想极端保守的人，总是怕犯错误，因循守旧，宁可跟着原有的思路款款慢行，也不愿开发新的思路、去冒风险。惧险守旧是开发思路的"天敌"，善于开发思路的人必须在自己的思维中"植入"批判性的因素,并培养自己的勇敢精神。近年来,我国理论界尤其是逻辑界重视对批判性思维的研究,许多高校还开设了批判性思维的课程。尽管在许多方面还存在着较大争议,或者说其理论体系还不是很成熟,但培养批判性思维对于人的创造力、创新能力的重要影响却是不容置疑的。自然,对开发思路来说,批判性思维也是不可或缺的一种思维品质,它要求人们具有独立思考的精神,敢于对已有的知识经验、理论方法及事实描述进行合理的怀疑、大胆的质疑,并能根据新的发现或转换角度的分析,做出自己新的评价,肯定真理,纠正谬误。

第七,激励思维的创造性。开发思路除了必须具备明确的针对性、多维的广阔性、认识的深刻性、反应的敏捷性、严密的逻辑性和勇敢的批判性这些思维素质以外,最终还要归结为具备积极的创造性这一思维素质。所谓具备积极的创造性是指无论遇到什么样的境况,都能从已有的知识出发,尽可能地在另外的层面重新构建知识,创造出以前不曾用过的方法、技巧及形成处理问题的新的思维。说得简单明白一些,就是随时都有创新的冲动并不断探索。这要求在需要开发思路时,积极思考,形成多向度的思路,然后选出最具创新性的思路,让人耳目一新,奋发前进。历史上的许多著名人物都具有这样的思维素质,如牛顿发现万有引力定律、爱迪生进行一系列的发明创造、马克思创立辩证唯物主义和历史唯物主义理论、毛泽东开创中国革命的新道路、邓小平提出"一国两制"等。与此相反,保守型思维的人在需要开发思路时,不去动脑筋、想办法,思维上没有任何主动性,所以只能踏步不前,甚至后退。

三、思路开发对创业的实际作用

开发学生的思路将直接有益于学生的创业实践,为学生的成功创业助一臂之力。下边从几种常见的逻辑思维思路出发,简要谈谈开发思路对创新创业的有益指导作用。

(1) 从演绎思维角度说,直言定性思路可以借助简单判断推理的方式,判定一个事物是否具有某种性质。这样的思路直接明确并具有必然可靠的特性,借助它就能直接断定哪些项目是合理的,哪些项目是具有天然缺陷的,为创业指明方向。

联言合性思路是通过认识事物多面性,形成对事物全面综合性的清晰认定的思路。该思路具有综合属性、缩小思考范围的特点,可以促使学生头脑清醒地创业，分析项目、资金、团队、管理等条件是否都得到满足，避免带着硬伤去创业。

选言排他思路是通过列举事物的各种可能性并排除一些可能性的方式，形成对事物的确定性认识的思路。这样的思路具有反面排除、正面确定的特征，可让学生根据自己的专业优势，去排除创业过程中遇到的困难、问题，从而做出正确的选择。

假言链条思路则是根据事物之间的蕴涵关系，基于某种假定条件，经过一步步推导，形成思维链条，使所需结果逐渐明确的思路。这个思路具有环环相扣、线条分明的显著特征，如可助力学生严格推论创业项目的市场需求，预测项目实施的效果。

（2）从归纳思维角度讲，归纳推理是从个性中总结出共性的思路，极具创造性。

简单归纳思路就是通过考察同类个别事物的属性，发现这些事物的某种共性，有助于创业初期的学生考察一些项目并大胆推测项目的发展情况。

科学归纳思路则加上了科学的因果分析，适用于创业瓶颈期，对困难进行科学归纳分析。

（3）从类比思维角度说，类比推理可以实现跨类转移，使其对创新思维的影响达到无与伦比的程度。创新思维的核心动力就是类比思维。在类比思维的指引下，我们能够敏锐地发现两种或两类事物在一系列属性上的相同点或相似性，然后突破事物类的界限，利用类比思维跨类性、转移性的特性，取得一项又一项创新成果。

由此，我们可以形成类比推理思路，在相同或具有相似性的事物之间，将一事物的特性推广到另一事物身上，从而获得科学发现；也可以形成移植发明思路，即通过一定手段将一事物的特性功能转移到另一事物身上，从而获得发明创造。类比思维使创新创造变得简单，比如日本人铃木受到在塑料中加入发泡剂的做法的启发，在水泥中加入发泡剂，发明了气泡混凝土。

类比思维对于创业的大学生来说，更是有着具体实用的价值。在项目开发方面，模仿他物、借鉴他人、参照经验来进行项目的开发；在营销策略应用方面，实行共性生发、特性比较、因果对应等策略；在团队建设方面，进行结构对比、纵向参考、横向参照、对应同变、职责映照等，这些都属于类比思维的应用。

另外，运用思维的逻辑规律，还可形成同一替代思路、矛盾定假思路、排中定真思路；运用辩证逻辑规律还可转化建立由弱变强思路、删繁就简思路、化劣为优思路、转败为胜思路等。

四、在创新创业教育中开设思路开发课程

综上所述，在创新创业教育中，对全体学生开设思路开发的课程有很高的实用价值。作为学校创新创业教育的基础课程，它旨在对学生的创新性思维进行深层次的开发，因为创新的根本就是思路的开发和转变。该课程通过对思路的性质特征、基本要素的讲解，逐渐引导学生深度掌握思路的开发方式、方法和激发思路的技巧，为学生的校园创业以及日后的社会创业做好充分的准备。思路决定出路，思路开发能力的强弱对学生创新创业能否成功将产生至关重要的影响。

思路开发课程可从系统讲解思路的性质、特征、层次、类型及建立思路的逻辑流程模型开始，让学生掌握合理思路、优佳思路的原则标准，然后通过引导和训练，逐渐培养学生开发思路，能够运用开发思路的理性方法和非理性方法，对创新创业过程中遇到的任何问题都能展开多角度的思考，提出众多解决方案，最终达到激发创新思维潜能、极大提高创新创业能力的目标。

思路开发课程属于思维素质培养课程，因而理论知识的讲授并不是最重要的，使学生能够真正具备合理、优佳思路素养，形成开阔思路的能力才是最重要的。基于此，本文特提出如下三点教学目的。

第一，使学生理解思路的内在机理。这部分内容是整个课程中具有前提性的、预备性的知识。要真正提高一种技能，就应理解与这项技能内在机理相关的深层理论，因而，要使学生具备思路开发技能，就应先讲解思路的内在机理，以便学生在掌握必要理论知识的基础上，在深层理论的指导下，更好地学习和掌握各项思路开发的技能。

第二，使学生了解和掌握多种多样的思路类型。思路的类型是无限多的，课程从不同的角度归纳总结出了部分常见的思路类型。通过对这些思路的了解和掌握，学生能更好地理解思路的基本理论，开阔视野。

第三，使学生学会创新创业思路开发的各种方法、技巧，是本课程最重要的教学目的。创新创业的平台极为广阔，而创新的根本在于思路的开发，能够积极主动地开发自己的思路，就能激发自身巨大的潜能，从而在社会的广阔舞台上游刃有余地开展创新创业活动。通过对思路开发主要方法、思路激发主要技巧的传授，真正让学生学会这些方法和技巧，就可最终使他们具备创新创业思路开发的技能，为学生真正投入创新创业实践提供强大动能。

思路开发课程是引导性、实用性极强的课程，不同于一般的理论讲解、知识灌输课程，为此本文特提出以下教学要求。

一是理论解释要简明扼要，深入浅出。思路学属于思维科学，可归属于哲学，有深层的理论基础。但本课程主要是为了思路的应用，因而不必过多地解释相关的理论，只要能抓住关键，加以透彻地解析，使学生明确要点即可。

二是知识讲解要层次分明，大量举例。对诸如思路的特征、合理思路与优佳思路的原则、思路的层次及类型等有关思路知识的讲解，应有层次地讲清楚内在的逻辑关联，同时大量列举实例，让学生明确掌握这些知识点。

三是方法传授要详细演示，启发训练。传授思路开发的方法和技巧，应进行详尽的演示，使学生明白每一个步骤、环节，并紧接着设计出具有启发性的训练题目，让学生在思考、完成题目的过程中真正学会运用方法。

四是技能培养要循循善诱，结合实际。在整个技能培养过程中，要始终坚持引导，通过联系实际的讲解、训练，让学生领悟真谛，在不知不觉中将所有思路开发的知识和方法、技巧转化为内在的素质。

五是实践环节要提前指导，精准点评。在进行创业设计的实践教学环节前，应简练归纳相关内容，提出明确要求；要对学生完成的调查报告及设计方案进行点评，抓住要害，使其受到启发；对典型的实例可公开进行评价，扩大受益面。

六是学习考核要开放设计，检验能力。课程结束时的考核，应设计开放性的题目，推出没有标准答案、只有评价标准的试卷，重点在于测试学生的应用能力水平，而不是机械的知识掌握程度。

参考文献：

[1] 黄顺基等. 逻辑与知识创新 [M]. 北京：中国人民大学出版社，2002.

[2] 马丁. 整合思维：成功者与平庸者的分水岭 [M]. 胡雍丰等，译. 北京：商务印书馆，2008.

[3] 王仁法. 打开思路闸门：思路学初创 [M]. 北京：清华大学出版社，2015.

[4] 博赞. 唤醒创造天才的10种方法 [M]. 周作宇等，译. 北京：外语教学与研究出版社，2005.

[5] 王仁法. 创新创造的思维工具：类比逻辑 [M]. 广州：暨南大学出版社，2017.

[6] 李云才. 创新：知识经济的灵魂 [M]. 长沙：湖南人民出版社，1999.

新《公司法》视角下民办高校大学生创业法律风险与防范

周 瑜[①]

摘要:《公司法》经过1993年、2005年、2014年、2018年四轮修订后,在减资最低注册资本、认缴登记制、股权回收等方面进行了修改,为初创团队创业降低门槛。但民办高校大学生在创业法律法规方面的意识缺乏,对创业的成本及法律风险未能有效认识。本文将分析《公司法》修订的内容,对初始创业者存在的问题进行分析,并针对其中的法律风险提供相应的对策。

关键词:公司法;初创团队;注册资本;法律风险

每当毕业季来临,大学生除了忙于准备毕业论文答辩外,还会面临一个难题:先就业还是先择业?面对日益激烈的求职竞争压力,不少民办高校的大学生选择创业作为职业生涯规划。虽然国家不断推动"双创"政策升级,对《中华人民共和国公司法》(以下简称《公司法》)进行修订以降低创业门槛,但创业风险并未因此而降低。

一、民办高校大学生创业现状

不同于公办高校,民办高校自负盈亏的机制促使其主要以市场为导向,注重培养学生的社会适应能力来最大限度地抢占招生和就业市场,这也是我国民办高校创业竞争力水平与公办高校仍然存在一定差距的原因之一。民办高校只有提供更加优质的创业教育、更加科学的资源配置策略,才能不断增强学生创业竞争力,满足社会对民办高等教育的期望。

2020年发布的《2019年中国大学生创业报告》和《县域创业报告》显示,我国目前返乡创业人员超过800万,大学生占比15.7%。在《2019年中国大学生创业报告》中,超过七成受访大学生表示有创业意愿,其中,民

---

① 周瑜,男,广东培正学院创新创业学院副院长。经济法助理研究员。

办高校学生的创业意愿更为强烈。[1]

上述数据显示，民办高校学生具有强烈的创业意愿。根据对民办高校学生创业案例的分析，初创团队在创业过程中遭遇的困难主要有两个：资金及法律风险意识缺乏，后者尤为甚之。在2014年《公司法》经过修订后，部分创业者对创业产生了"零门槛"和"零风险"等诸多误解。本文将对此进行解析。

二、《公司法》关于降低市场准入门槛的法律规定

《公司法》经过2014年和2018年两轮修订，降低了市场准入门槛，赋予市场主体更多自主性。其中的改革措施有：第一，改革工商登记制度，取消前置性行政许可，将"先证后照"改为"先照后证"，变注册资本实缴登记制为认缴登记制，并放宽工商登记其他条件；第二，实行简政放权改革，简化登记事项及程序，便于初创公司进入市场，从而达到鼓励创新创业、调动社会闲置资本的目的；第三，允许公司有限回购股权，但仅限于员工激励分配的用途。

根据2005年《公司法》第26、59和77条之规定，有限责任公司首次出资额不得低于20%，且注册资本不得低于3万元，余下部分要求在两年内足额缴付。一人公司的特殊性在于个人财产与公司财产混同，股份有限公司的特殊性在于股东以自己认缴的份额对公司债务承担无限责任。因此，法律对一人公司和股份有限公司的注册资本要求较高，分别以10万元和500万元起步。

从上述规定来看，我国《公司法》实行严格的法定资本制度。其程度之严格，甚至设立了虚报注册资本罪和抽逃出资罪。此种法定资本准入制度，强调了资本的必要性，抬高了资本在创业活动中的地位，但对科技、商业模式创新等创业因素重视不足，导致大量具备经营公司能力的技术性人才无法准入，并使市场活力不足，不利于市场的发展。即使后来《公司法》进行了调整，从允许分期缴纳出资和减少最低注册资本的数额两方面进行调整，但对初次创业者来说门槛仍然过高。直至2014年《公司法》修订，采取"宽进+严管"的政策导向，不再设置前置性行政许可，取消股东和法人的出资比例，取消公司注册资本的最低限额，不再要求提供验资报告，这才从根本上贯彻了公司自治的原则，使大学生初创团队设立公司变得更为容易。

三、民办高校大学生创业成本的法律分析

(一)《公司法》的严格准则主义没有变

在不同历史时期和不同国家和地区,公司法对公司设立的宽严尺度是不同的。总体而言,公司设立原则分为自由设立、特许设立、单纯准则、核准设立和严格准则五个阶段,从自由设立到严格准则是现代公司法的发展趋势。

1993年,我国公司法在立法之初采用的是严格准则主义和核准主义相结合的立法模式,对不同市场主体进行区分:对普通有限责任公司采用核准主义,只要符合法律要求即可登记成立;对涉及国家安全、公共利益等特定行业的有限责任公司、股份有限公司均采用严格核准主义。[2]《公司法》经过2005年、2014年和2018年三轮修订,只是对普通有限责任公司设立放松限制,但对特定行业的有限责任公司和股份有限公司仍然采用严格准则主义。

严格准则主义在法律的具体条文中得到了很好体现——如《公司法》第6条关于公司设立登记的条款。这也充分体现了《公司法》的严格准则主义没有变。

(二) 创业门槛降低不等于创业零成本

在《公司法》修订后,较多大学生误认为公司注册资本降低,创业门槛降低,从而得出创业是"零成本、零风险"。但笔者认为,创业门槛降低不等于创业"零成本""零风险"。原因主要有以下几点。

首先,初创公司在实际运营过程中,需要大量的启动资金,用于人员招聘、项目市场拓展、场地租赁、购置办公设置等。面对市场未知的风险,需要有储备资金支撑公司运营到盈利期。没有资金的保障,公司运营难免步履维艰。

其次,放宽公司注册资本和实缴资本的限制并不意味着债务责任的免除。2014年《公司法》修订后,放宽公司注册资本和实缴资本的限制,公司的注册资本在工商红盾系统可以查阅。如设立"一元公司",将会降低客户对公司信用及履约能力的评价。如果提高注册资本数额但并未实际缴纳,债权人可以要求股东在认缴出资范围内承担民事责任。而高校大学生创业群体经济实力弱,抗风险能力低,再加上创业本身存在高风险和不确定性,如

无法清偿债务，将会被列入综合失信人员名单，对未来个人发展产生负面影响。[3]

因此，"零门槛""零风险""完全不花钱办公司"等诸多观点只是宣传噱头，实际上是不可能实现的。

（三）有限责任公司的有限责任与债权人保护体系冲突平衡

部分专家认为，取消最低注册资本限制后将会产生新的问题，如会导致公司登记制度被滥用，不法者以"皮包公司"进行诈骗，侵犯债权人的合法权益。此观点并非危言耸听，而是初始创业团队需要面临和解决的问题。

其实"皮包公司"并非商业登记制度改革的产物，在此前就一直存在。在1993年、2005年两次修订后，《公司法》设置了最低注册资本，但是仍然没有抑制"皮包公司"的产生。在最低注册资本处于较高标准时，"皮包公司"设立登记后的营业执照更具迷惑性，因为以前创办企业领取营业执照要经资质验证，准入门槛相对较高，不了解情况的人可能会认为这样办下来的营业执照可信程度高，这样"皮包公司"也就更能骗人，危害更大。2014年修订新规出台后，虽然取消了验资报告、注册资本等限制，但公司注册资本可以在工商红盾系统中查到，公司章程更被要求载明股东约定的出资比例、缴纳期限及方式，股东按各自认缴的比例承担法律责任。

对于债权人的利益，公司是以其净资产对外承担责任，即使公司在注册时缴纳了规定的注册资本，也不能说明公司就具有偿还能力，真正能够用以偿还债务的财产最终还是公司实际拥有的财产，即可以变现的净资产。最低注册资本只是一个表面上存在的资金，也只是给债权人一个心理上的保障，不能从根本上保护债权人的利益。公众在判断一家企业是否可靠时，可自行查阅其信用记录，或从多方面了解其经营情况，自觉提高防范意识。

四、大学生创业风险规避

（一）选择合适的创业形式

对初次创业的民办高校大学生而言，选择合适的公司类型有利于降低创业成本和风险。初创团队一般选择有限责任公司或合伙企业作为创业模式。由于初始创业团队成员较多，采用合伙企业经营的初创团队比例更高。

与公司相比，合伙企业的优势在于无最低注册资本要求，可以通过劳动、技术等多种形式出资，组织结构相对松散。但其中也存在一定的风险：第一，散伙不易。合伙关系是建立在相互信赖的基础之上的，《中华人民共和国合伙企业法》对合伙人入伙、经营、变更和退伙有严格的限制。如创业遇阻，则散伙不易，极易引起团队纠纷。第二，合伙企业对外的债务需要由合伙人承担无限责任，而有限责任公司作为独立的法人主体，股东是以认缴出资为限承担有限责任。一旦创业失败，创业团队对外承担的债务仅限于其认缴的出资范围。因此对于初创者而言，有限责任公司比合伙企业风险更低。[4]

（二）做好内部管理上的梳理和规划，构建完善的法律风险防控体系

创业是一项严谨的经济活动，涉及法律、财税、经济和管理等诸多学科知识，并不是单纯靠激情就能成功。优酷视频制作的创业纪录片《燃点》介绍到，通常大学生创业失败的最大原因并非缺乏资金或市场机会，而是公司缺乏系统性的管理规划，人员素质跟不上创业项目发展的需要。对于初创者而言，需要做好以下工作，以防范创业风险。

（1）做好战略规划，对创业资源进行系统性管理，加强内部规章制度的建设。再好的商业模式也需要团队来执行。在人员招聘时，应先明确营运方向和业务流程，做好定岗定责。在人员到达一定规模后，建立相应的人事管理制度，在符合法律规定的基础上制定奖励和惩罚机制，调动员工的积极性，使员工有规可依，管理者有章可循，各司其职，避免混乱情况的发生。

（2）具有知识产权保护意识。知识产权、技术研发成果是创新型企业的无形资产。对于初创型企业公司而言，要及时申请专利、商标、著作权，要明白在商标专利相关法律中，注册在先原则优于使用在先原则。中国电子商务研究中心发布的《2017—2018年度中国电子商务法律报告》显示，在电商企业遇到的法律纠纷类别调研中，61.54%的企业遭遇知识产权侵权纠纷，主要集中在域名、商标、专利等领域。[5]例如，开心网在创业初期，正是因为没有申请知识产权，遭到竞争对手大量注册相似域名、模仿运营方式的打击；虽诉讼获胜，但成本耗费巨大，不堪重负。

作为初始创业者，应当在起步之初就要有危机意识，对危及公司和团队的所有因素保持高度警惕。对于创新型的初创公司而言，技术和商业模式的创新就是公司的立足之本。如果没有树立创新成果的产权保护意识，开心网的结局就是前车之鉴。

（3）初创者应具备专业的法律素养，吸纳法务成员。初创者在创业时，须学习和了解知识产权、劳动保障、财税法等方面的内容，在法律的框架下合理利用规则，享受创业优惠，降低创业成本。

在初创团队建设中，应注意吸纳法务人才。如在 BAT（百度、阿里巴巴和腾讯）中，阿里巴巴初始创业团有 CFO 蔡崇信和于思英，而腾讯的初创团队有"五虎上将"陈一丹。百度起步稍晚，但也有耶鲁大学法学院毕业的梁志祥的加盟，其后还升任了百度的法定代表人。正是以上法务人才的加盟，才使 BAT 在初创之时就开始规范化运作，增强了顾客及风险投资人对 BAT 的信任感。[6]

（三）规划好认缴资金的额度和出资期限

创业有风险，入行需谨慎。创业的本质在于营利，大学生不应为体验创业过程而去盲目设立公司。新《公司法》虽然在设立注册阶段降低了门槛，但市场对创业资金的要求却在变相拔高。因为创业运营的持续、市场的培育以及顾客、风险投资人对初始创业资金有较高的要求。大学生创业者在设立公司时，应对国家政策、行业发展情况、创业切入点等因素进行调研，再结合自身资源，分析创新优势，制定创业的发展战略定位和资源持续投入计划，规划好认缴资金的额度和出资期限，防止"创业未半而中道崩殂"情况的发生。简而言之，初创者应确认政策风向，站在行业发展的风口，规划好起飞行程，降低陨落的风险。

参考文献：

［1］吴吉义. 中国大学生网络创业研究报告［R］. 杭州：杭州师范大学，2009 - 11 - 28.

［2］马露露，刘锐，张静. "一元钱办公司"具体背景下的大学生创业研究［J］. 法制博览，2015（15）：105 - 107.

［3］程文洁. 从适用场合论我国公司法人格否认立法之完善［J］. 湖北师范学院学报（哲学社会科学版），2009（1）：82 - 84.

［4］姚建芳.《2017—2018 年中国电子商务法律报告》发布［J］. 计算机与网络，2018，44（11）：9.

［5］韦春秀，秦志东. 广西企业实施《企业知识产权管理规范》的可行性和必要性研究［J］. 企业科技与发展，2016（2）：126 - 129.

［6］张延来，姜诚. 扒一扒互联网创业大佬的法律"网事"［J］. 法律与生活，2015（9）：22 - 23.

论大学生行政职业能力的培养

——以行政职业能力测验考试为例

吕坤鹏[①]

摘要： 行政职业能力的内涵丰富，在公务员考试"行政职业能力测验"这一考试科目中，主要通过5种题型体现出来。大学生行政能力的培养，对于大学生在行政机关就业、为大学生未来职业的发展提供必要动力、促使大学生养成良好的心理条件等方面具有积极意义。当前高校大学生行政职业能力普遍弱化，而学校对大学生行政职业能力的培养也存在缺位等问题。对此，应当明确提高大学生行政职业能力的培养目标，开设与行政职业能力培养相关的通识课程，以及在校内外构建实践平台，以便扎实推进大学生行政职业能力培养的工作。

关键词： 行政职业能力；公考；行测；就业

行政职业能力，也称行政能力，顾名思义，是指一个人在行政机关工作中能够胜任并完成行政岗位工作的能力。狭义概念的行政工作，指的是国家行政机关的工作，其工作人员亦即公务员。我国从20世纪90年代起，公务员的招录需要经过公务员招录考试（简称"公考"），该种考试包括公共科目和专业科目，公共科目包括"行政职业能力测验"（简称"行测"）和"申论"。广义的行政工作，则包括在企事业单位、社会组织等一切组织机构中从事办公室秘书之类的工作，它是与业务岗位相对而言的。比如，在高校，为教学、科研等服务的秘书工作，也属于行政工作；而授课和科研，则属于业务工作。行政工作古已有之，但不同时代对职业能力有不同的要求。本文所论行政职业能力，指的是时下公考所测查的能力，也是当今学校对大学生能力培养的一个重要方面。

---

① 吕坤鹏，女，广州工程技术职业学院讲师。研究方向：古代文学、演讲艺术、秘书礼仪等。

一、行政职业能力的内涵

尽管公考公共科目有行测这一考试科目，但公考对于行政职业能力的测查，绝不限于行测，它在申论乃至专业科目中，都有测查要求，并通过多种题型体现出来。

无论是国家级、省市级，还是地市级公考，都会随招考公告下发考试大纲，对各门考试科目的内容和要求进行说明。当然，不同级别、类别、地区的公考大纲内容有别，但差别极为细微。纵而观之，行测对行政职业能力的测查主要通过5种题型即常识判断、言语理解与表达、数量关系、判断推理和资料分析来实现。

但是，在这5种题型的试卷考试中取得高分的考生，在实践中其行政能力不一定就很强。在某种特殊环境下，判断一个人是否具备胜任某项工作的能力，比如选拔航天员、潜水员等，是可以通过某种科学的测试方法，获得一定的数据并做出科学的评价。但是，行测中这5类试题所要求的能力，整体上并不属于技能和身体素质等能力，而属于思维判断的能力，它们是淬炼行政能力的基础。

考试是人才培养的指挥棒，公考这种考试形式，无论是行测、申论，还是专业科目，都是测查考生在行政工作中分析问题、解决问题的能力，这不同于传统考试注重测查学生对知识掌握的程度。尽管传统的考试也会辅以测查考生对知识的应用和研究能力，但其能力要求指向的目标，往往聚焦于普遍规律，目的是培养研究型人才，而不像公考选拔的是应用型人才，即公务员。同样是测查解决问题的能力，公考注重的是现实问题，并且往往是具体问题；而传统考试测查解决问题的能力，更多的是理论思辨能力、研究能力。正因为有如此差别，所以即使是名牌大学的学生，包括其中的"学霸"，在公考中也不一定能够取得高分。

二、大学生行政职业能力培养的意义

（一）进入党政机关和企事业行政部门就业

我国人口众多，就业问题一直是全社会的大问题，时下就业形势更是严峻。党的十九大报告指出："就业是最大的民生。"[1]要坚持就业优先战略和积极就业政策，实现更高质量和更充分就业，必须把就业摆在更加突出的位置。与之呼应，2019年李克强总理所作的《政府工作报告》，更是首次将"就业优先"政策置于宏观政策层面：将就业置于"优先级别"，意味着宏观政策酝酿出台，将全面评估其对就业的影响，让就业优先；政策措施的落实，将考虑到给就业带来的变化，让就业优先；其他经济政策与就业发生矛盾时，让就业优先。[2]李克强总理在2020年的《政府工作报告》中进一步指出："就业优先政策要全面强化。"[3]这些都是旨在支持就业、重视就业、强化就业。特别是近年来中美贸易摩擦加剧，2019年年底出现新型冠状病毒肺炎疫情，导致就业形势日益严峻。2020年，虽然国内疫情得到有效控制，但国外的疫情状况仍十分严重，世界经济必然受到严重影响，继而影响我国的经济发展和就业。在这种情况下，无论是从当前的就业形势来看，还是从长远的大学生就业形势来看，培养学生的行政职业能力，使之能够通过公考加入公务员队伍，或通过应聘进入企事业单位的行政管理部门就业，都具有十分重要的意义。

（二）有利于提高行政职业能力

公考选拔的是公务员，他们的素质如何，直接影响到行政的效果。公考的招录政策不要求所有的职位都设有工作经历的限制，并允许应届大学毕业生参加公考。但是，应届大学毕业生普遍缺乏社会实践经历和行政经验，这就要求高校应将培养大学生的行政职业能力作为教学目标的重要内容。此外，公考的考试方式，也被不少企事业单位用于招聘员工，这类受聘者往往被安排在企事业单位的行政部门。因此，大量具有极强行政职业能力的大学毕业生担任各类公职，对党和政府执政能力、管理社会能力的提升，无疑具有积极意义。

（三）为未来的职业发展提供动力

正是因为国家与社会的发展需要，为大学生的未来职业的发展展示了广阔的前景，指引了前进的方向，也提供了发展的动力。

随着国家与社会的不断发展和进步，我国党政机关的改革进程不会停止，因而工作的方式方法等必然需要随之改革，公务员也要面临"聘用制"的冲击。早在2009年，中共中央组织部、人力资源和社会保障部就印发了《公务员辞退规定（试行）》，其中"在年度考核中，连续两年被确定为不称职的"属于辞退的情形之一。[4]如果说企业辞退职员是极为平常的事，那么，在公务员队伍中实行辞退制度，这就等于在一定程度上打破了传统的"铁饭碗"；公务员队伍打破"铁饭碗"，必然波及被视为"准铁饭碗"的事业单位。2017年9月，中共中央办公厅、国务院办公厅印发《聘任制公务员管理规定（试行）》规定，在"涉及国家秘密的职位"之外，实行聘任制公务员制度，这就进一步打破了公务员队伍"铁饭碗"的状况。[5]随着我国全面深化改革的日益推进，党政机关、企事业单位及社会团体等在深化改革的社会进程中，在工作内容和方式方法等方面都必然有更高的要求；特别是企业，在经济大潮和国际大环境下，面对极其复杂的市场，其行政部门的职员面对的挑战将更加严峻。诸如此类无不说明，随着国家的改革和社会的发展，既为在党政机关和企事业单位行政部门就业的大学生们提供了广阔的发展空间，也给他们增加了压力——随时可能被淘汰、辞退。这种压力，也可转化为大学生未来职业发展的动力。

三、当前大学生行政职业能力培养存在的问题

党的十八大以来，国家为进一步强调素质教育，强调应用型教学，培养应用型人才，并要求为此打造"双师型"教师队伍，教育界在这方面取得了较好的成绩。但是，在大学生行政职业能力培养方面，仍存在不少问题。

（一）与公考测查的要求存在一定距离

公考选拔公务员，即选拔行政人才。这类人才的工作领域囊括经济政治、教育文化、医疗卫生等社会生活的各个方面，因而需要很强的行政职业能力。除了国家行政机关需要公务员具有该种能力外，企事业单位等各行各业的行政部门的职员也需要这种能力。可以说，公考对应试者行政能力的测查要求，代表了全社会对于某些岗位职业的能力要求。但是，应届大学毕业生参加公考被录取的比例不高，很多应届大学毕业生参加公考不能一举成功，而需要在毕业后通过各种途径的复习、培训后再参加公考才能通过，这说明高校在对大学生进行行政职业能力的培养方面存在一定的问题，尤其是在公考测查的内容等方面存在一定程度的缺位现象。之所以存在这类问题，是因为高校传统的教育目标重传授知识和研究能力的培养，而轻解决现实问题的行政能力的培养。

（二）大学生的行政职业能力素质较低

应届大学毕业生参加公考录取率不高，与大学生在该方面的素养不够高

有关。分析内因,对于高校教育目标的调整和因材施教的意义重大。综而观之,大学生行政职业能力素质较低的主要表现,大致包括如下几个方面。

1. 团结他人的能力较弱

不少大学生个性较强,不能很好地团结他人。有的大学生难以与他人在情感与思想等方面交融,过于强调自我,不能包容别人,不能理解别人的习惯、兴趣和观点,因而缺乏思想融合的基础。譬如,有的男同学吵架甚至打架,有的女同学要么吵架、要么互不理睬;有的大学生对一些小事总是耿耿于怀,认为自己有理,却不理解"退一步海阔天空"的道理。另外,"某些大学生看到的可能总是别人不如自己,觉得别人不值得交往或者没有共同的语言"[6]。具有这种心理的大学生,如果他们类似的行为或习惯在大学期间没有得到有效纠正,在走向社会后,会更难与同事或领导融洽相处。

2. 团队协作能力较差

一些大学生由于个性较强,因而直接影响团队的协作能力。这类同学在认识上往往看不到团队的力量及其对于自己的帮助,凡事独来独往,不与他人合作;或视他人为敌手,不能对他人坦诚相待,遇事总是只想到自己,吃不得半点亏;或私心太重,在一个小集体中,缺乏热诚参与意识,随大流,不愿竭尽全力;或有团结协作的想法,但缺乏取长补短、调动集体积极性、发挥各人作用的协调能力,因而即使有团结协作的愿望,往往也难以产生"1+1>2"的效果。

3. 分析问题、解决问题的能力较差

由于大学生普遍缺乏社会实践经验,阅历也不够丰富,因此不少大学生对存在于社会层面的具体问题的分析能力和解决能力都比较缺乏。这种情形如果在在读期间没有得到改善,大学毕业后,无论是通过公考进入公务员队伍,还是受聘于事业单位、社会团体和企业等单位从事行政工作,都将在面对实际问题时难以准确到位地分析问题,特别是不能够辩证地看问题,因而在解决问题时感到束手无策。

4. 口头表达能力较差

口头表达能力,是公务员行政职业能力的重要体现之一。对于党政机关的公务员和企事业单位行政部门的职员来说,有出众的口头表达能力极为重要,因为他们需要与工作对象的行政或业务部门的工作人员对接、交流,或者他们的工作对象就是广大人民群众。因此,口头交流必不可少。而且,"口才"的优劣,往往决定工作的效果甚至成败,此即公共关系的重要内容。然而,在大学生群体中,口头表达能力不足是相当普遍的现象。首先,不少

大学生习惯于书面表达，因为有思考的缓冲时间，心里不会紧张，而口头表达就没有思考的缓冲期，因此，不少大学生不敢开口，包括课堂发言也不积极；其次，表意欠准确，即表述不清楚，尤其是在现场动员、演讲等场合，由于平时缺乏锻炼，以致在慌乱之下，语言层次不分明，词不达意，甚至出现逻辑混乱等问题；最后，语言表达缺乏说服力，即缺乏演讲技巧，或语言缺乏生动性、感染力等。诸如此类，都会影响工作的效果，而且这种口头表达能力，不是短时期内可以学习获得的，必须通过日积月累、长期锻炼才能不断提高。因此，大学生口头表达能力不强的问题相对于其他能力问题更具特殊性，必须高度重视。

5. 公文写作能力不强

公文是行政的工具，党政机关往往通过公文这一载体来实现行政的目的。公文执笔者要代机关"立言"，单是文种的选择就不容易，因为有时领导交办的工作事项是原则性层面的，内容不具体，或没有明确说明使用什么文种。比如，对下级行文，该使用"通知"还是"意见"或其他文种？对此，在理论层面，人们容易区分两个文种的适用范围，大学生在校期间学习过公文写作，也知道"通知"的内容必须严格地执行，而"意见"的内容，则允许收文机关在坚持原则的前提下灵活变通。但在实际工作中，甚少一开始就明确是否给受文机关对某些问题灵活变通处理的权限，最初往往先由执笔的秘书来确定文种，最后才由领导把关并签发。由此可见，机关公文写作不仅仅是写作问题，关键是对现实问题的分析、判断和解决能力。这种能力恰恰是在校大学生的短板，并且走上行政岗位后也难以速成。

（三）高校对大学生行政职业能力培养存在的主要问题

1. 培养目标的缺位

关于对大学生进行行政职业能力培养这方面的培养目标，"虽然各类高校都强调能力的培养是教育的目标，但都很少从行政职业能力所特有的专业角度设置统一的能力培养目标"[7]。这种现象与高校决策层对行政职业能力培养的认识不足不无关系。其实，行政职业能力，特别是其思维方式方法，以及其思想政治理论和经济常识等，无论对于哪个行业的从业人员来说，都是极其重要的。在这些基础上形成的各行各业的专业能力，都是不可多得的综合素质。

2. 课程设置中的缺位

从课程设置方面看，许多高校并未开设行政职业能力课程，这与教学目标在该方面的缺位密切相关。公考中的申论与大学思政课、大学语文和大学生人文素质教育等课程的某些内容有相同之处，如果说申论课程未设置，相关内容还可从该类课程得到一定"补偿"的话，那么，行政职业能力课程的内容，则较难在其他课程中得到"补偿"。比如公考中的行测会考察高等数学和逻辑学等知识，但其测查的要求和考点，与大学该两门课程的教学要求不完全相同——其中一个最大的区别是，行测考点主要在于测查应试者"脑筋急转弯"的思维判断力，这与高等数学和逻辑学等课程要求学生掌握的知识体系的差别是极大的。再说，行测考试的内容庞杂，涉及天文地理、物理化学、经济政治、文学艺术等等，古今中外无所不包，因此，设置专门的行政职业能力课程是十分必要的。

3. 考试缺乏公考形式

一般高校的考试方式是必修课闭卷、选修课开卷或写一篇考查论文，缺乏公考在时间上的紧迫性和对心理潜力进行测试的方式。公考的行测，基本上要求平均不到1分钟做1题，而且试卷字数相当多。比如，2020年国考（副省级卷）共130题，考试时间120分钟；试题不计空格总字数25000多字，单是试题的阅读，按照1分钟朗读200字的速度，就需要120分钟，对此，考生必须速读题干，速辨选项，当机立断，在不到1分钟之内答完1题。可以说，即使是数学专业的研究生，对于行测考试中有的数学题，都没有正确作答的把握。对于行测这种考试形式和答题方式，考生需要调动多方面的潜能，相关学生对此应进行专门训练。

四、大学生行政职业能力培养的对策探索

大学生行政职业能力普遍不强，缺乏社会实践，多数是由从家门到大学门的"两点一线"式的经历造成的，因此在行政职业能力方面存在欠缺也不足为奇。对此，应从以下几方面入手加以解决。

（一）加大培养力度

行政职业能力不仅用于公务员行政岗位，在其他行业的类似岗位的工作中，具备该方面能力者，工作也会顺利得多。因此，学校应该切实加大对大学生行政职业能力培养的力度。从另一个角度看，大学生也应确立自己的学习目标，不应坐等学校来安排课程，而应积极主动地学习和锻炼。从这个意义上说，内因是决定因素。

（二）开设行政职业能力培养的相关课程

培养目标的实现，需要相应的课程设置加以落实。当前，一些高校为了培养大学生的人文素质，开设了"普通逻辑""大学语文""大学生人文素质教育"之类的通识课程。这类课程对于培养大学生的逻辑推理、言语理解与表达等能力具有极其重要的作用。但是，这类课程更多地偏重于能力形式方面，至于行政能力方面的内容，比如，对于马克思主义的基本原理、国家的法律法规、对党和国家的政策等的理解能力和贯彻执行能力，这类知识包含在思政课程之中，要将该类知识转化为能力，需要通过多种途径加以实现。

（三）在校内外打造培养行政职业能力的实践平台

行政职业能力的获得有多种途径，关键在于能将知识转化为能力的社会实践。学校应根据自身的条件，因地制宜地让学生得到实践锻炼。可进行行政模拟实验活动，包括行政活动设计、行政工作模拟演讲等；也可将针对学生自身实际问题的解决作为一项实践。学生则可从身边开始，将处理各种类型的人与人之间的关系作为实践。培养大学生行政职业能力的重要途径之一，还是要让学生走出校门，让大学生参与社会实际问题的解决。对此，学校应当与有关部门联合打造实践平台，既可与党政机关联合，也可与企事业单位联合，建立大学生行政职业能力实习基地。在该基地，大学生可以勤工俭学，也可以实习实训，通过多种形式参与实践并提升自身的行政职业能力。

参考文献：

[1] 习近平. 决胜全面建成小康社会 夺取新时代中国特色社会主义伟大胜利——在中国共产党第十九次全国代表大会上的报告[N]. 人民日报，2017-10-28（1）.

[2] 李克强. 政府工作报告[N]. 南方日报，2019-03-17（A02）.

[3] 李克强. 政府工作报告[N]. 人民日报，2020-05-30（1）.

[4] 中共中央组织部. 公务员辞退规定[EB/OL]. （2021-01-11）[2021-07-16]. http://www.scs.gov.cn/zcfg/202101/t20210111_16213.html.

[5] 中共中央办公厅、国务院办公厅. 聘任制公务员管理规定（试行）[EB/OL]. （2017-09-29）[2021-07-16]. http://www.gov.cn/zhengce/2017-09/29/content_5228595.htm.

[6] 何春燕. 从大学生角度探析提高其行政职业能力的途径 [J]. 时代经贸, 2012 (3): 46.

[7] 王勇. 论高校教学改革中"行政职业能力"的培养 [J]. 教育与职业, 2013 (11): 170.

数字化阅读对民办高校大学生有效学习的影响研究

——以广东培正学院为例

李文红[①]

摘要：利用现代信息技术有效地开展数字化阅读，有利于促进大学生的有效学习。本研究对3050名大学生开展了问卷调查，探讨大学生数字化阅读的现状和数字化阅读对学习的影响。本研究运用SPSS19.0软件进行统计处理，分析得出在数字化阅读过程中，大学生存在对网络依赖性强、注意力分散、阅读控制能力不足、网络识别能力较差、学习观呈现浅表性等现象。本文提出，应关注数字化阅读优劣势问题，提高大学生阅读素养；关注网络外部环境与内部净化问题，培养大学生的自律意识；关注数字化阅读的方式与效果达成问题，提高大学生的学习观层次；关注教师的教与学生的学的问题，提升大学生有效学习的能力。

关键词：大学生；数字化阅读；网络环境；有效学习

目前，我们处于一个快速发展的时代，网络已经应用到生活的方方面面，数字化阅读已成为人们的一种最常见的阅读方式。党的十九大报告提出"加快建设学习型社会，大力提高国民素质"。习近平总书记多次提出"以时不我待的精神、一刻不停增强本领""以学益智、以学修身、以学增才""把读书学习当成一种生活态度"等学习要求。这既是国家领导人对青年学子的殷切希望，也是每一名大学生所应肩负的责任。据《2018年度中国数字阅读白皮书》显示：2018年，我国数字阅读保持快速发展的势头，数字阅读用户规模达4.3亿人，较2017年增长了0.5亿，较2016年增长了1亿；人均数字阅读量12.4本，人均单次阅读时长71.3分钟；另外，青少年的数字阅读呈现高频率的态势。[1]大学生是数字阅读的主体，数字化阅读以其独

[①] 李文红，女，广东培正学院教务处副处长，副研究员。研究方向：高等教育管理。

特的便捷高效方式受到大学生的青睐。《国家中长期教育改革和发展规划纲要（2010—2020年）》对高等教育提出了"提高人才培养质量"的明确要求。2019年7月24日教育部网站公布了《2018年全国教育事业发展统计》，数据显示：全国共有普通高等学校2663所（含独立学院265所），普通本专科在校生2831.03万人；民办高校750所（含独立学院265所，成人高校1所），在校生649.6万人，其在校生人数占全国在校生人数的22.93%。如何顺应"互联网+教育"的时代，更好地借助新媒体为教育教学服务，提高学生的学习效率，是民办高校面临的挑战，也是需重视的问题。

一、关键概念界定

数字化阅读是随着通信技术的进步和移动互联网普及而发展起来的。数字化阅读是指以网络信息技术为载体，通过电子版形式进行信息呈现，并供读者获取与使用的方式，其载体为轻便且携带方便的手机、笔记本电脑、MP4和电子阅读器等。[2]其具有阅读的低成本性、信息获取的便捷性、资料的海量性和读者交流的互动性等特征。在信息时代，有效地运用数字化阅读能促进大学生的有效学习。大学生的有效学习是指大学生积极参与并高效率地获得新知识、提高能力和培养情感，在多方面取得进步的学习活动，具有主体的能动性、学习策略的有效性和学习效果有效性三个特点。[3]学习者作为能动的主体自觉参与，是有效学习的前提；学习策略与学习行为是否密切联系，是影响学习效果好坏的重要因素之一；有效学习的最终目的是使学习活动达到最佳状态。[4]

二、调查的方法对象

为了更好地了解数字化阅读对大学生有效学习的影响，本文借鉴了国内学者的相关调查问卷[5]，编制了《数字化阅读对大学生有效学习影响的调查问卷》，调查通过问卷星对广东培正学院共3050名同学发出问卷，运用SPSS19.0统计工具对调研数据进行了归纳与整理。本次调查中的人口统计学变量包括性别和年级。其中，男生占33.74%，女生占66.26%；一年级学生占18.38%，二年级学生占31.89%，三年级学生占30.39%，四年级学生占19.34%。样本具有一定的代表性。

三、关于数字化阅读对大学生有效学习的影响研究的结果与分析

(一) 大学生开展数字化阅读的现状调查及分析

1. 关于"是否了解数字化阅读和传统阅读概念"的调查

关于"是否了解数字化阅读和传统阅读概念"的调查显示,"了解数字化阅读和传统阅读概念"的大学生占比84.82%,"不了解数字化阅读和传统阅读概念"的大学生占比15.18%,说明大多数大学生对数字化阅读和传统阅读这两个概念是有一定了解的,这为后面的调查奠定了较好的基础。

2. 关于"每天进行传统阅读与数字化阅读时间"的调查

关于"每天进行传统阅读与数字化阅读时间"的调查显示,"每天进行传统阅读时间不到1小时"的大学生占比70.79%,"每天进行传统阅读时间超过1小时"的大学生占比29.22%;"每天进行数字化阅读时间不到1小时"的大学生占比36.82%,"每天进行数字化阅读时间超过1小时"的大学生占比63.18%。采取数字化阅读方式的大学生,其阅读时长也相应增加。(见表1)

表1 大学生每天进行传统阅读与数字化阅读时间及占比情况调查

选项	调查内容	
	每天进行传统阅读时间	每天进行数字化阅读时间
不到1小时	70.79%	36.82%
1—3小时	25.87%	47.87%
4—6小时	2.46%	12.75%
7小时以上	0.88%	2.56%

3. 关于"数字化阅读的主要场所"的调查

关于"数字化阅读的主要场所"的调查显示,排在第一位的是"宿舍",占比86.82%;"教室"占比59.84%;"自习室"占比26.49%;"路上"占比24.66%;"食堂"占比24.62%。调查显示,大学生进行数字化阅读不再受空间的限制,只要有网络的地方就可实现数字化阅读。

4. 关于"数字化阅读的主要载体"的调查

关于"数字化阅读的主要载体"的调查显示,"使用手机开展数字化阅

读"的占比85.48%,"使用电脑开展数字化阅读"的占比7.34%,"使用电子书阅读器开展数字化阅读"的占比3.21%,"使用平板开展数字化阅读"的占比1.84%,"使用MP4开展数字化阅读"的占比0.62%,"其他"占比1.51%。由此可见,手机、电脑、电子书阅读器和平板等的出现使数字化阅读成为一种可能,在这些电子产品中,手机是主要的数字化阅读的载体,便于携带的优势使电子产品成了大学生主要使用的学习工具。

5. 关于"数字化阅读的主要内容"的调查

调查显示,在"数字化阅读的主要内容"中,"朋友圈微博类娱乐交互行为"占比73.48%,"时事新闻"占比57.93%,"查阅学习资料"占比57.11%,"查看视频图片"占比46.46%,"收听音乐"占比43.18%,"阅读小说"占比46.13%,"网络购物"占比40.3%,"网上学习"占比34.85%,"其他"占比9.74%。大学生通过数字化阅读"查阅学习资料"的占比过半,这一方面说明超过一半大学生利用电子产品获取学习资源,另一方面说明如果大学生能有效地利用数字化设备进行辅助学习,在一定程度上会提高学习效率。随着"互联网+教育"的出现,各种数字化资源层出不穷,如网络课程平台也成为各高校教学资源的一个必要补充,特别是新型冠状病毒肺炎疫情防控期间,教育部高等教育司公布了一批高校开放的课程资源平台和技术平台名单,学生们可以通过网络在线学习、利用国内外高校优质的教学资料。同时,通过调查我们也了解到大学生浏览"朋友圈微博类娱乐交互行为"占比73.48%,"娱乐性的交互行为"分散了大学生的大部分注意力,阅读显现出了"浅显化",可见高校还需要加强对大学生的数字化阅读的内容的有效引导,以提高大学生的学习成效。

6. 关于"进行数字化阅读的习惯"的调查

调查显示,在进行数字化阅读的习惯中,"浏览"占比86.16%,"截屏"占比60.72%,"摘抄"占比20.07%,"划线等标注"占比14.46%,"其他"占比8.79%。数字化阅读与传统化阅读相比,呈现出阅读的碎片化、虚拟化、随意化和浅表化等特征,总体以"浅阅读"为主,如大部分大学生以"浏览"和"截屏"等方式进行信息快速浏览与暂时对内容进行保存,只有20.07%的大学生采取"摘抄"的方式,14.46%的同学采取"划线等标注"。

(二)关于传统阅读优缺点及数字化阅读优缺点的调查

从对传统阅读优缺点的调查显示,传统阅读方式优点排在前三位的分别是"阅读舒适度高""便于记笔记""具有收藏价值";缺点排在前三位的分别是"不易携带""查找速度慢""价格偏高"。(见表2)

表2 大学生开展传统阅读优缺点调查

传统阅读方式优点		传统阅读方式缺点	
选项	比例	选项	比例
阅读舒适度高	64.62%	不易携带	81.80%
易于满足读者心理需求	36.16%	查找速度慢	49.64%
便于记笔记	49.02%	缺乏互动性	27.67%
便于记忆	20.59%	价格偏高	41.57%
易于集中注意力	42.10%	容易破损	35.48%
具有收藏价值	42.26%	其他	5.11%
其他	5.74%		

关于数字化阅读优点的调查显示,排在前三位的分别是"信息库大,方便查找资料""方便携带""内容丰富,呈现方式多样";数字化阅读缺点排在前三位的分别是"容易造成眼部疲劳""容易形成依赖感""容易分散注意力"。(见表3)

表3 大学生开展数字化阅读优缺点调查

数字化阅读优点		数字化阅读缺点	
选项	比例	选项	比例
方便携带	74.00%	容易造成眼部疲劳	85.87%
信息库大,方便查找资料	75.97%	容易分散注意力	53.70%
环保,节约资源	38.49%	容易形成依赖感	58.59%
内容丰富,呈现方式多样	48.30%	不便于收藏	18.95%
资源获取价格低廉	33.08%	其他	5.28%
具有人性化设计,可以根据个人需要调节字体大小、屏幕光线等	33.02%		
具有互动性	17.21%		
其他	4.62%		

(三) 关于"数字化阅读对学习影响的调查"的影响

1. 关于"数字化阅读过程中是否受与学习无关信息影响"的调查

调查显示:"经常受与学习无关的信息影响"的占比38.59%,"偶尔受与学习无关的信息影响"的占比56.75%,"从不受与学习无关的信息影响"的占比4.66%。调查显示:大学生"能应对无关信息"的占比73.74%,"不能应对无关信息的"占比26.26%。学生在数字化阅读过程中容易分散注意力,注意力不集中成为大学生数字化阅读中存在的主要问题,这些都导致大学生的学习偏离预期的学习目标,心理学上将这种现象称为"信息迷航"。

2. 关于"教师在课堂上是否进行数字化教学"的调查

调查显示:教师在"课堂上经常进行数字化教学"的占比43.15%,"进行数字化教学有,但次数少"的占比50.33%,"没有进行数字化教学"的占比6.52%。调查显示超过93.48%的教师采用了数字化教学。实践证明,目前课堂的教学手段和教学方式均受到信息技术带来的挑战与机遇,各高校都在探讨和开展线上与线下混合式教学,特别是在新型冠状病毒肺炎疫情防控期间,每门课程、每位老师都在开展数字化教学。数字化教学已经不再是一种新理念和新方式,而是一种高效率且在某种特殊的环境下必须开展的教学模式,甚至是开展高效率教改的基础之一。

3. 关于"数字化教学能否提升学生对学习的兴趣"的调查

调查显示:在数字化教学过程中,学生反映"能,可以集中注意力听老师讲课"的占比56.33%,"只对视频音频等数字化教学内容感兴趣,对传统的教学内容不感兴趣"的占比30.75%,"不能,对学习内容不感兴趣"的占比12.92%。调查显示,信息化手段一方面促进了课堂教学质量的改善,另一方面也提高了学生的学习兴趣和听课的效率。

4. 关于"数字化阅读与学习的关系"的调查

调查显示:"在数字化阅读的支持下,学习成绩得以提升"的占比36.49%,"在数字化阅读的支持下,知识面得以扩张"的占比75.02%,"在数字化阅读的支持下,思维活跃性增强"的占比56.98%,"数字化阅读过程中,学习成绩无变化"的占比17.18%,"通过数字化阅读,没有获取知识技能"的占比9.38%。数字化阅读为大学生优化获取知识的深度和广度提供了可能,大学生应不断地提高自己的信息素养,充分利用数字化阅读拓展自己的知识面。

5. 关于"数字化学习中解决问题的偏好"的调查

调查显示：数字化学习中查阅相关资料时，"自己独立钻研，获取问题答案"的占比53.77%，"与他人互动获得问题答案"的占比18.20%，"直接搜索网上现成的问题答案"的占比22.59%，"其他"的占比5.44%。一方面，数字化阅读为学生解决学习中的问题提供了多种选择的可能；另一方面，对学生的独立思考能力和自律意识提出了更高的要求。

6. 关于"数字化阅读对学习效率的影响"的调查

调查显示："数字化阅读方便查找学习资料，提高学习效率"的占比67.93%，"数字化阅读易受无关信息影响，降低学习效率"的占比19.38%，"没有太大影响"的占比12.69%。当前数字化阅读以不可抵挡的趋势影响着大学生的学习和生活，提高大学生的单位学习时间的注意力是提高数字化阅读成效的关键。

四、问题关注及对策建议

（一）关注数字化阅读优劣势的问题，提高大学生学习阅读素养

网络资源为学习者提供了很大的便利，数字化阅读以其形式多样、携带方便、开放灵活、交互便捷、内容丰富、信息库大等优点，吸引了大学生进行广泛阅读，在一定程度上激发了大学生的阅读兴趣，对拓展大学生阅读的宽度和广度发挥了积极作用。但面对海量的网络数字化阅读资料，提高大学生的阅读素养是关键。一方面，学校要培养大学生的阅读素养，如向大学生传授处理阅读数字化文本的"先验知识"，提高大学生信息检索的有效性；引导大学生在数据阅读过程中发掘图文线索，提升大学生推理信息的能力；培养大学生在进行数字化阅读时的链接复合思维，增强大学生的信息整合能力；调动大学生的深层认知，加强大学生对信息的评估判断能力。[6]另一方面，大学生要不断提升自身的信息素养，加强对数字阅读内容的深度阅读，不断提升自己的数字化阅读能力，要学会在数字化阅读中敏感地捕捉学习信息并对信息进行有效的识别、判断、整理、加工、存储和创新，使之成为有效的学习资源；应尽量避免出现"信息迷航"，要学会正确识别网络信息，时刻提高警惕，提高自身修养，有效约束自己，积极使用有价值的网络信息，不断提高自己的网络阅读素养。

（二）关注网络外部环境与内部净化的问题，培养大学生的自律意识

网络资源涉及方方面面，也遍及学生生活的每一个角落，当今越来越多的大学生对网络产生了依赖。网络技术的漏洞使得网络监管难度越来越大，一些劣质的阅读内容也随之进入数字化阅读平台，网络世界缺乏一定的规范和全方位的监控。因此，在国家层面，应通过政策支持，加强网络监管，建立起网络法律法规，如数字出版监督管理部门要加强对信息内容的监管，加大对数字出版的引导，为数字阅读空间的精神文明建设保驾护航。[7] 在数字出版从业者层面，要加强自律，提高自身的道德修养，出版具有正确舆论引导的信息内容。在学校层面，加大学校网络监管，建立高校网络图书馆数据库，同时在线下开展丰富多彩的校园文化活动，如读书会、学术文化节、科技创新节等，在活动中加强对大学生的人文素质教育，丰富校园生活，让学生不仅仅在网络数字中获取信息，也在实践中获得成长。在大学生层面，需要提高自己的自控力和媒介素养，提高自己对数字出版信息的驾驭能力，避免受到不良信息的影响或者过度沉迷互联网，从而能自觉抵制有违社会主义精神文明建设的不良信息。

（三）关注阅读的方式与效果达成的问题，提高大学生的学习观层次

大学生的学习观可以分为5个层次，即学习观A、B、C、D和E（见图1）。[8] 通过调查发现，被动式地接受知识已成为大学生根深蒂固的阅读与学习方式，相当多的大学生在数字化阅读学习中还使用表层的学习方式，即处于学习观B层次，这种"机械记忆""被动""通过考试""反复练习""准确地再现"的学习观是停留在表面的，是"浅表性"和"浸入式"的学习观，这种学习观会导致大学生失去钻研文字的耐心，最终会削弱大学生的创新能力。因此，大学生在数字化阅读过程中应不断提升自己的学习观，以期达到更高一层的学习观，培养自己的学习创造能力，从而提高学习的成效，获取学习的归属感和成就感。

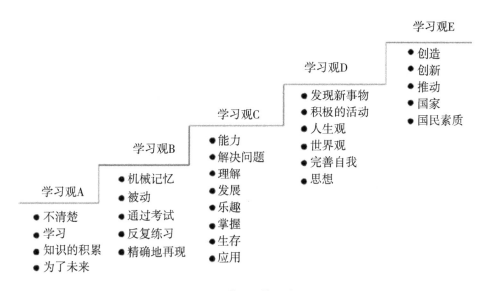

图1 学习观的层次

资料来源：陆根书、于德弘：《学习风格与大学生自主学习》，西安交通大学出版社，2003，第130-132页。

（四）关注教师的教与学生学的问题，提升大学生有效学习的能力

1946年，美国学者埃德加·戴尔提出了一种名为"学习金字塔"的全新学习理论。这一理论的核心思想是，不同的学习方式会带来截然不同的学习效果。戴尔在比较了各种不同的学习方法后得出，所有被动的学习方式效果都比较差，而效果比较好的学习方式无一例外都是比较主动的学习方式。在戴尔看来，学生们参与得越多，收获便越多。[9]美国缅因州的国家训练实验室围绕"不同的学习方式对学习的作用"进行了一系列科学实验（见图2）。它用数字形式形象展示了，采用不同学习方式的学习者在两周以后还能记住多少内容（学习内容平均留存率）的差异：第一种"听讲"的学习效果是最低的，两周以后学习的内容只能留下5%；第二种通过"阅读"方式学到的内容，可以保留10%；第三种用"视听"的方式学习，可以达到20%；第四种利用"演示"的学习方式，可以使人记住30%；第五种"讨论"可以使人记住50%的内容；第六种使用"实践"的方式，可以达到75%；最后一种在金字塔基座位置的学习方式，是"教授给他人"，可以使人记住90%的学习内容。爱德加·戴尔提出，学习内容平均留存率在30%

以下的几种传统方式,都是被动学习或个人学习;而学习效果在50%以上的,是主动学习、团队学习和参与式学习。学习金字塔理论对于引导学生有效阅读、思考和学习具有重要的意义。

	学习内容平均留存率
听讲(Lecture)	5%
阅读(Reading)	10%
视听(Audiovisual)	20%
演示(Demonstration)	30%
讨论(Discussion)	50%
实践(Practice Doing)	75%
教授给他人(Teach Others)	90%

被动学习:听讲、阅读、视听、演示
主动学习:讨论、实践、教授给他人

图2 学习金字塔

资料来源:贾亭渝、李浩君、张蓓嘉:《基于学习金字塔理论的互动教学模式构建与应用》,《职业教育研究》2021年第6期,第62-67页。

在信息化时代,高校教学的场所从封闭式转变为开放式,课堂不仅仅局限于实体的教室,学生获取知识的途径也更加多元化。因此,民办高校要更好地运用数字化阅读资源为"教"与"学"服务。一方面,教师要不断提升个人的信息素养,善于引导学生有效开展数字化阅读。20世纪70年代,联合国教科文组织发表的《学会生存:教育世界的今天和明天》报告称,教育有着"眼花缭乱的未来",未来的变化有"令人兴奋而又可怕的前景",认为未来的教师应当是能够对这一不断变化的世界迅速作出反应的教师。[10]作为人工智能时代的教师,教师的任务不仅在于能利用机器提供学习资源,更要帮助学生学会对机器环境的控制。这种控制不仅指控制的能力,更是指控制的意识,因此,新时代的教师要学会一套适应技术变革的学习方法和教学方法。[11]教师必须成为从"知识+智慧"进步为"知识+技术+智慧"的人。[12]另一方面,要树立"以学生为中心"的教学理念。教学的核心是"学"不是"教",教学必须"以学生学习为中心",要转变过去教学就是"教"的旧观念,学校更不是"教"校。教是为了学,教中有学,寓学于教,教学的过程也是师生之间的交流互动过程,教师应以学定教,先学后教。教师可将数字化阅读作为课堂教学的一部分，鼓励学生质疑与猜想，让学生带着问题去阅读。如果秉承施教者单方面的工具性的和功利性的教育理念，而无视受教育者个人主体人格的成长需要，是不利于学习动力培育的，因此要明确学生是学习的主体，学生只能自己构建学习的模型，其他无论什么人，都只能是帮助者。[13]让学生在老师和朋辈交流学习的过程中，实现情感的体验、知识的建构和个性健康积极发展，在与他人积极开展合作和交流中，以及在相互影响和相互鼓励下高效完成学习任务。

参考文献：

[1] 2018年度数字阅读白皮书 [EB/OL]．（2019-04-12）[2020-07-12]．http://www.199it.com/archives/864410.html．

[2] 韩璐，鲁宽民．数字阅读泛化对大学生学习能力影响分析 [J]．河北工程大学学报（社会科学版），2012（2）：99-101．

[3] 杨勇．有效学习与有效学习的方法和路径 [J]．课程·教材·教法，2014（3）：21．

[4] 王惠珍．我国硕士研究生有效学习及其影响因素研究 [D]．徐州：江苏师范大学，2017．

[5] 韩璐．数字化阅读对大学生有效学习影响研究 [D]．西安：西安理工大学，2018．

[6] 余闻婧．如何培养学生数字化阅读素养 [J]．课程·教材·教法，2019（1）：79-84．

[7] 高丽华，吕清远．数字化阅读的仪式化反思与建构 [J]．出版发行研究，2017（3）：73-76．

[8] 陆根书，于德弘．学习风格与大学生自主学习 [M]．西安：西安交通大学出版社，2008（8）：130-132．

[9] 杨大宇．学习的真相 [M]．广州：广东人民出版社，2014：255-256．

[10] 联合国教科文组织．学会生存：教育世界的今天和明天 [M]．华东师范大学比较教育研究所，译．北京：教育科学出版社，1996：120-121．

[11] 高远．智慧教育对教育素质提出新要求 [N]．中国社会科学报，2018-07-05（4）．

[12] 薛晓阳．技术智慧：智慧教育的天命与责任 [J]．高等教育研究，2019（10）：6．

[13] 张聆玲，马洪波．基于成长管理的有效学习动力系统探析 [J]．教学与管理，2014（10）：17．

思政与校园文化

基于学校社会工作视域下民办高校贫困生心理脱贫探析

谢俊芳[①]

摘要：目前我国民办高校对贫困生的帮助侧重于物质条件和经济方面，常常忽视了对贫困大学生自强拼搏精神的锻炼、感恩之情的培养、群体全面发展的需求；忽略了将物质基础与心理关注相结合的趋势。学校社会工作应以"助人自助"为原则，使用共情、同理心、无条件接纳等技巧对学生进行关怀；倡导"学校—社区—学生"帮扶模式，以优势视角及赋权增能理论为基础，使学校在贫困生与社会环境系统中发挥链接作用，为民办高校贫困大学生群体链接各种资源、完善社会支持网络，减轻贫困生群体面临的压力，调适其个人与环境之间的关系。因此，在对民办高校贫困生进行心理脱贫工作时，要加强社会工作介入管理，完善学生管理制度；同时促进民办高校社会工作制度的完善，建立学校社会工作制度，并提升学校社会工作队伍的专业性及能力建设，打造一支专业的社会工作团队，促进民办高校贫困生完成自我分析、自我认识、自我进步、自我实现。

关键词：心理脱贫；民办高校；社会工作；思想政治；学生管理

由于我国教育资源分布不均，民办高校的教育费用往往比公办院校昂贵。在这种情况下，民办高校的部分贫困生面临着学习、生活、经济等多重压力，属于心理亚健康的高危群体。传统的高校学生管理，以辅导员、心理健康中心老师为主，从整体入手进行辅导，但这种重整体、轻个体的模式限制了帮扶工作的发展。因此，在对民办高校贫困生进行心理脱贫工作时，要加强社会工作介入管理，完善学生管理制度。形成一个灵活、有序、和谐的系统，共同促进学生自我成长和自我实现。

[①] 谢俊芳，女，广东培正学院人文学院教师。研究方向：学生管理、思想政治教育、社会工作。

一、民办高校贫困生心理健康现状分析

（一）复杂环境下的两面性心理特征

不少贫困生身处复杂的环境。如家中多个兄弟姐妹同时上学，造成学费压力巨大；突发事件造成的家庭经济困境等。种种因素都让贫困生承受来自各方面的压力。[1]

特殊的家庭背景和个人成长经历导致贫困大学生的自我认知和社会交往能力与其他大学生有所不同，呈现相对复杂的心理特征。一方面，他们在面对环境劣势的时候，有很强的抗逆力和行动力，展现出积极的一面；另一方面，这种特殊的经历容易使他们产生消极的心理特性，如退缩、敏感、自卑等。

（二）经济压力下或产生自卑与自尊矛盾个性

在经济逆境下，贫困生承受着巨大的压力，在日常生活中他们面临着与朋辈之间的消费对比，在日常生活中捉襟见肘，这容易造成他们的自卑心理。他们中很大一部分人常因担心别人看不起自己而变得更加怯弱，往往越是自卑的同学，表现出越强的自尊心，自我保护意识越是强烈，越容易过度敏感和情绪化。

（三）不对称自我评价及社交窘迫

贫困大学生的自我评价与他人评价通常不在一个平面上。自我评价是自我意识的其中一种，是自我根据本身的言行做出的评判。它一般的评价流程是从评价他人行为引出对自己行为的评价，从而形成对自己的个性品质评价。而根据"镜中我"理论，人总是在得到他人评价之后，才会形成自我评价。这种不对称的评价系统往往会影响学生对社交的态度，挫败社交积极性，久而久之就会埋没自我优势，造成对自我认识的不全面。

由于自卑，贫困生往往容易陷入社交窘迫之中。在人际交往中，他们表现出不合群、内向寡言、情绪化、过度敏感等。也因为如此，部分贫困生不能正视自己的问题，也不能客观看待外界的帮助。贫困生群体与其他群体由于生活环境、家庭背景、教养方式和个人经历等情况不同，其人生观、价值观和成就欲望等方面均存在明显差异。

(四) 抑郁和焦虑症状突出

焦虑是强烈、过度、持续的不安和恐惧，抑郁是一种持久的情绪低落和兴趣减退，严重者会出现自杀念头和行为。经济的压力和特殊的心理因素造成民办高校贫困大学生在面对学习、生活、工作时，有更深刻的认识和体验。焦虑和抑郁对贫困生的生活、学习和心理发展都会产生巨大的不良影响。有效消除抑郁和焦虑症状，是帮助贫困生的心态转向健康、积极的一个重要步骤。

(五) 环境适应能力欠缺，抗逆力不足

社会生态系统理论认为，所有的有机体都是一个系统，并强调系统内部与系统之间的交流；生态理论将注意的焦点放在人与环境的相互适应和调节上，关注人的成长以及环境适应。不少贫困生在环境适应及资源整合方面的能力有所欠缺，其社会支持网络不完善，造成他们的社会支持力量薄弱，抗逆力不足。[2]

二、社会工作助力民办高校贫困生心理脱贫的必要性和可行性

(一) 民办高校贫困生心理健康问题的介入现状及欠缺

目前我国民办高校对贫困大学生群体的心理健康问题的介入主要有三种方式：一是以辅导员为主体的学生思政工作，通过学生管理和辅导员介入的方式，对贫困大学生进行人格培养、视野拓展、个性全面发展教育，并对其职业生涯规划进行指导，关注其学习、生活、人格品质的督促和培养，促进其身心全面发展；二是高校心理健康课程设置，把心理知识引入"第一课堂"，对学生进行普及性的心理健康教育，进行有关爱与被爱、生命价值、挫折耐受力、人际交往和自我评价等心理健康的常识教育；三是以心理健康中心为主导，以二级学院心理辅导站、班级心理委员为辅助，设立专门的心理辅导和专业队伍，为有需求的学生提供心理辅导，并追踪其心理状态。[3]

从民办高校对贫困生心理健康问题的解决的实际效果看，上述模式尚不能及时有效地预防和化解贫困大学生的心理健康问题。其主要缺陷有以下几点。

(1) 重整体，轻个体。民办高校学生管理模式注重整体的安全、稳定和

整体素质的提高,强调"管好""管住",轻视个体差异性和自主性,对贫困生的关注不具有针对性。

(2)人员配置不足,专业团队建设薄弱。辅导员是民办高校学生管理的主力军,既负责学生所有事务的管理,也是学生心理健康的第一把关者。高强度、琐碎的工作会大大减少其对贫困生的关注。由于经费不足及多层管理模式,民办高校暂未能配备专业团队专门负责贫困生的心理问题,更难以提升其心理健康服务水平。

(3)民办高校现有的心理预防机制功能不全。预防强于治疗,心理预防机制功能的完善能够有效防止一些悲剧的发生。但在民办高校中,负责心理咨询的老师由于其多重身份、工作烦琐,疏于对学生咨询的内容进行分析和事后追踪,导致一手资料欠缺,无法为日后制订预防性措施时提供案例分析和预警材料。日常的心理健康宣传主要通过知识讲座、推文等方式开展,这种大面积传播的方式,不能建立有针对性的预警机制。

(4)学校心理健康中心的服务针对性明显不足,对贫困大学生群体的关注度也不高。学校心理健康中心咨询室往往扮演着被动接受者的角色,心理咨询师在接受预约后提供服务,不能主动介入学生群体中,及时发现问题。且由于场地条件、咨询者的数量、咨询师的专业能力等限制,不少学生对心理健康中心存在疑虑,甚至恐惧。而大多数贫困生自尊心强,自卑心理严重,由于各种顾虑,很可能戴着有色眼镜看待心理咨询,极少会有学生主动向老师求助。

(二)学校社会工作与民办高校思想政治工作具有融合性

以辅导员为主线的高校思想政治教育,是我国最具特色的高校学生管理模式,社会工作方法则是由西方引进的,但二者在工作理念和方法上有一定的相通相融之处。[4]高校思想政治教育兼具学生管理、学业教育、人格培养和就业服务等多重职能,并掌握了高校大学生的档案资料、学习成绩、综合发展等方面材料,这为学校社会工作开展提供了重要的一手资料。

首先,二者都奉行以人为本、助人自助的工作理念。民办高校思想政治教育工作注重管理个人,其工作理念和手法更强调以理服人、以情感人,始终把学生的成长和发展视为工作重点,和社会工作的价值理念不谋而合;二者都强调人文关怀,把学生当成一个系统,从健康、成长、发展多方面指导学生;都用赋能的观点和优势视角理论,鼓励学生超越环境,勇敢地开发自身潜能。

其次，二者点面结合，相互补充。民办高校的思想政治教育重视学生的整体性，以集体为单位，全面开展学生工作，以此增强学生的集体荣誉感和社会责任感。学校社会工作以个案手法为主，能弥补民办高校思想政治教育的在"点"上的不足，具有更强的针对性，能为民办高校贫困生群体提供个性化和特质性的服务。这有利于弥补高校思想政治教育在"点对点"上的不足。

最后，二者的工作手法相互贯通，最终的工作目标都是帮助大学生成长成才，均用优势视角看待大学生，相信他们具有实现自我的无限潜能，推动大学生成为更完善的个人。二者的目的都是为了帮助大学生建立人与人、人与社会的良好关系；通过完善自我、调整人与环境的关系，整合社会资源，最终实现个人价值。[5]

三、社会工作助力民办高校贫困生心理脱贫的工作模式

民办高校贫困生长期承受多重压力，具有较多潜在的心理危险，患上抑郁症、孤僻症、精神分裂症的可能性较其他学生大，更有甚者还会出现反社会人格。因此，民办高校需要有针对性地运用学校社会工作知识与理论，关注贫困大学生本身，缓解他们的心理压力，预防产生不良后果，改善并解决问题。

（一）预防性工作模式

学校社会工作介入的第一步就是预防，即预防民办高校贫困生产生心理偏差。心理矫正是预防性工作模式开展的重要核心，以个案工作的形式为主，兼顾小组工作形式。学校社会工作者要以专业理念为基本、专业知识为核心，引导民办高校贫困生群体进行自我了解和分析，使他们有信心面对自己，从而客观地、充分地形成自我认知，做到真正地了解自我、认识自我。

在这个阶段，学校社会工作者要对民办高校贫困生进行理论武装，"授之以鱼，不如授之以渔"，要用心理学理论给贫困生进行普及型心理健康教育。如鼓励学生用"优势视角"看待问题，寻找自身优点，了解自己的优势，不要只看到自己所处的逆境、所存在的缺点。"增能理论"能增强他们获取资源的能力，这有益于提升贫困生的自我评价、自尊感和被需要感，促使他们向内挖掘自身潜力，向外寻求更多资源。"ABC情绪理论"引导贫困生们做正向思考，将消极心态转变为积极心态，从而改善行为举止。

（二）治疗性工作模式

治疗性工作模式主要是针对那些已经陷入心理困境的贫困生而进行的，借助于一些社会工作理论和方法能够推动治疗性工作模式的展开，通过对他们的认知和行为偏差进行矫正而达到治疗的效果。治疗性工作模式通常要做到多种工作手法相结合，要借助个案工作的手法和心理咨询技巧，采取有针对性的沟通技巧，根据学生的不同需求设计不同的咨询方案，以求更好地帮助民办高校贫困生实现心理脱贫。

（三）发展性工作模式

发展性工作模式在治疗性工作模式的基础上，进一步巩固成效。要以社会工作的专业理论作为指导，配合专业的社会工作方法，梳理社会支持网络，整合社会系统资源，以此促进民办高校贫困生的心理全面发展，唤起他们进行自我修复的内在潜能。进行学校个案工作时，针对来咨询的学生的不同要求，与学生商量后，为其制订个性化咨询方案，并按照方案进行咨询治疗。[6]遵循"咨询评估—确定方案—介入咨询—反馈评估—追踪个案"这一连贯方式，长期跟踪学生情况，这便于咨询师掌握学生的心理矫治情况，督促学生通过个人努力及咨询完善自我、适应环境，获得社会资源与支持。

（四）协调性工作模式

协调性工作模式是指心理咨询师为民办高校贫困生开展统筹、整合性的工作，主要侧重于消除外界不良环境对其心理健康产生的不利影响，为贫困生群体争取不同类别的社会资源和社会支持。换言之，协调性工作模式就是为民办高校贫困生心理改善创造有利的客观条件，与社区社会工作手法有异曲同工之处。辅助民办高校贫困生心理脱贫的资源大部分是隐形资源，比如锻炼自我的平台、获取自信的机会、得到培训的渠道等。同时，完善民办高校贫困生的社会支持网络，为其拓宽多种渠道的求助方式，从而建立牢固的社会支持网络系统。

四、社会工作助力民办高校贫困生心理脱贫的介入方法

（一）以心理咨询为依托的个案社会工作方法

个案社会工作方法通过面对面的个性化交流和沟通来实现帮扶个人的目

的，重点放在个体自我认知修正、行为改善、心理矫治上，并提醒个体注重内在认知与外部环境的协调统一。社工通过个案咨询辅导、设计活动等方式，帮助贫困生挖掘自我潜能，更好地改善自我、适应生活。

在个案社会工作方法中，学校社会工作者会与民办高校贫困生之间建立"一对一"的直接咨询。利用心理学、社会学、心理咨询等专业知识与技巧，学校社会工作者为民办高校贫困生提供心理咨询，完善其人格认知，以提高其适应环境的能力，促进个体与环境的和谐相处。学校个案工作不仅要帮助民办高校贫困生解决眼前的困境，还要帮助他们挖掘自身的潜力，促进个体的全面发展。[7]

个案社会工作的开展主要有以下几个步骤。

（1）与民办高校贫困生建立专业咨询关系，运用接纳、同理心、共情等方法和技巧，引导他们说出目前的困惑，挖掘其内在需求，为确立下一步的方案提供资料。

（2）收集信息，建立民办高校贫困生个人档案，包括家庭背景、成长经历、价值观和个体行为等。梳理其成长脉络和家庭等资源状况，分析社会支持网络并拟定有针对性的治疗方案。

（3）实施介入方案。通过访谈，鼓励贫困大学生表达和认识自我，与其一起探讨目前的困境，帮助其分析脱离困境的关键原因，并讨论改进的方法，引导案主自决，从而化解焦虑。

（4）追踪个案，巩固成效。通过线上线下方式，了解案主行为改进情况，进一步巩固个案成效，达到长期稳定其心理健康状态的目的。

（5）反思与评估。个案咨询结束后，社工对咨询的案主进行总结，对比第一阶段立下的目标，评估是否达到预期效果，并反思个案方法是否有效。

（二）以朋辈力量为引导的小组社会工作方法

小组社会工作借助朋辈群体的力量，以小组的形式开展团辅活动，发挥小组凝聚力，鼓励成员实际参与、亲身体验，运用小组力量，帮助成员认识到问题，并找到解决问题的社会工作方法。

与个案社会工作相比，小组社会工作是在群体的参与下，促进成员间共同处理彼此的问题。小组社会工作能够改善成员的不良思想，促使他们适应环境，掌握处理问题的能力，提升社交能力，并能够挖掘自身潜力，实现自我成长。

在高校社会工作中，为了更好地开展对贫困大学生的咨询工作，社会工作者一般会组织多样化的小组，以便有针对性地开展差异化教育活动，弥补传统学生思政工作的不足，更好地提高思想政治教育效果。学校小组工作为贫困大学生群体提供人际交往的平台，有利于增强其团体协作能力和提升集体荣誉感，此外，还提供了提升自信的渠道，使小组成员在相互接触中逐步建立起良好的朋辈支持体系。

学生社会工作者在开展小组社会工作时，要遵循以下基本原则：尊重小组的特殊性，开展适应小组成员心理发展阶段的活动，活动的设计要符合小组成员的兴趣和能力，确立有助于改善组员行为的长期目标，以促进小组活动取得可延续性的实效。小组活动的内容和方式是多种多样的，包括游戏、社交剧场、角色扮演、叙事疗法、营地活动等。

（三）以"学校—社区—学生"为途径的社区社会工作方法

通过学校社会工作介入贫困大学生心理健康问题，将目光延伸至学校社区外的社会环境。从社会支持理论的视角来说，贫困大学生群体需要得到社区、社会网络或朋辈群体等社会各方面的物质和精神支持。良性的支持有利于其健康发展，反之则不然。从社会生态学的视角来说，贫困大学生与不同社会系统之间的交流和互动，能够从侧面反映贫困大学生的健康程度。[8]学校社会工作者是贫困生和其所处的环境之间的桥梁，通过链接学校与社区、学校与贫困大学生、贫困大学生与社区间的资源，改善他们之间的关系，为贫困大学生完善其社会支持网络，减缓贫困大学生的压力，有效弥补学校、家庭和社会教育的不足，为贫生心理健康发展奠定实质性的基础。

五、社会工作方法助力民办高校贫困生心理脱贫的建议

据笔者了解，目前，在我国民办高校中，学校社会工作手法暂未被纳入学校管理体系中，处于边缘化状态，认可度不高。因此，加强民办高校对社会工作专业的认同、为社会工作在学生管理中争取一席之地，是社会工作介入民办高校贫困生心理脱贫的最关键一步。

（一）加强社会工作介入管理，完善学生管理制度

学校社会工作，以学生为主要服务对象，使用专业科学的工作方法，帮助学生通过挖掘自身潜能、整合社会支持系统资源来促进自我实现。应该说，学校社会工作是协助民办高校做好贫困大学生心理脱贫的中坚力量之一。

民办高校贫困生学生管理存在功能弱化现象，可以通过社会工作实践的介入，完善现有学生管理体系。学校制度化的支持是社会工作介入顺利开展的保障，其能够为民办高校贫困生群体开展持续的实践活动——甚至可以将社会工作纳入学分系统。可开展民办高校贫困生个案定点咨询服务、举办"携手走过自卑互助小组"活动、搭建"未来主人翁"社交平台等，通过线上、线下相结合，理论、实践相互补充的方式，将学校社会工作纳入学生管理系统中，形成更为完善的学生管理制度。

从目前来看，现有的高校学生管理工作具备权威性与公信力，学生对此的认同度及参与度高；虽然学校社会工作仍存在薄弱环节，但传统的高校学生管理工作与学校社会工作在理念与方法上可求同存异，且二者为保障学生健康成长的目标是一致的。因此，结合高校学生管理工作与社会工作二者的优点，共同打好民办高校贫困生心理脱贫战，是能够取得显著效果的。

（二）组建由下至上的咨询团队，提升学校社会工作队伍的专业性

辅导员队伍是目前我国民办高校的中坚力量，是学生管理工作的主力军。与此同时，不少辅导员肩负着多重行政工作和教学任务，且来自思政专业较多，很少具有心理学及社会工作的专业背景，其对于贫困生群体的心理脱贫，有时候可谓心有余而力不足。而学校社会工作者的强项在于协调各部门工作，整合不同系统之间的资源，通过链接所需资源来达到助人自助的目的。[9]

然而，在目前民办高校的管理系统下，社会工作所提供的服务与服务对象所存在的需求并没有完全对接起来。为了更好地适应民办高校贫困生的心理需求与成长需要，民办高校需打造一支专业的、多维度的学校社会工作队伍。这支队伍应走进学生群体中，成为他们心理的引导者。社会工作是一种服务性的专业，心怀服务学生的理念是最基本的职业素养。这就要求学校社会工作队伍能遵循共情、同理心、无条件接纳等基本原则，真诚地与学生交流，想学生所想、急学生所急，做一个真正的引航者。久而久之，这样的队伍就能获得学校管理的认可，从而弥补民办高校学生管理的不足。

（三）推行社会工作方法，形成个案、团体和社区三重合力

社会工作有三大工作方法：个案、团体、社区。应根据不同的情境和问题类型，有针对性地使用这三大方法。个案工作的优势是可利用咨询技巧，

通过一对一的直接交流和沟通来缓解民办高校贫困生的抑郁、焦虑、自卑、迷茫等一系列心理问题；团体工作的优势是运用团体凝聚力，利用朋辈的力量，开展互助性、治疗性的活动，通过这种方式引导学生厘清目前所面临的困难、急需解决的难题，找到解决问题的核心，尽快走出困境。社区工作方法是站在社会的角度，采取宏观的视角，通过改善人与环境的关系、梳理社区资源网络、整合社会资源、创建平台来促进个人的改变。这些都有利于帮助学生进入更大的平台，学习社交技巧，在实践中完善自己；有利于引导他们积极参与社区实践和服务性活动，建立民办高校贫困生与社区社会力量的联系；有利于帮助学生逐渐融入环境，扩大生活圈，创造机会实现自我的成长和完善。

参考文献：

[1] 郭宁宁. 高校贫困大学生心理健康问题的社会工作介入研究：以 H 大学为例 [D]. 武汉：华中农业大学，2013.

[2] 朱嘉怡. 社会工作介入女大学生自卑心理的个案研究 [D]. 沈阳：沈阳师范大学，2016.

[3] 朱宽红. 社会工作介入大学生失业问题的研究：基于对 Y 市失业大学生的个案分析 [D]. 兰州：兰州大学，2013.

[4] 郑萌. 小组工作方法降低大学生手机依赖程度研究 [D]. 沈阳：辽宁大学，2019.

[5] 张乐，赵嘉欣，王香平，等. 在校本科生抑郁情绪状况及情绪因素调查 [J]. 农村经济与科技，2020 (3)：317 – 319.

[6] 李丽霞. 学校社会工作介入高校贫困生帮助模式的探索 [J]. 社会工作（学术版），2011 (22)：74 – 77.

[7] 谷慧玲. 学校社会工作介入高校贫困生心理健康教育工作研究：社会角色的视角 [D]. 新乡：河南师范大学，2011.

[8] 范明林. 张洁学校社会工作 [M]. 上海：上海大学出版社，2005.

[9] 黄俊：学校社会工作在高校思想政治工作中的运用 [D]. 武汉：武汉科技大学，2009.

基于UGC模式下的大学校园文化传播新手段研究

——以Vlog为视角

宋 可[①]

摘要：本课题综合运用问卷调查法、案例分析法、访谈法、文本分析法、观察法等研究方法，提出问题，厘清相关概念，从Vlog媒体的发展、Vlog媒体的特性、校园文化传播手段内在需要这三个角度，分析以Vlog作为大学校园文化传播新手段的原因，并借鉴5W传播模式进行途径构建探析。

关键词：Vlog；大学校园文化；UGC；传播手段

一、问题缘起及概念界定

（一）问题缘起

因Vlog属于网络媒体、新媒体、社交媒体，笔者于2019年6月27日，通过以中国知网为核心的各学术搜索平台，以"网络媒体""新媒体""社交媒体"为主题词，搜索"新媒体、校园文化传播""网络媒体、校园文化传播""社交媒体、校园文化传播"等组合，经过阅读筛选，找到相关文献325篇，其中，2007年到2012年71篇；2013年到2019年6月27日254篇，其中2013年18篇，2014年20篇，2015年33篇，2016年42篇，2017年48篇，2018年56篇，2019年（截至6月27日）37篇。笔者经过阅读发现，以往对网络媒体、新媒体、社交媒体的研究是从泛新媒体，或者从人人网、博客、开心网，或者从"两微一端"——微信、微博、新闻客户端的角度来讨论的，少有从近年来对大学生影响较大的Vlog这一新的传播手段入手去分

---

① 宋可，女，广东培正学院人文学院讲师。研究方向：品牌策划、新媒体文化。

析校园文化及校园文化传播。

虽然当前学界对校园文化及其传播的相关研究已经构建了较为成熟的体系，但对"95后"大学生接触的UGC的Vlog传播校园文化相关问题的研究则稍显滞后。而当下学生的主体是"95后"，他们是"网络原住民"，网络媒体深深影响着此群体的话语体系，他们也参与网络媒体内容与形式的构建、完善，所以以当下极有影响的Vlog入手来研究校园文化传播具有一定意义。

（二）概念界定

Vlog即Video Blog，翻译为视频博客，YouTube官方给Vlog下的定义是"通过拍摄视频的方式记录自己的日常生活"，是指用Vlogger（视频博客博主）通过手机或相机来记录个人日常生活的视频，再进行剪辑和后期制作，集图像、声音、文字于一体，形成极具个人风格的视频日记。UGC是"User Generated Content"的缩写，即"用户生产内容"，是时下新媒体发展的一种重要模式。

上海交通大学于1986年提出设立"校园文化"学科时首次提出"校园文化"这一概念，随后不同学者对校园文化进行了概念界定，比较有代表性的有吴剑平、傅玮和葛金国等的论述。吴剑平在《校园文化与人才培养》一书中提出："校园文化是学校在长期育人的过程中形成的价值观、社会观、思想意识、行为方式以及学校的学风、校风、教风，是广大师生共同遵循的价值标准、基本信念和行为规范。"傅玮曾在《高校校园文化建设略论》中指出："高校校园文化是指以社会先进文化为先导，以校园文化活动为主体，以校园精神为积淀，是校园广大成员在长期的办学过程中所创造的学校物质文化、制度文化、精神文化的综合，这不仅仅是促进社会发展的需要，更是促进学校物质和精神文化建设的需要。"葛金国等人从教育学视角提出，"校园文化建设既是学校开展社会主义精神文明建设的必然要求；学校全部教育教学活动也是校园文化的一部分，校园文化建设的根本意义在于创设一种积极的物质、精神氛围，启迪、规范、引导和提升师生员工对美好人格的追求。"本文综合分析上述学者的观点，总结出校园文化是运行于校园这种客观环境中，作为社会文化的亚文化，是其重要的组成部分，是人类文化现象中极具创造性、多元化、高雅性与思想性的文化。那么，校园文化传播就是由学生、教师、校方这些传播主体，运用传播媒介将校园文化向内向外进行传播的过程。在新媒体环境下，校园文化建设与传播不仅是德育要求，更是提升大学生综合素质的基础之一,也是塑造文化自信的内在要求。

二、运用 Vlog 作为大学校园文化传播新手段的原因

UGC 传播环境下的影像传播突破了固有的媒介形态,Vlog 作为新的影像媒介形态,反中心、打破权威,每个人都可以成为文化、信息的传播者。多元、开放、发展的大学校园文化要进一步发展、完善,需要掌握利用新的影像媒介形态。本文将从 Vlog 媒体的发展、Vlog 媒体的特性、校园文化传播手段内在需要这三个角度分析运用 Vlog 作为大学校园文化传播新手段的原因。

(一)Vlog 经历了从国外到国内的探索、发展、传播,深受官媒、明星、素人认可,目标受众以"95 后"为主

2012 年,视频网站 YouTube 上诞生了第一条 Vlog,后被美国人凯西·奈斯泰德(Casey Neistat)连续 600 多天坚持每日更新 Vlog 而推广开来。截至 2018 年 1 月,数据显示每小时有 2000 条 Vlog 被发布在 YouTube 平台。

Vlog 于 2017 年在中国兴起,它在我国的发展经历了明星带动素人、官媒带动发展的过程:先有欧阳娜娜、王源、李易峰等明星运用 Vlog 记录日常生活与工作,后带动了素人 Vlogger 井越、竹子等的加入,逐渐成为"95 后"记录生活、表达个性的流行方式。在 2019 年全国两会期间,中央电视台、《人民日报》、《中国日报》等媒体创新利用 Vlog 的形式传播两会声音,如央视网推出了《VR Vlog:一分钟速览全国政协新闻发布会现场》、新华社报道人民海军成立 70 周年的系列 Vlog 产品、《新民晚报》推出了《Vlog丨宁国里"大管家"的一天》、《中国日报》拍摄了《小姐姐的两会初体验》等去中心化、摆脱了宏大严肃性叙事的报道,以记者视角记录全国两会期间的日常,力求让观众"进入"新闻事件现场,这样的方式赢得广泛好评。

Vlog 受众范围以"95 后"用户为主,目前,高校学生绝大部分是"95 后",他们或渴望社交又惶恐真实社交,有主张、有表现欲。Vlog 以"我"为主线,参与感、陪伴感、体验感强,对于作为传播者或者受众的"95 后"学生而言,可以满足他们创造力的释放、"你懂我"的陪伴感、被人欣赏的悦纳感。所以,Vlog 在"95 后"学生这一群体中拥有较强的用户黏性。

（二）Vlog 发展潜力大，不同于 UGC 模式下的其他短视频，制作门槛较高，吻合校园塑人目标

我们正在逐步进入"人人都是传播者"的 UGC 短视频时代。Quest Mobile 数据显示，观看短视频现在占用户移动互联网使用时长的 12.4%，仅次于微信，排名第二，国内主要的 Vlog 平台有 B 站、微博、VUE、一闪、猫饼、小影、秒拍等。各大平台也纷纷推出了 Vlog：2018 年 11 月 1 日，腾讯发布 Yoo 视频，以"Vlog + Vstory"的内容革新，以及赛道玩法、特色发布器等功能创新和创作补贴等引导 Vlogger 入驻创作。2019 年 4 月 25 日，Yoo 视频面向全平台用户开放 1 分钟视频权限，并推出"Vlog 十亿流量扶持计划"。2019 年 5 月 10 日，百度旗下"好看视频"总经理曹晓冬发布"Vlog 蒲公英计划"，宣布将给予 5 亿现金补贴，20 亿流量扶持。[1] 可见，Vlog 将成为下一个风口。

Vlog 形塑着年轻人碎片化的媒介使用习惯，但又与低俗模仿、跟风炫技等争取流量的一类低门槛短视频有所区别。Vlog 在拍摄方式上，以第一人称为主要视角记录真实生活，记录包括尴尬场面之类的真实生活小插曲，这种拍摄方式抛弃包装、表演。在制作能力上，拍摄之前 Vlogger 心中要有较清楚的主题和思路，讲究一定的叙事策略；拍摄时要求有相对专业的构图、拍摄、转场技巧、切换速度、镜头语言；后期也需要比较专业的配乐、配色、字幕、速度、剪辑技巧，较高的非线性编辑技巧和美学审美能力，制作门槛较高。在记录内容上，主要涉及生活的，如旅行、美食、化妆、感情等；涉及工作的，如执行任务、会议、团建等；涉及学习的，如课后作业、考试、自习等。

目前，短视频已由"爆热"进入了调整期，逐渐从以流量为王转为以内容为王。Vlog 的亲和表现力、浸入式代入感、较强专业性与技巧性、较营养的内容表现，不仅符合短视频通过质量来留住用户的发展规律，也符合校园文化塑人的目标定位。校园要培养的是对社会有价值，有创造力、想象力、动手能力的新时代"斜杆青年"。"95 后"年轻人运用 Vlog 这一新的传播手段，如能获得校方的鼓励，不仅有利于落实校园教育的人文关怀，也有利于激发学生的学习兴趣，培养其创造性思维和解决实际问题的能力。

（三）当下校园文化传统媒介形式齐全，日渐式微，需整合传统媒介和新媒介

笔者曾做过问卷调查，当被问及"校园文化传播的主要媒介"相关问题时，68%的回答者认为，当下校园文化传播的媒介形式较多，传统媒介主要有校报、社团杂志、公告栏、宣传栏和文化墙、校园广播站等，较新式的媒体主要是官网、校园微信群、校园QQ群和论坛、校园微博、官方公众号等网络平台；54%的回答者认为，校园传统媒介虽然形式齐全，但因距离较远，对学生的影响力日渐式微；79%的回答者表示，校园文化内容与新媒体环境、校园文化传播方式与新媒体环境存在一定程度上的脱轨，希望校方能整合传统媒介和新媒介，让传统媒体能拥抱新媒体。当被问及"是否希望Vlog作为传播校园文化的新手段"时，93%的回答者持肯定态度。可见，校园文化传播面临着新的形势，需要新载体和新的活动场域。

Vlog将学校与社会连接，将学习与娱乐衔接，将理论与实践结合，可以拓展青年学生学习方式和交往生活方式，是大学生流行文化的载体，是一种高效、实用的校园文化传播方式，拓宽、拓展了整合、创造、传播校园文化的途径。与此同时，Vlog的真实性、互动性、包容性特点又给社会各界了解校园文化提供了新的平台。

目前，Vlog以无可比拟的优势占领"95后"受众市场。针对Vlog传播校园文化遇到的新情况、新问题，我们不仅需要强化主流价值传播，更需要不断运用新的传播手段，如利用Vlog创新校园文化传播理念，更好地转变教育观念、更新德育模式、优化内容结构，丰富大学生的文化生活，提高校园文化传播的实效性。

三、运用Vlog作为大学校园文化传播新手段的途径

前文从必要性和重要性的角度，分析了将Vlog作为大学校园文化传播新手段的原因，那Vlog如何才能更好地传播大学校园文化呢？下文将借鉴传播学奠基人之———拉斯韦尔的"5W"传播模式：谁（Who）、对谁说（To whom）、通过什么媒体（In which channel）、说了什么（Says what）、取得了什么效果（With what effect）进行探析。

（一）从媒介角度：拿趣味做根底，进行Vlog新媒体建设，校方从宏观上整合传统媒体与新兴媒体，以全媒体融合的形式促进校园文化传播

中国近代著名思想家、教育家梁启超曾说过，人生应拿趣味做根底，趣味是生活的原动力。当代知名媒体人罗振宇提出国民总时间（GDT——Gross

Domestic Time)的概念。国民总时间,指的是国民时间已经接近饱和,每个人的时间将会越来越宝贵,时间是绝对刚性约束的资源,时间会成为商业的终极战场,谁能更多地占有用户的时间,谁就能获得更大的价值。结合梁启超和罗振宇的阐述可见,在有限的时间内,基于趣味而追求进步的人生才是有价值的;而一个在有限时间内最大程度激发、传播兴趣、快乐的平台是最符合当今社会需求的。Vlog 可以被做成快消品,更可以被做成艺术品。无疑,以校园文化潜在的文化属性为引导,需继续以趣味为根底制作与传播 Vlog,把控 UGC 内容,让积极向上、有正能量支撑的校园文化成为学生创作的内容主线,让更多有专业性、创作力的年轻人基于兴趣来传播校园文化、组织文化、精神文化。

Vlog 作为大学校园文化传播新手段,还需学校在宏观层面,联合高校党委、团委、宣传部门、安全工作和网络技术等部门,进入年轻人的话语体系,坚持正确的价值导向,推进先进文化进校园:整合传统媒体与新兴媒体,加强对新媒体中无政府主义、个人主义、拜金主义等不良思想的遏制。学校还应统筹规划,以学生为中心,以校园文化为内容,创新宣传机制,摆脱与学生脱节、形式主义严重、为宣传而宣传的校园传播形式,完善宣传信息审查发布规定,以全媒体融合促进校园文化传播,保证高校校园文化宣传工作的有效运行。我们也有理由相信,高质量、高水平的 Vlog 能够成为未来校园文化推广的主要媒介。

(二)从传播者、受众角度:规避低层次快感,Vlog 的传播应加强 PGC 内容引导,增强大学生的媒介素养,促进高质量 UGC 内容的创造与传播

虽然家长、校方工作人员、社会公众都是校园文化传播的主体和受体,但因为大学校园文化建设的核心出发点是为了增强大学生的文化道德素质、发挥学生的主动性和创造性,所以他们既是 Vlog 制作的主体,也是传播的主体和接受的主体,因此本文就将传播者和受传者合二为一进行分析。

参考"快感中心"①的实验经验,为了获取短期快感,许多自制力不强的学生或者会浪费大量时间、精力用于一些低级娱乐,变成"屏奴"(即电

---

① 有一个叫"快感中心"的实验。将小白鼠放在杠杆的中间,左侧是食物,右侧是开关,可通过按压开关获得电击带来的快感;获得快感就得不到食物,得到食物就无法获得快感。最后,小白鼠反复按压开关来刺激自己的快感中心,废寝忘食,直到耗尽生命的最后一点能量。

子屏幕依赖症患者)。[2]根据2017新华网公布的数据统计,超过半数的中国"95后"最向往的新兴职业是主播、网红,"读书不如整容,高考不如网红"这类口号甚嚣尘上。对待这部分学生,应该发挥校园文化潜移默化的隐性作用,使学生自觉规避低层次快感,尽量避免受到UGC模式下的三俗文化垃圾的消极影响。

若要落实对Vlog传播的积极引导,增强大学生的媒介素养,可开展一些有意义的讲座,传播人文素养教育理念,邀请在业界或学界有一定影响力的人士,从专业角度进行PGC（Professional Generated Content,专业生产内容）引导。"95后"正处于成长时期,思想活跃,有强烈的成功欲望,通过PGC团队的讲解,在这种专业、优秀的记录形态的氛围感染下,使学生在创作、传播实践中自觉使用新闻学、传播学、思想道德修养、法律及社会学等各领域专业知识作为Vlog的理论依据。高质量UGC内容的创造与传播能够提升校园文化品质,而高质量校园文化作为一种校园正能量,会引领学生自发自觉地向健康、积极的方向迈进,摒弃、抵制虚假、不健康文化信息的侵入与腐蚀,从而提升自身的信息道德水平。

（三）从内容角度：制作贴近学生、贴近校园、贴近文化的文明Vlog,生成惯性文化行为

我国著名教育学家陶行知先生提出了"生活即教育"的生活教育理论。他认为,真正的教育应渗透生活,这样才能迸发出力量。而Vlog里的内容,就是要贴近学生、贴近校园、贴近文化,可通过举办一些有意义的校园文化类节目,引进Vlog记录并进行内容比拼。如开展"行为文明"活动,记录校园文化的点滴；开展"科技文明"活动,记录研发中的攻坚克难与荣耀时光；开展"成长文明"活动,记录大学生活开始到结束的个人成长经历等；开展"社团或班级文明"活动,记录社团或班级活动等,通过班级或社团的传媒KOL（意见领袖）把关,发挥学生在先进文化建设中的主体作用,让主题鲜明、具创新力的Vlog成为校内一种重要的文化传播类型。[3]

美国社会学家德弗勒曾提出过"文化行为模式"的概念。他认为："大众媒介通过有选择地报道及突出某种主题,在受众中建立起相关的印象。被强调的内容所体现的文化行为模式往往具有引导性,这样媒介就间接地影响了人们的行动。"[4]大众媒介的影响是日积月累、缓慢地渗透进受众思想中去的,通过上述的Vlog文化养成,就能生成一种有益的惯性文化行为。

（四）从效果角度：优秀的 Vlog 以文化人、以德育人，基于个人经验与媒体经验的一致，形成稳定的文化模式

按照传播学传播级的观点，信息经过的层级越多，信息的可信赖度就越低。而 Vlog 视频能最大限度地拉近信息主体与信息受众之间的距离，突破时空界限，实现信息传播的实时高效。优秀的 Vlog 传播参与校园文化的建设，起到"濡化"（Enculturation）和"社会化"（Socialization）的功能。Vlog 的真实记录能给生活、学习于其中的师生以启迪，具有以文化人、以德育人的效果。

加拿大传播学大师马歇尔·麦克卢汉（Marshall McLuhan）在20世纪就曾说过："以你为对象的媒介，没有把你包含进去，它就是没有意义的。"[5] Vlog 作为 UGC 模式下的短视频形式，区别于"三俗"内容，能使有品位有追求的高校学生参与其中，可生成优质内容，经过传播又可以构建优质的校园文化。

笔者通过开展深度访谈发现，无论是家长还是校方，无论老师还是学生，都认同用文化推动新文化这一教育理念。有位接受访谈的退休老教授说，真正的好的大学教育应该让教师变得"多余"。Vlog "原生土壤"相对优质，所以，校方、教师、家长应该信任富有个性的"95后"能在 Vlog 的传播中传达积极、正向的个人经验，当这种个人经验与媒体经验一致时，培养效果会如同空谷回音一样显著扩大，这样就能逐渐形成稳定的文化模式。这一模式具有很大的向心力与凝聚力，从而有力地推动文化成员共同打造绿色传播平台。当独立、积极、有正确思想的"95后"创造出优秀的 Vlog 时，这些 Vlog 又会吸引更多人聚集在一起，从而有利于校园文化深层次的文化传播。

参考文献：

[1] 抖音10亿进驻 Vlog，品牌营销原来还可以这么玩 [EB/OL]. (2021-05-31) [2021-06-29]. http://m.sohu.com/a/317911877_213296.

[2] 余秋菊. 基于"屏奴"现象的高职院校校园文化建设探索 [J]. 新课程研究，2019（8）：130-131, 134.

[3] 卓娜. Vlog 视域下受众的自我呈现与他者认同 [J]. 传媒，2019（13）：94-96.

[4] 德弗勒，鲍尔-洛基奇. 大众传播学诸论 [M]. 杜力平，译. 北京：新华出版社，1990.

[5] 麦克卢汉. 理解媒介 [M]. 何道宽，译. 南京：译林出版社，2011.

教学改革

大学生人文素质的全面培养与大学语文教学略议

——以公务员考试公共科目为材料

严孚良[①]

摘要： 国家要求全面提升大学生的人文素质，公务员招录考试选拔的也是高人文素质人才，但现实中的教育却往往片面培养：教材缺少自然科学知识，培养目标缺少能力培养，教师缺乏全面培养意识。结果，学习过大学语文或其他人文素质课程的大学生，为了参加公务员招录考试，不得不参加社会上的培训进行"补课"。有些培训机构在互联网推出的参考答案存在谬误，但网上却未见受培训者质疑，未见培训机构予以纠正，也未见高校教师予以关注，这些都与高校相关课程教学失效有关。其实，大学语文的教学内容可成为全面培养大学生人文素质的主要载体，大学语文中的某些作品，可广泛联系人文社科和自然科学知识，并与申论给定材料的主要问题或主旨相对应。

关键词： 人文素质；全面培养；大学语文；考试测查

何谓人文素质？时下各种定义莫衷一是，不同的辞书、论文各有表述；书名冠以"大学生人文素质"的培养、教育类的教科书，对之也各有界定，并以此成为其章节安排的依据。从辩证唯物主义的发展观来看，"人文素质"概念的内涵和外延，必然随着时代的发展而变化，因此，对"人文素质"内涵的界定和外延的划分也应该结合社会发展的实际来进行重新定义。

一、大学生人文素质教育的要求与现实存在的问题

国家要求大学生应具备较高的人文素质，各高校应全面实施素质教育，

[①] 严孚良，男，广东培正学院人文学院教师，文学博士，中国法学会会员，广东省作协公安分会会员，广州市公安局警保部顾问。研究方向：传统文化、中国古代文学、警务理论等。

但现实中却存在片面培养的现象。

（一）教育部对"人文素质教育"的要求

教育部高教司 1998 年发布的《关于加强大学生文化素质教育的若干意见》（以下简称《意见》）指出："大学生的基本素质包括思想道德素质、文化素质、专业素质和身体心理素质，其中文化素质是基础。""重点指人文素质教育。主要是通过对大学生加强文学、历史、哲学、艺术等人文社会科学方面的教育，同时对文科学生加强自然科学方面的教育。"[1]

尽管《意见》对于"人文素质"这个概念没有明确定义，但其描述的"人文素质教育"含义明确，指的是文理兼具的全面培养："对文科生加强自然科学方面的教育……对理、工、农、医科学生重点开设文学、历史、哲学、艺术等人文社会科学课程。"对大学生进行人文素质的全面培养，既符合学科和教育规律，也顺应社会发展的时代要求。从学科规律看，人文、社科和理科这三个概念，"人文"侧重"处世"，"人文素养"可谓立身处世之道，因而成为大学生基本素养的基础；"社科"侧重"治世"，研究"治理社会"之策；"理科"研究"自然规律"，寻求利用自然和改造自然之术。在客观实际中，该三者并非孤立，而是互相联系。从社会发展看，现代版概念外延的"人文素质"已包括有关理科基本知识，当今社会的方方面面，都烙下了人文社科与自然科学紧密结合的印记。

（二）大学生人文素质教育存在的三大欠缺

然而，在高校教学实践中，却存在片面培养大学生人文素质的现象，其主要表现为三大欠缺。

1. 教科书缺少自然科学知识

目前，被冠以"人文素质""培养""修养"或"教育"字样的教科书，绝大多数不包括自然科学基础知识。比如，只包括"四书五经"、古今散文诗歌、古代史、教育（仅限于陶行知）等方面的文选，以及应用文写作知识[2]；或设数章，分别介绍中西方的文、史、哲、艺若干代表作，"艺"仅介绍音乐和戏剧[3]；或包括历史、文学艺术、哲学和综合素养四大板块，但其"综合素养"中则无自然科学知识[4]；或介绍了一些自然科学知识，但不够全面，或仅限于中国古代的科技[5]。总之，这类教科书缺少系统的自然科学发展史、科技发展与社会革命、现代科技与改革发展等内容，而这类内容是与人文社科紧密关联的。

不少高校将"大学语文"作为人文素质教育课程,但从《大学语文》的书名看,它的章节很难安排系统的自然科学知识。当然,教师完全可在授课过程中联系有关自然科学知识。然而,长期以来,在相当一部分人的观念中,"人文素质"等同于"文科"或"人文社科",而未将必要的"理科"自然科学基础知识结合进去。人文素质教育的教科书缺少自然科学知识的原因以及教师使用这种教材时不联系自然科学知识,都与这种观念有关。

2. 教学目标缺少能力培养

"素质"这个概念内涵丰富,是知识与能力的综合体,从社会实践对人的素质要求来看,它最终应以"能力"的形式显现出来。所谓"人文素质",是一种将各种知识内化而成的能力。一个人满腹经纶,面对实际问题却束手无策,可谓素质差矣。

然而,长期以来,我国教育界没有很好地确立能力培养的教学目标,特别是传统的中小学教育以应试教育为主,以分数和录取率作为衡量学校和教师业绩的主要标准。高校虽然不像中小学那样重分数,但传统教学那种重传授"知识"、轻培养"能力"的惯性至今犹存。有鉴于此,我国新时期的重大教育改革,重点便是强化素质教育以及能力培养的应用型教育。当前高等教育存在的重大问题,仍然是能力培养问题。

3. 教师缺乏全面培养人文素质的意识

按理说,只要教师确立全面培养大学生人文素质的意识,教材内容缺乏自然科学知识、教学目标缺乏能力培养等问题,都可通过教师的能动性在一定程度上被解决。

首先,从教学内容看,教师完全可以补充教材的不足,因为大学教学不像中小学那般依赖教材。但是,在现实教学中,有的教师对教材的缺失补充不多,有的反而在教材的基础上压缩或走偏,尤其是大学语文课,往往忽视"语言",形同"文学"课。

其次,从教学目标的实现看,教师的主观能动性起关键作用。教学目标是原则性的,在实施过程中,需要针对社会发展的现实需要对其进行调整,特别是在能力的培养方面,教师应当充分发挥主观能动性,动态地把握职场就业的导向。尤其是从事大学语文教学和其他人文素质教育的教师,应高度关注公务员招录考试(简称"公考")对报考者应具备的全面人文素质的测查要求。

二、"公考"对大学生人文素质全面培养的客观要求

"公考"于1993年应运而生。现行的"公考"科目分为两部分：一是公共科目，主要测查考生全面的人文素质，考"行政职业能力测验"（简称"行测"）和"申论"两门；二是专业科目，主要测查考生的专业素质。"公考"选拔的人才，是对社会各行各业进行管理的公务员，人才选拔标准在各行各业具有一定的适用性，企事业单位往往也采取类似"公考"的形式选聘人才。因此，"公考"对人才的选拔标准，集中反映了全社会对大学生人文素质全面培养的客观要求。

（一）新的人事制度

1. 人才选拔的新途径

早在1980年，邓小平同志便提出要改革我国不合时宜的干部制度和人事制度，包括干部人事制度要实行招考制度。1987年，党的十三大将我国的干部人事制度改革的重点确定为建立国家公务员制度。1989年1月9日，人事部、中共中央组织部发布的《人事部 中共中央组织部关于国家行政机关补充工作人员实行考试办法的通知》（人录发〔1989〕1号）要求："根据党中央、国务院的指示精神，从一九八九年起，国家行政机关补充工作人员，要贯彻公开、平等、竞争的原则，通过考试考核，择优录取，把好'进口'关，为今后全面推行国家公务员考试录用制度创造条件。"该通知第一条要求："县及县以上各级行政机关补充工作人员必须先在行政机关内部调整，确实解决不了的，再通过考试进行补充。"[6] 1989年，人事部在国家机关6个部门和深圳、哈尔滨两市，试点通过考试补充行政机关工作人员的制度。1992年，党的十四大提出了尽快推行国家公务员制度的要求。1993年4月，国务院颁布《国家公务员暂行条例》推行公务员制度后，人事部于同年6月颁布《国家公务员录用暂行规定》，从而在法规规章层面，正式确立了"公考"制度。1994年8月，人事部组织了中央国家机关的"公考"（简称"国考"）；其后，各省和直辖市的"公考"（简称"省考"）和某些地级市的"公考"（简称"市考"）相继推出。

2. 实践中的不断探索

起初，"国考"和"省考"的公共科目，大多定为三门，即行测、公共科目和写作（或名为"作文""公文写作"）。其中的写作对人文素质要求的

深度远不及后来的申论,该三门测查人文素质的广度都不及如今的行测一门。

此后,系列改革开始了:1997年年底,公共科目改为综合知识;2000年再改为公共基础知识;2000年首次增加申论,同时取消写作;2002年取消公共基础知识,保留行测。至此,"国考"的公共科目定型为行测和申论,这两门分别偏向从人文素质的广度和深度进行测查,沿用至今。

"国考"公共科目的定型,为"省考""市考"提供了标杆。目前,不少职位只考行测和申论这两门公共科目,不考专业科目,可见重在测查人文素养的公共科目的重要地位。当然,不少职位还要求测查专业素质,即在两门公共科目的基础上,再考一门与职位相应的专业科目。

(二) 行测对人文素质的要求

"公考"公告附有考试大纲。从2020年"国考"公共科目的考试大纲可见,行测测查的是报考者对人文社科和自然科学知识的分析判断能力。[7]

1. 命题范围涵盖的知识面宽广

行测命题范围相当宽泛,题型包括常识判断、言语理解与表达、数量关系、判断推理和资料分析等五大部分,内容囊括了宽泛的人文社科和自然科学知识,并重在测查考生的分析判断能力。以常识判断为例,2020年"国考"考试大纲列明,该部分的试题"主要测查报考者在政治、经济、文化、科技等方面应知应会的基本知识以及运用这些知识进行分析判断的基本能力"[7]。由此可见,行测测查的范围既包括人文社科知识,也包括自然科学知识;既测查知识面的广度,也测查运用知识进行分析判断的能力。

2. 重在测查对实际问题的分析判断能力

能力有多种,传统教育也培养能力,它偏重于培养对知识的理解、判断、推理和实验的能力,其"能力"往往黏附于知识,或促推知识体系的完善和发展。相比较而言,行测则重在测查报考者从知识"转化"而来的能力,即解决现实生活实际问题的能力。这种能力,从2020年"国考"行测考试大纲关于常识判断题的举例可见一斑。其举例的题干是这样的:某城市空气检测结果显示质量较差,问题主要体现在PM10、PM2.5和有害气体三个方面,其中PM10颗粒浓度严重超标,PM2.5颗粒浓度及有害气体浓度虽然有害,但还在正常范围内。题目要求考生回答哪些措施能影响最小而又最有效地改善空气质量。该题给出选项有四:①整改郊区水泥厂,②整改郊区造纸厂,③市区车辆限号行驶,④改善郊区植被环境。该四项中除了造纸厂对土地和水源污染较高而较少产生污染空气外，其他选项的做法都能改善空气质量，但市区车辆限号行驶对民生影响较大。题目给出四种方案供考生选择：A. ①②；B. ①④；C. ③④；D. ②③。对此，将凡是有②的选项排除后，再在B、C中选择，排除对民生影响较大的③，B便是正确答案。该题先后两次运用排除法，都是对实际问题分析判断的体现。

（三）申论对人文素质的要求

申论不像行测那样要求测查报考者知识面的广度，但在测查报考者能力方面，较行测更有深度。

1. **申论测查的五种能力**

"国考"和各省市"公考"的考试大纲都明确申论主要测查报考者五方面的能力：阅读理解、综合分析、贯彻执行、提出和解决问题、文字表达。这些能力需要人文知识的积累并从所学知识"转化"而来。当然，不同地区、不同类别的"公考"对五方面的能力要求或有少许区别。"国考"A卷（省级以上卷）、广东"省考"（包括乡镇卷）、广州"市考"、深圳"市考"均要求"综合分析能力"，不要求"贯彻执行能力"。而"国考"B卷（地市卷）和全国联考则要求"贯彻执行能力"，但不要求"综合分析能力"。如何理解这种要求的差异呢？从它们的试卷内容实际情况看，其中的"综合分析能力"和"贯彻执行能力"都是相对的。

首先，适用于省级以上岗位的"国考"A卷，与适用于地市级的"国考"B卷比较，前者重在测查宏观规划方面的"综合分析能力"；而适用于地市级的"国考"B卷，则重在测查务实性强的"贯彻执行能力"。但广东等地的"省考"（包括乡镇卷）和各地级"市考"所要求的"综合分析能力"实际上是针对务实性"执行能力"的"综合分析"，特别是乡镇级的申论试题，基本上是解决实际问题的对策题。

其次，"国考"B卷测查的"贯彻执行能力"，在其考试大纲中被表述为："要求能够准确理解工作目标和组织意图，遵循依法行政的原则，根据客观实际情况，及时有效地完成任务。"这其中有"理解"，也有"具体执行"，尤其是"理解"，要求考生有良好的人文知识基础。

2. **申论重在测查处理具体现实问题的能力**

申论测查的如上五种能力，重在测查对现实中具体社会问题的处理解决能力，主要体现在对具体问题的正确认识和提出切实可行而妥善的解决方案。比如，2008年"国考"市（地）以下申论第三题之2作答题为："给定资料6引述了某学报C主编提出的意见,请你站在水电规划部门的立场,对C主编的意见作出答复。"在资料6之中,政协委员、环保人士、环保专家、学报C主编对于在怒江上建水电站,都持反对意见。考生对C主编的意见进行作答,需要具备多方面的文理知识,特别是需要具有处理人际关系的能力,以及解决建不建水电站这种实际问题的能力。笔者认为,对C主编的意见的作答态度,最少可以有如下几种。

一是完全否定。不接受C主编等人的反对意见,水电站开建。二是完全肯定。接受C主编和政协委员等人的意见,水电站不建了。三是鼓励建言献策。即首先肯定C主编热情建言献策的精神,再说明水利规划部门建水电站的决定及简要理由,然后告诉C主编,水利规划部门在规划时,将尽量消除C主编等提出的建水电站的弊端,最后请C主编继续建言献策。

以上三种态度,第一种不能虚心听取反对意见,官僚主义作风严重,在现实中不乏其例;第二种不能坚持真理,可谓行政不作为,在现实中也屡见不鲜;第三种处理方式最佳。

回函C主编,考察的是考生是否具备全面的人文素质,这牵涉到方方面面,特别是基于心理学的工作方法。第一,要判断C主编等人的反对意见是属于"有失偏颇",还是善意的忧患意识;第二,要判断C主编所指建电站的弊端,是否有可能发生,或在多大程度上有可能发生;第三,工作方法的兼听则明和如何对待反对意见;第四,如何对待C主编这类专家以及其他民众的参政议政;第五,根据公文的主旨和发文目的,回函给C主编是欢迎其继续建言献策,还是对其提出的意见进行否定与批驳。

三、对大学生人文素质片面培养的恶果

"公考"要求报考者必须具有大专以上学历。按照教育部发布的《意见》的要求,学生在大学学习期间,理应受到全面的人文素质教育,即"对文科学生加强自然科学方面的教育……对理、工、农、医科学生重点开设文学、历史、哲学、艺术等人文社会科学课程"。[8]但是,现实中的情形并非如此,而且令人震惊。

(一)大学毕业生去社会上"补课"

当前,在全国范围内,无数应届、历届大学本专科毕业生,甚至研究生和留学生,为了"公考"金榜题名,不惜重金参加社会上的"公考"培训,

以致目前社会上的该类培训活动十分红火。其实，"公考"的内容，基本上可在大学语文教材，甚至中小学语文课本中找到对应点。在校学习过大学语文或相关人文知识课程的大学生，还要去社会上的"公考"培训机构"补课"，这是对高校人文素质教育极大的讽刺，尤其值得教授大学语文的教师去反思。

高校从事大学语文和其他人文素质课程教学的教师，如果关注"公考"这根"指挥棒"，则可将其教学内容与"公考"测查的内容联系起来。以大学语文为例，"公考"测查的各方面内容，都可直接或间接地与大学语文中的教学内容联系起来。即使是行测中的自然科学知识，比如数学题，往往也不是纯粹的数学运算，而是形式逻辑性质的"脑筋急转弯"，因为这种考试要求不到1分钟做1道题，有的仅要求判断单复数。而形式逻辑课程中的知识，有一部分包含在中小学语文课本和某些大学语文教材之中。也就是说，大学语文教材不仅可融入形式逻辑知识，还可融入相当多的自然科学知识，因为大学语文中的文学作品是反映整体性的社会生活的，人文社科和自然科学都可以与相应的文学作品联系起来。

当然，"公考"要求的全面的人文素质及其所测查的自然科学知识并未达到自然科学课程那种深度，只要点到为止即可，学生可据考试大纲进行拓展学习。总之，如果说个别大学毕业生参加"公考"培训"补课"还有情可原，那么，社会上的"公考"培训越是红火，越能说明高校大学语文和其他人文素质课程的缺位。

再说，社会上的"公考"培训做得并非特别优秀，其推出的参考答案往往存在不同程度的错误。比如，某"公考"培训机构对于上文提及的2008年"国考"申论第三题之2作答题给出的参考答案便认为，对C主编的意见的答复应当"批驳为主，部分肯定"，其理由是"C主编提出的意见大部分内容还是有失偏颇的"。[9]笔者认为，仅从书本教条主义看，对C主编的观点予以批驳似乎挺"实事求是"，但是，如果从书本教条主义走出来，强调社会实践性，即解决现实中的实际问题，那么，我们不难发现，批驳C主编完全可能挫伤他建言献策的积极性，并对民众参政议政和监督政府行政的积极性产生不良影响。

（二）对存在语文知识常识性错误的答案熟视无睹

任何事物都有不足，"公考"培训班也不例外，但其提供的参考答案存在基本常识上的错误，则令人震惊。比如，一些培训机构在互联网上公布的申论真题参考答案，居然存在标点符号不规范等明显错误。[10]又如，2012年广东省公务员考试（县级以上）申论试卷第1题，要求从全部"给定材料"中"概括归纳物流企业的成本构成"。对此，某著名培训机构在互联网上给出的参考答案居然将物流企业"销售环节农副产品进入批发市场的进门费、停车费、出门费等"概括归纳为"销售成本"。[11]这显然是错误的！正确的说法应当是"市场管理费"。试想，如果将运输企业在进出批发市场（客户的货物进入销售环节）所支付的进门、出门和停车费，概括为"销售成本"，那么，运输车辆进入医院停车场所支付的费用，难道概括为"医×费"？该培训机构对该试题概括归纳的四种成本，除了"销售成本"一谬之外，还存在其他分类欠合理等问题。这类错误，属于人文素质（语文、逻辑等知识）不扎实。对此，未见培训机构予以纠正，未见受培训者在互联网上质疑，也未见高校教师在互联网上对此有过关注。诸如此类对人文知识基本常识错误的熟视无睹，都可在根源上说明大学语文等人文素质课程教学的不到位。

（三）对解决问题方案的瑕疵答案熟视无睹

如果说，标点符号的错误和对个别概念的概括不当，并不会影响整体上的表意，况且亦非"公考"主要测查的内容。那么，培训机构推出的解决问题方案存在重大谬误，则有违"公考"测查的根本目的，因为"公考"主要测查报考者解决实际问题的能力。

1. 申论真题中的客观答题举例

2019年"公考"全国联考申论江西卷的第1题，答题要求是："根据'给定资料1'，请谈谈M县采取了哪些有效措施推进金融扶贫。不超150字。"

其"给定资料1"有1700多字，按顺序先后叙述了如下内容：第一，材料开头叙述M县创新的无抵押扶贫贷款措施，使经过评级授信的贫困户凭信用就可获得贷款；第二，材料接着叙述了M县的另一做法——县扶贫部门给予三年免息的奖励，这就让贫困户可以大胆使用贷款；第三，叙述县扶贫部门帮助选择产业并安排技术"能人"帮扶贫困户；第四，建立利益链接机制，让贫困户在扶贫经济组织中，通过投入扶贫贷款入股，获得分红；第五，叙述M县消除贷款银行不良贷款的措施，已投入信贷风险补偿初始资金，准备引进农业保险公司；第六，建立监管机制，已成立扶贫开发责任公司对扶贫资金全程监管，准备尝试成立产业扶贫协会承担法人担保责任、设立风险基金。

根据"给定资料1"先后叙述的如上客观内容，笔者认为对该题可如此作答。

其措施主要有五：

一是创新金融扶贫模式。贫困户凭信用等级获得扶贫贷款。

二是让贫困户放心贷款。政府提供三年贴息奖励，帮助选择产业并配"能人"帮扶。

三是确保扶贫贷款收益。通过在扶贫经济组织中入股等形式实现分红。

四是降低放贷风险。政府设立风险补偿初始资金。

五是创新监管模式。成立扶贫开发责任公司，全程监管扶贫贷款。

笔者将给定材料依次叙述的六个方面，概括归纳为如上五条措施，即把材料叙述之"第二""第三"合并为"让贫困户放心贷款"。以上五条措施，未包括"第五""第六"中准备采取和尝试进行的"将来时"措施，因为试卷要求概括的措施是"采取了哪些"措施，不要求概括"将来时"的措施。

2. 分析培训机构有瑕疵的参考答案

对于2019年"公考"全国联考申论江西卷的第1题，笔者概括归纳出如上参考答案，实属大学语文基本功。但是，某些培训机构给出的参考答案，让笔者难以苟同，兹略举例如下。

（1）培训机构互联网发布的参考答案之一：[12]

M县通过创新扶贫小额贷款发放、使用和监管机制来推进金融扶贫，措施有：

一是量身放贷。贫困户经过评级授信即可拿到贷款，还能获得贴息奖励。

二是合理使用。立足特优产业，贫困户将贷款委托给扶贫经济组织，参与生产和分红。

三是全程监管。建立风险补偿初始资金，成立公司，贫困户和企业资金打到指定账户，确保安全。

笔者认为，该参考答案的不足之处在于，一是引言太长，占34个字，而该题限定的总字数才150个字；二是概括欠全面，只有三个方面，不少内容没被概括进去。

（2）培训机构互联网发布的参考答案之二：[13]

一、探索创新扶贫小额信贷，通过村民进行评级授信，无须抵押担保降低利息和提供贴息，减少信贷手续。

二、立足特色产业，和扶贫经济组织建立利益链接机制，建立扶贫项目。

三、建立贫困农户小额信贷风险补偿初始金资金。

四、成立扶贫开发责任公司，统一资金使用，统一招标，全程监管。

五、成立产业扶贫协会，建立行业标准。

该参考答案的不足之处在于，一是缺少引言；二是其"四""五"都把"将来时措施"罗列进去，不合题意；三是"监管模式"等部分内容未被概括进去。

（3）培训机构互联网发布的参考答案之三：[14]

一、创新模式。评级授信，无须抵押，量身定制贷款；降低利率、加快审批。

二、鼓励贷款。结合市场供需和自身情况，利用人才，发展产业。

三、链接利益。实施股份制，通过资金、技术、管理入股。

四、防范风险。建立风险补偿初始资金；引入农业保险公司，公司让利。

五、加强监管。成立开发责任公司、产业扶贫协会，制定标准。

该参考答案的不足之处在于，一是缺少引言；二是其"四""五"都把"将来时措施"罗列进去，不合题意；三是部分内容未被概括进去。

综上可见，培训机构推出如此水平的参考答案，存在大量不当之处，答案推出者和接受培训者在大学期间应当学习过大学语文或相关人文素质的课程，对此却熟视无睹，相关错误也未引起高校教师的关注，由此可见问题的严重性。

四、"公考"测查的人文素质与大学语文教学内容之对应

"公考"培训机构推出不当的参考答案，有一部分责任应由负责大学语文教学的相关教师承担。因为瑕疵答案的推出者和接受培训者，如果在大学学习过大学语文课程，应当掌握了相关的语文知识，对不当的答案却熟视无睹，对此为师者当然值得反思。从另一个角度看，"公考"测查的此类人文素质，无论是广度还是深度，都可与大学语文教材中的某些内容对应起来。换言之，大学语文课程完全可以成为培养大学生全面人文素质的载体，相关教师更应认真负责。

（一）自然科学基础知识与"大学语文"课文之对应

行测测查的自然科学知识，能否与大学语文中的文学作品间接或直接联系起来？回答是肯定的。因为文学是整体性地反映社会生活，因而可多维广泛地联系有关自然科学的基础知识。比如，徐中玉、齐森华主编的《大学语文》收录的《像山那样思考》，作者是被誉为"近代环保之父"的美国作家奥尔多利奥波德。这篇环保主题的随笔，开篇便展示出一种情感澎湃的意境："一声深沉的、骄傲的嗥叫，从一个山崖回响到另一个山崖，荡漾在山谷中，渐渐地消失在漆黑的夜色里。这是一种不驯服的、对抗性的悲鸣，和对世界上一切苦难的蔑视情感的迸发。"[15]如果仅以纯文学角度讲授该作品，将令学生错过其中相当多的人文知识。因为"文学是人学"，文学以"人"为中心，重在刻画人物性格，许多动植物、妖魔鬼怪被塑造成有血有肉的"人物"，该作品的"主人公"是狼，被塑造成一个蔑视"世界上一切苦难"、在艰难困苦的环境中发出"骄傲的嗥叫"的"人物"。

相比较而言，如果结合"公考"对全面人文素质的测查要求，就可在《像山那样思考》中融入丰富的自然科学知识。该教材将其归入"亲和自然"这个单元，并在"作品评析"中提示人与自然和谐相处的重要性，可见编者的良苦用心。[16]该篇作品的讲授，完全可从环保入手，广泛联系国内外的政治、经济、文化、科技等人文社科和自然科学知识。

大学语文的"语文"二字，包含语言和文学两部分。其中的"语言"外延甚广，包括语法、逻辑、标点符号和语言表达方式等，是人文素质的主要内容，也是"公考"考试大纲明确规定的测查内容。许多大学语文教材正是如此安排章节，有的教材还加上了应用文等内容。

（二）解决社会具体问题的能力与大学语文课文之对应

人文素质的核心，是对具体现实问题的分析和解决能力。申论重点测查的便是该方面的能力，其所要求解决的问题，即申论给定资料中的主要问题或主旨。从"国考"和广东"省考"近20年来申论给定的资料来看，其反映的主要问题或主旨，完全可在大学语文教材中找到对应点。

比如，在徐中玉、齐森华主编的《大学语文》和夏中义主编的《大学新语文》[17]两部教材中，就有不少"单元（章）"中的某作品，分别可与某一年申论给定资料的主要问题或主旨对应起来。笔者且将徐中玉、齐森华主编的《大学语文》的第一单元"仁者爱人"、第二单元"和而不同"、第三单元"以史为鉴"、第五单元"故园深情"、第八单元"亲和自然"、第九单元"关爱生命"和第十二单元"诗意人生"依次分别编号为1—7;将夏中义主编的《大学新语文》的第一章"大学之魂"、第六章"寻找良知"、第八章"乡愁与家园"、第十五章"诗意地栖居"和第十六章"回归大自然"依次编号8—12。2000年以来,"国考"和广东"省考"的申论给定资料的主要问题或主旨,与该两部教材的"单元(章)"的对应情况如表1、表2所示。

表1 "国考"申论主要问题或主旨与《大学语文》《大学新语文》
教材单元(章)的对应情况

年份	申论给定资料	《大学语文》《大学新语文》教材单元(章)编号
2000	噪声污染而导致纠纷	2
2001	PPA在全球引起的风波	1、3
2002	网络安全与网络建设	3
2003	安全生产和重大事故	1、3
2004	汽车工业与城市交通拥堵	1、3
2005	农村扶贫开发	3
2006	公共突发性事件与应急机制	3
2007AB	土地资源可持续发展	4、10
2008	人与自然和谐相处	5、12
2009	改革开放30年成就和问题	3
2010A	海洋保护与开发	5、12
2010B	海洋健康问题	5、12
2011A	黄河历史、精神与治理、开发	5、12
2011B	农村教育与农村文化	4、10
2012A	社会主义道德建设	9
2012B	安全文化教育	3
2013A	文化遗产的保护	4
2013B	文化的继承与弘扬	4
2014A	社会管理	3
2014B	社会管理	3

续表1

年份	申论给定资料	《大学语文》《大学新语文》教材单元（章）编号
2015A	科技生命化	1
2015B	科技与人文	1
2016A	文明素养、道德	9
2016B	好政策的意义	1、3
2017A	水域城市生态及其启示	5、12
2017B	水域城市生态建设	5、12
2018A	创新发展	3
2018B	城乡协调发展	3
2019A	城市文明与乡村文明	4、10
2019B	城市建设与乡村文明	4、10
2020A	乡镇建设与人才培养	4、10、8
2020B	乡村治理	4、10

表2 广东"省考"申论主要问题或主旨与《大学语文》《大学新语文》教材单元（章）的对应情况

年份		申论给定资料	《大学语文》《大学新语文》教材单元（章）编号
2003	上	高考作弊	8
2004	上	传销	3
	下	助学贷款	3
2005	上	食品安全	3
	下	车辆超限超载	3
2006		手机垃圾短信	3
2007		农村文化建设	4、10
2008		社会救助	1
2009		地铁建设中的地陷问题	3
2010		外来务工人员权益保护	3
2011		职业病合法权益保障	6

续表2

年份	申论给定资料	《大学语文》《大学新语文》教材单元（章）编号
2012	政府职能与市场管理	3
2013	社会管理模式创新	3
2014A	绿色发展	5、12
2014B	农村经济发展	4、10
2015A	讲规矩	9
2015B	农村基层治理	4、10
2016A	创新能力与创新发展	3
2016B	精准扶贫工作	4、10
2017A	共享经济	3
2017B	乡镇经济发展	4、10
2018A	技工教育与人才资源	8
2018B	乡村建设与生态环保	5、10、12
2019A	城乡政府优化营商环境	3
2019B	乡镇建设	4、10

说明：表1中的A、B，分别为副省级以上卷和地级卷；表2中的A、B，分别为县级卷和乡镇卷。

以上仅将两部大学语文教材的部分作品与近20年来"国考"和广东"省考"申论给定资料所反映的问题或主旨进行对应。其实，大学语文教材相当多，其收录的作品不一，由此看来，申论给定材料反映的问题或主旨，就可与更多的作品对应起来。综而观之，未在本文列入的许多作品，特别是一些文学作品中的人物、事件和作者简介等，都可与行测和申论测查的人文素养的全面培养紧密结合起来。由此亦可见，大学语文完全可以从多方面对大学生的人文素质进行全面培养。

参考文献：

[1][8] 教育部网. 关于加强大学生文化素质教育的若干意见[EB/OL]. (2011-01-29)[2021-07-16]. http://www.moe.gov.cn/s78/A08/moe_734/201001/t20100129_2982.html.

[2] 王学礼. 大学生人文素质教育读本[M]. 北京：清华大学出版社，2010.

[3] 孙杰远. 研究生人文素质教育读本［M］. 北京：教育科学出版社，2016.

[4] 王文俊. 大学生人文素质教育教程［M］. 北京：中国人民大学出版社，2010.

[5] 张吉良，刘明敏. 人文素质教育教程［M］. 济南：山东人民出版社，2013.

[6] 法律图书馆网. 关于国家行政机关补充工作人员实行考试办法的通知［EB/OL］.（1989 - 01 - 09）［2021 - 07 - 16］. http://www.law - lib.com/law/law_view.asp?id = 5470.

[7] 国家公务员考试网. 中央机关及其直属机构 2020 年度考试录用公务员公共科目笔试考试大纲［EB/OL］.（2019 - 10 - 15）［2021 - 07 - 16］. http://www.chinagwy.org/html/kszc/gj/201910/42_321453.html.

[9] 易网. 2008 年国家公务员考试申论参考答案［EB/OL］.（2012 - 10 - 30）［2021 - 07 - 16］. https://edu.163.com/12/1030/13/8F2NSJIA00294JFM.html.

[10] 华图教育网. 2008 年国家公务员考试申论真题及答案范文［EB/OL］.（2008 - 05 - 13）［2021 - 07 - 16］. http://www.huatu.com/a/ziliao/gwy/bszt/2008/0513/14146_6.html.

[11] 国家公务员考试网. 2012 年广东公务员申论参考答案及解析［EB/OL］.（2012 - 05 - 28）［2021 - 07 - 16］. http://www.chinagwy.org/html/xwsz/zyxw/201205/21_39154.html.

[12] 中公教育网. 2019 江西公务员考试申论试题（县以上）参考答案［EB/OL］.（2012 - 01 - 20）［2021 - 07 - 16］. http://www.offcn.com/jxgwy/2020/0120/18901.html.

[13] 华图教育网. 2019 年江西公务员申论（县级）笔试真题答案及解析［EB/OL］.（2019 - 04 - 21）［2021 - 07 - 16］. http://www.huatu.com/2019/0421/1720766_4.html.

[14] 留学网. 2019 江西公务员考试申论试题及答案（县级卷）［EB/OL］.（2019 - 04 - 27）［2021 - 07 - 16］. https://www.liuxue86.com/a/3897559.html.

[15］[16] 徐中玉，齐森华. 大学语文（第十版）［M］. 上海：华东师范大学出版社，2013.

[17] 夏中义. 大学新语文［M］. 北京：北京大学出版社，2005.

智能化时代本科会计教育供给侧改革研究

谭洪益[①]

摘要：本文主要分析智能化时代对会计人才需求的改变以及其中对本科会计教育的挑战。研究表明，在需求侧方面，会计人员结构正在调整，会计工作界限不断延伸，对会计能力的要求不断提高；而在供给侧方面，目前会计教育主要存在教学模式落后、课程体系不合理、课堂教学面临挑战和师资力量有待提高等问题。因此，我国会计人才需求和会计教育之间主要存在供需错配的问题，高校应当积极转变会计教育理念，加强本科会计教育供给侧改革，转变人才培养目标，改革传统教学模式，重构会计课程体系，加强师资队伍建设，从而促进本科会计教育的内涵发展。

关键词：智能化时代；会计教育；供给侧改革

一、引言

随着信息技术和人工智能的发展，大数据、人工智能、移动互联网、云计算和实体经济深度融合，以"大智移云"为特征的智能化经济快速发展。目前，互联网和人工智能等新技术已经对会计教育和会计职业发起了挑战和冲击。2016年，德勤事务所推出了财务机器人，毕马威事务所利用IBM Watson技术提高了数据分析能力。2018年，中兴通讯建立了全球财务共享服务中心。英国广播公司曾经报道，未来20年财务人员被机器人替代的可能性高达96%。由此可见，随着信息技术的迅速发展，会计职业和会计人员面临严峻的冲击和挑战。与此同时，目前我国会计人才的供需出现了结构性失衡。根据2018年6月雪球YCY会计行业观察提供的数据，我国初级会计人才需求中，58.01%的人员属于严重供过于求，34.1%的人员属于比较供

[①] 谭洪益，男，广东培正学院管理学院副教授。研究方向：财务管理、资本市场、会计教育。

过于求，两者合计占比92.11%；而高级会计人才需求中，40.8%的人员属于严重供不应求，38.4%的人员属于比较供不应求，两者合计占比79.2%。一方面，处于供给侧的会计专业的学生找不到工作；另一方面，处于需求侧的企业招不到合适的会计人才。现实表明，会计行业和会计人员急需进行转型，以适应快速变化的外部环境。会计行业的变革取决于会计教育的改革。传统的本科会计教育模式已经不适应智能化时代的需求。

由于智能化时代已经来临，学界对智能化时代下本科会计教育改革已有了一定研究。秦荣生（2015）概括了"互联网+"时代会计行业未来的发展趋势，提出了"互联网+会计教育"的新形式。[1]高一斌（2015）认为，互联网将引起会计教育行业的深刻变化。[2]张红琴（2015）指出，会计教育在"互联网+"时代下机遇与挑战并存。[3]刘国城等（2017）分析了目前本科高校会计教育在互联网的冲击下存在的现实困境，并结合"互联网+"的新趋势提出了会计教育的变革路径。[4]苑泽明等（2018）研究指出，我国现阶段会计人才需求和会计人才培养之间存在"供需错配"，并从人才培养目标、师资队伍、教学模式、考核机制等四个方面提出了会计高等教育改革路径。[5]况玉书、刘永泽（2019）分析了人工智能时代对会计职业和高等会计教育的影响，并提出了我国会计教育的变革措施。[6]张多蕾等（2019）总结了我国会计教育改革的成就，分析了目前我国会计教育存在的挑战，并提出了我国会计教育改革的对策。[7]周守亮、唐大鹏（2019）总结了智能化时代会计教育面临的挑战，并提出了转型与发展的具体路径。[8]

从目前的研究文献来看，智能化时代已经对会计行业和会计教育产生了重大影响，但目前本科会计教育与智能化发展趋势的融合还不够广泛和深入，急需将智能化时代下的"大智移云"技术融入会计教育中，形成本科会计教育的新形态，培养适应智能化时代的复合型会计人才。本文将借助现有本科会计教育改革的理论成果，以本科会计教育为研究对象，论述智能化时代对会计人才需求和培养的影响，分析目前会计人才供需错配的结构性失衡，提出智能化时代会计本科教育供给侧改革的措施。

二、智能化时代对会计人才需求的影响

在智能化时代，互联网、人工智能和云计算的发展对我国会计行业和会计职业产生了重大影响，财务机器人、智能会计和财务共享的出现正在影响和改变着会计职业。具体表现在以下几个方面。

(一) 会计人员结构调整

在智能化时代,借助图像识别、人工智能等技术,财务机器人可以完成原始凭证扫描、数据的提取和传递、财务核算和编制财务报表等程序性工作。一方面,程序性的会计核算工作将会被财务机器人所取代,专门从事基础核算工作的会计人员将面临失业或转岗。比如,中兴通讯股份有限公司自2018年成立财务共享中心后,负责财务审核的会计人员从以前的87人减少为43人,人工成本从原来的619万元减少为316万元,每张费用单据平均人工成本从原来的15.35元减少为7.83元。[9]因此,随着更多企业建立财务共享中心,传统的从事会计核算的基础性会计人员将会过剩,核算型会计人员将面临精简或转岗。

另一方面,由于基础性的核算人员将被人工智能所取代,同时,财务共享中心的出现大大提高了财务效率,使得会计人员从以前程序性的核算工作中解放出来,将更多的时间和精力投入到企业的业务发展、财务预测和决策等非程序性工作中去。因此,社会对从事财务分析、成本控制和战略决策的管理型会计人才的需求将会增加。2016年10月18日,财政部颁发了《会计改革与发展"十三五"规划纲要》,提出要在3—5年内培养出一批管理会计人才,并将管理会计人才列为急需、紧缺人才。但是,截至目前,我国管理会计人才的缺口仍然比较大。管理会计人才主要借助于会计信息,从企业业务入手,利用成本控制、预算管理和战略决策等管理手段,提高企业经济效益。因此,未来企业对管理会计人才的需求必将不断增加。

由此可见,在未来的智能化时代,会计职业不会消亡,只是出现了分化,会计人员的结构将发生调整,对核算型会计人才的需求将会减少,而对管理型会计人才的需求将会增加。

(二) 会计工作边界模糊

在智能化时代,由于互联网、人工智能和云计算等新技术的推广和应用,很多传统职业都将深度融合这些新技术,跨界融合发展将成为时代发展的趋势。比如,随着互联网技术的发展,形成了"互联网+"传统产业的新模式,"互联网+会计"的融合也越来越紧密和深入,会计的工作边界变得越来越模糊。于增彪等(2006)研究指出,随着企业外部环境的变化,我国会计职业存在泛会计化和非会计化发展趋势。[10]在智能化时代,这两种发展趋势表现得尤其明显。其中,泛会计化是指非会计人员参与到会计工作中,比如公司的管理层、部门经理甚至普通员工都会利用会计信息参与业务分析和经营决策。非会计化是指会计人员的工作范围扩展到非会计领域，比如会计人员也需要熟悉业务，利用会计信息改善公司业务流程，进行成本控制、参与经营管理。

随着智能化的发展，越来越多的人工智能技术将会对未来的会计工作产生重大影响，比如，数据分析和预测、财务机器人、智能财务、云计算等等，这些都会在未来会计工作的有机融合中发生重大影响。因此，会计人员需要不断拓展认知领域，不仅要熟练掌握财务知识，还要熟悉业务知识和技术知识。业财融合是智能化新时代会计人员转型的方向和目标，由传统的会计核算转向业务发展。会计人员需要转变思维，跳出原来的核算岗位，从企业的整体角度全盘考虑业务发展，并利用财税信息进行价值评估和战略决策。会计人员还需要不断提升专业技能，不能仅仅做好记账、算账和报账工作，还要对财务数据进行分析和预测，提取有价值的业务信息，从而提出具体的解决方案。

总之，在财务工作智能化发展的趋势下，随着互联网的迅速发展和信息技术的广泛运用，会计岗位将突破财务与业务的组织边界，实现财务与业务的深度融合。会计的工作内容将从记账、算账和报账转变为风险预测、价值评估和战略决策等。会计人员将从基础的核算工作中解脱出来，更多地从事管理类、预测类和决策类的工作，利用财务数据进行管理、决策和创新。

（三）会计能力要求提升

在智能化时代，由于人工智能和互联网技术被广泛运用，会计的两大基本职能——核算和监督职能将会被人工智能所取代，会计的工作界限和范围将大大扩展，与此同时，对会计人员的能力要求也大大提升。

具体来讲，在智能化新时代，会计人员需要具备以下能力：一是数据分析能力。在大数据时代，财务人员需要对海量的数据进行分析和预测，从中提炼出有价值的商业信息，从而有助于企业的业务发展和战略决策。二是信息技术能力。在智能化时代，财务大数据、人工智能和云计算等新技术和会计职业深度融合，因此，会计人员除了要具备扎实的财务知识外，还需要掌握相关的信息技术能力，能够理解和适应智能化时代下的财会需求。三是数据处理能力。会计人员需要熟练掌握 Excel、Python 等数据分析工具，对财务数据进行筛选、汇总、统计、分析等，不断扩展会计的预测、决策和控制职能。四是创新能力。会计人员需要紧随时代发展的趋势，不断提高创新能力，持续推动企业管理创新，实现企业健康长远发展。五是管理能力。随着互联网技术和人工智能的发展，会计人员将从繁杂的会计核算工作中解脱出来，有更多的时间和精力参与到企业的预测、决策和控制工作中，会计的预测、决策和控制职能将会不断扩大，这就要求会计人员具备更强的管理能力。此外，团队协作能力、沟通表达能力和良好的职业道德也是会计人员需要具备的基本能力和素质。

总之，在智能化新时代，会计人员除了掌握基本的财税专业知识，还需要掌握统计分析工具和基本的编程技术，并能从海量数据中挖掘价值，从而提高企业的资金使用效率、风险管控水平和价值。

三、智能化时代对本科会计教育的挑战

在智能化的冲击下，一些高校的本科会计教育开始尝试进行改革。比如，2019年浙江大学开设了智能财务班（会计学专业），西南财经大学开设了会计学（大数据方向）实验班；2020年清华大学撤销了会计学本科专业，同时增加了计算机与金融双学士学位项目，安徽大学也宣布停止财务管理专业的招生；中央财经大学会计学院则开展了以"人工智能+会计"为主题的人才培养改革。

但是，目前这些改革只是个别高校本科会计教育的探索和实践，我国大多数本科高校还是沿用传统的教学模式，这显然与智能化时代的"大智移云"发展趋势不相符。具体来讲，智能化时代我国本科高校会计教育主要面临以下挑战。

（一）教学模式落后

多数高校本科会计教育的教学模式仍主要采用传统的实体课堂教学，在教学理念、教学方法和教学手段方面都比较陈旧落后。在教学理念方面，很多教师故步自封，没有充分利用互联网新技术，仍然坚持"学生以课堂为中心、课堂以教师为中心、教师以教材为中心"的传统教学理念；在教学方法方面，主要采用以课堂讲授为主的"满堂灌""填鸭式"的传统教学方法，缺乏与学生的交流互动，课堂气氛比较沉闷，难以调动学生的学习积极性；在教学手段方面，过度依赖教材和PPT，主要采用传统的多媒体教学手段。

随着互联网技术的发展和应用，互联网和会计教育也在不断深度融合，"互联网+会计教育"将成为未来的发展趋势。根据张鲜华（2018）针对高

校会计教师运用教学信息化手段的调查,多数高校会计教育的主要授课方式仍然采用传统的课堂讲授模式,采用的教学手段主要是PPT、电脑和投影,而对"雨课堂""学习通""对分易"等网络教学平台和思维导图、Dreamweaver等教学资源软件的运用较少。[11]由此可见,我国高校的本科会计教育主要采用传统的教学模式,对新型的互联网教学手段运用较少,这显然不能适应智能化时代的发展趋势。

(二)课程体系不合理

在智能化时代,随着财务机器人和财务共享服务的发展,财务核算工作已经实现程序化和智能化,基础性的核算会计岗位将面临淘汰,会计工作边界将不断拓展,会计工作内容延伸到财务分析、战略决策和价值评估,对会计人员的能力要求也在不断提升。会计人员需要具备扎实的专业素养、良好的沟通能力、数据处理和分析能力、基本的信息技术能力和创新能力等。这就要求各高校在本科会计教育中不断优化课程体系和教学方法,确保学生素质和能力的培养。

目前,在本科会计的人才培养方案中,会计专业的课程设置主要存在课程过多、结构不合理、内容陈旧等问题。在课程设置方面,会计专业课程设置过多,包括基础会计、中级财务会计、高级财务会计、成本会计、管理会计、财务报表分析,还有审计学和财务管理方面的课程;在课程结构方面,过于偏重理论课程和专业课程,实训课程、信息技术类课程、数据分析类课程偏少;在课程内容方面,表现为内容比较陈旧落后,课程之间重复的内容较多,没有开设适用于智能化时代发展趋势的课程。这种课程体系显然与目前的智能化发展趋势是脱节的,培养的学生能力偏重于专业理论,缺乏实践能力,更谈不上数据处理和分析能力、信息技术能力、管理和创新能力。因此,何传添等(2014)提出,如何优化会计专业课程体系和教学方法是各高校会计教育改革中的紧迫问题。[12]

(三)课堂教学面临挑战

随着互联网新技术的发展,出现了网易公开课、中国大学慕课等在线教育平台,也出现了慕课、微课、翻转课堂等网络教学形式,各种互联网新技术和手段对教学过程进行了重组和构建,对当前本科会计的教学理念、教学模式和教学组织方式形成了挑战。

从教师角度来看,互联网提供了文本、视频、音频、图片等多种教学资源,为教师的课堂教学提供了丰富多彩的资源。另外,互联网的连接、开放、共享等特征,有助于教师利用互联网技术重组教学资源,实施教学活动,从而提高教学效率,并有助于知识的创新、传播和分享。因此,在互联网新时代,如果教师墨守成规,不愿利用互联网新技术改变和创新教学方法和教学手段,那么,会计课堂将缺乏交流和互动,变得沉闷乏味,学生将不愿听课,转而通过网络寻求在线精品课程。随着在线教学平台和教学技术的发展,教师的课堂教学如果缺乏吸引力,将面临被其他网络课堂替代的挑战。

从学生角度来看,在互联网新时代背景下,教师和课堂不再是学生获取知识的唯一渠道和方式,教师正在逐渐丧失信息和知识优势,学生通过互联网可以多渠道获取知识以及多种学习方式。如果教师的课堂教学不能吸引学生,学生可能不愿意去上课或者在课堂上做其他事情,课堂教学效果将会打折扣。无锡商业职业技术学院对江苏省16所本专科院校学生上课使用手机的情况进行调查,结果发现,高达73.8%的学生上课时使用手机,而38.6%的学生表示使用手机的原因主要是对课堂内容不感兴趣。

(四) 师资力量有待提高

目前,高校大部分教师都是在传统会计教育模式下培养出来的,知识结构相对比较单一,缺乏大数据分析、云计算和信息技术等方面的知识。而在智能化时代,财务智能化正在不断挑战目前的会计职业,教师如果不能加强学习、及时更新知识储备,还是沿用传统的会计教学模式,那么,培养出来的学生显然不能适应智能化时代对会计人才的能力需求。

另外,在智能化时代,技术的发展正在不断地影响教学方式和教学手段。目前,在线教育、慕课、微课、混合式课程等教学形式迅速发展,不仅开拓了教师的教学组织方式,还影响了学生的学习方式。智能化时代对教学的挑战不仅在于技术本身,更重要的是教师采用新技术的能力。但是,随着信息技术在教学过程中的广泛应用,一方面,很多教师由于教龄、教学工作量等因素而影响到其采用新技术的积极性,有些老师甚至不愿采用新的教学技术;另一方面,大部分会计教师接受的教学方法和教学手段方面的培训较少,没有接触或掌握新型的教学技术方法,不能适应智能化时代的教学需求。

四、智能化时代我国本科会计教育供给侧改革的措施

从需求侧来看，智能化时代正在影响用人单位对会计人才的需求，会计人员的结构正在调整，会计工作的界限不断延伸，对会计能力的要求不断提高；从供给侧来看，本科会计教育仍然主要采用传统的教学模式，按照传统的课程体系，运用陈旧的教学方法和手段培养会计人才。全国各大专院校每年会计学专业本科和专科的招生人数将近20万人。全国的会计从业人员超过2000万人，其中大部分属于低端会计人才。这就造成了我国会计人才供需错配的问题，低端会计人才供过于求，而高端会计人才供不应求。我国会计人才供需错配的根源还在于会计教育的供给侧出现问题，培养的会计人才不能满足智能化时代的人才需求。因此，高校应当积极转变会计教育理念，加强本科会计教育供给侧改革，积极应对智能化时代的挑战。

（一）转变人才培养目标

人才培养目标在本科会计教育改革中处于中心地位，决定了人才培养模式和人才培养方案，从而影响会计课程体系和教学内容以及教学的方法与手段，最终制约本科会计教育的发展。

一方面，会计人员需要向企业利益相关者提供实时可靠的会计信息，从而有助于利益相关者做出相应决策。本科会计教育的人才培养目标应当在传统人才培养目标的基础上，结合智能化时代的发展趋势和人才需求的变化及时做出相应的调整。因此，在本科会计教育供给侧改革的过程中，高校应当加强市场调查，深入了解用人单位对会计人才的需求，以就业为导向调整会计人才培养目标，从而使得会计人才培养和市场需求相适应。

另一方面，在智能化新时代，"大智移云"的广泛应用引起了会计环境的变化和会计职业的变革。会计的职能从传统的核算和监督职能延伸到预测、分析和决策等职能，会计岗位从核算型会计转向管理型会计，会计人员的能力要求也在不断提升。因此，高校需要将"大智移云"新技术贯穿于会计人才培养的全过程，全面系统地设计人才培养目标，培养具有数据处理能力、信息技术能力和管理创新能力的复合型、高层次的会计人才。

（二）改革传统的教学模式

目前，互联网新技术的广泛运用已经对本科会计教育的教学方式和教学

手段产生冲击，而我国高校仍然沿用传统的教学模式开展会计教育，这显然不适应智能化新时代下的会计教育。高校应当利用互联网新技术改革教学模式，将传统的以教师为中心、单一的和灌输式的教学模式转向以学生为中心、多元的和互动的教学模式。

首先，高校在会计教育中应当充分利用"互联网+教育"的新模式，将"雨课堂""对分易"等在线教育平台以及微课、慕课、翻转课堂等教学方式应用到会计教学过程中。这样可以改变传统的以教师为中心的课堂教学模式，积极构建以学生为中心的教学模式，实现线上线下实时互动，形成学生自主学习、个性化学习和体验式学习的模式。

其次，高校在会计教育中应当充分利用互联网和智能化的教育新技术，对会计教学设施进行升级和改造，建设网络课堂、智慧课堂和虚拟仿真实训中心等智慧教室和智慧产品。这样不仅可以引进或开发更多优质在线课程资源，还可以实行线上线下混合式教学模式，激发学生的学习积极性和主动性，增强课堂教学效果。

最后，高校还可以充分利用在线课程平台加强对教学效果的检测和监控，一方面，教师可以在线随时监控每个学生的在线学习情况，组织在线讨论和答疑，还可以在线批改作业和查看学生的测试结果；另一方面，学生也可以进行个性化的在线学习，随时向教师提问和查看自己的学习情况。

（三）重构会计课程体系

会计的课程体系决定着学生未来的能力框架。随着互联网技术在会计领域的深度融合，对会计人员的能力要求不断提升，传统的会计课程体系和教学内容已经不能适应智能化财务的发展趋势。因此，在智能化时代，高校应当以市场需求为导向，以提高学生综合素质为目标，重构本科会计课程体系和教学内容。

在课程体系方面，高校应当根据学校人才培养方案不断优化公共课程、专业课程和实训课程的学分比重；在公共课程方面，需要增加人文方面的课程，提高学生的人文素养；在专业课程方面，取消过时的专业课程或者合并一些专业课程，比如取消会计电算化课程，将基础会计和中级财务会计合并成会计学，成本会计和管理会计合并成成本管理会计，同时增加会计智能化、互联网技术、财务大数据、财务共享等方面的课程；在实训课程方面，应当增加实训课程的比重，提高实训课程仿真效果，增加财务数据分析和处理方面的实训课程。

在教学内容方面，根据教育部颁布的会计学专业教学质量国家标准，要求学生掌握跨学科、跨专业的知识，要求学校培养具有交叉学科知识的复合型人才。随着互联网和会计行业的深度融合，传统的会计教学内容和知识范畴已经不能满足智能化时代下会计行业对从业者能力的综合要求。因此，会计教育必须构建跨学科、多专业、业财融合的会计知识体系，涵盖财经法规、财税专业知识、管理学、经济学、计算机、互联网和大数据等内容，并根据智能化的发展趋势及时更新知识体系，满足智能化时代会计岗位对知识和能力的需求。

（四）加强师资队伍建设

会计人才的培养质量取决于教师的教学水平，所以，师资队伍在很大程度上决定着会计教育供给侧改革的成败。随着互联网和人工智能等新技术的发展，会计的生态环境发生了重大变化，存在供需错配的结构性失衡，必须进行会计教育的供给制改革。这就要求会计教师具备更高的素质和能力，以适应智能化时代下的教育环境。

首先，高校可以加大引进多学科背景的复合型人才，尤其是具有互联网和人工智能技术背景的人才的力度，这样可以在师资队伍中注入互联网的思维和理念。会计教师自身要不断加强学习以适应智能化新技术的发展要求，不仅需要具备专业能力和教学能力，还需要掌握互联网教育的新技术，学会利用互联网新技术为教学服务。

其次，高校还可以采取讲座、学术会议和进修等方式加强师资培训，培训内容主要包括教育信息化技术及应用，以及财务大数据、区块链、云计算等数智化前沿技术的应用等。教师通过培训，一方面提升应用信息技术服务教学的能力，另一方面熟悉智能化时代的技术前沿，有利于理解互联网和智能化的发展对会计职业和会计教学的影响，从而提高教学质量和教学效果。

最后，教师本身也需要不断加强学习，转变教学理念，提升教学方法。在智能化时代，科学技术日新月异，教师应当加强学习教育信息技术，并运用于自己的教学实践当中。在知识获取渠道多元化的互联网时代，教师应当转变教学理念，将以教师为中心的课堂转变为以学生为中心，教师在课堂上应当充当主持人和教练的角色，让学生更多地参与课堂。传统的"教材+PPT"的教学方法已经不能适应现在的课堂，教师需要提升教学方法，加强线上线下一体、理论教学与实践教学一体、课堂教学与其他教学环节一体的"三位一体"综合教学改革，将教学、作业、讨论、实训、考试和社会实践等教学环节通过互联网技术有机地结合起来。

五、结论

随着"大智移云"技术的发展,智能化时代对需求侧的会计人才需求产生影响,同时供给侧的本科会计教育在教学模式、课程体系、课堂教学和师资队伍等方面面临严峻的挑战,造成了我国会计人才出现供需错配的问题。因此,我国高校应当积极转变会计教育的理念,加强本科会计教育供给侧改革,转变人才培养目标,改革传统的教学模式,重构会计课程体系,加强师资队伍建设,从而促进本科会计教育的内涵发展,培养适应智能化时代的复合型会计人才。

参考文献:

[1] 秦荣生."互联网+"时代会计行业的发展趋势 [J]. 中国注册会计师,2015(12):20-24.

[2] 高一斌. 抓住互联网发展 迎接大会计时代 [J]. 财务与会计,2015 (17):6-7.

[3] 张红琴."互联网+"对我国会计教育的挑战 [J]. 中小企业管理与科技,2015 (10):232-233.

[4] 刘国城,董必荣."互联网+"时代我国高校本科会计教育的困境与变革 [J]. 南京审计大学学报,2017 (1):102-109.

[5] 苑泽明,李田,孙钰鹏. 互联网新技术时代会计高等教育的改革路径:基于供需错配的分析视角 [J]. 会计研究,2018 (8):80-86.

[6] 况玉书,刘永泽. 人工智能时代高等会计教育变革与创新 [J]. 财经问题研究,2019 (7):96-103.

[7] 张多蕾,等. 中国会计教育改革40年:成就、挑战与对策 [J]. 会计研究,2019 (2):18-25.

[8] 周守亮,唐大鹏. 智能化时代会计教育的转型与发展 [J]. 会计研究,2019 (12):92-94.

[9] 陈虎,李颖. 财务共享服务行业调查报告 [M]. 北京:中国财政经济出版社,2011.

[10] 于增彪,王竞达,袁光华. 中国管理会计的未来发展:研究方法、热点实务和人才培养 [J]. 首都经济贸易大学学报,2006 (1):53-59.

[11] 张鲜华. 高校教师信息化教学手段使用意愿调查:基于会计教师的问卷分析 [C] //中国会计学会会计教育专业委员会2018年年会暨第十一届会计学院院长论坛论文集,2018.

［12］何传添，刘中华，常亮. 高素质国际化会计专业人才培养体系的构建：理念与实践：中国会计学会会计教育专业委员会 2013 年年会暨第六届会计学院院长论坛综述［J］. 会计研究，2014（1）：91-93.

民办高校管理学教学方法改革

——以广东培正学院管理学院管理学教学为例

张成龙[①]

摘要：教学方法直接影响课程教学质量。管理学课程内容多而杂，教学方法又较为传统，导致学生对课程的满意度不高，因而教学方法改革势在必行。本文结合问卷调查、文献分析和教学实践，以广东培正学院管理学院管理学教学为研究对象，构建管理学教学方法改革模型，在课前、课中、课后三个环节分别采用了多元化的教学方法。结果显示改革教学方法有效提高了学生学习兴趣和效率，达到提升教学质量的效果。

关键词：民办高校；管理学；教学方法

管理学作为工商管理类专业的一门专业必修课程，系统研究管理活动的一般规律和方法，是在特定条件下，合理配置人、财、物等生产要素，提高组织生产力的一门综合性学科，具有较强的理论性与实践性。课程要求学生掌握管理学的概念和原理，学好管理学为学习其他专业核心课程，如企业战略管理、运营管理、市场营销学、人力资源管理奠定了重要基础。在传统的教学模式下，管理学的教学方法以教师为中心，学生在规定的时间到固定的教室听讲，课堂上以教师讲授为主，学生只是被动地听取授课内容，课后做练习。这种教学方法导致学生上课积极性不高，部分学生迟到甚至旷课。传统的教学方法已无法满足当今大学生对授课内容和授课方式的需求，为提高学生的听课兴趣和提升管理学课程的教学质量，取得良好的教学效果，改革现有的管理学课程的教学方法势在必行。

本文以广东培正学院为研究对象，通过向正在学习和已学习过管理学课程的学生发放问卷，回收并分析问卷结果。结合现有研究成果与自身教学实践，探索管理学教学方法的改革。

[①] 张成龙，男，广东培正学院讲师。研究方向：企业管理等。

一、基于问卷调查分析管理学教学方法的应用现状

以广东培正学院大一、大二、大三、大四在校学生且已经修过管理学课程或正在学习管理学课程的学生为调查对象,涵盖工商管理、人力资源管理、会计学、财务管理、电子商务、计算机、应用心理学、经济学、商务英语等专业的学生,共回收了304份有效问卷,其中男生103人、女生201人;大一学生138人、大二学生128人、大三学生26人、大四学生12人。

(一) 管理学教学采用的教学方法

通过派发问卷,调查"教师在讲授管理学课程中采用了哪些教学方法"。学生的答案主要有线上和线下两种教学法,其中线上教学法有视频教学、录播等;线下教学法有话题讨论法、案例教学法、多媒体教学、板书等。

(二) 管理学的教学满意度调查

通过问卷设计问题"你对当前授课教师的教学效果是否满意"展开调查,统计数据如表1所示。

表1 管理学教学满意度调查

选项	小计(人次)	比例(%)
非常满意	37	12.17
满意	146	48.03
基本满意	111	36.51
不满意	10	3.29
本题有效填写	304	100

通过调查结果可看出,约60%的同学对当前管理学课程教学方法满意和非常满意,表示基本满意和不满意的学生约占比40%,可见,学生对当前管理学教学满意度并不高。

(三) 管理学的教学满意度不高的原因分析

1. 管理学内容多而杂

分析学生对教学满意度不高的原因,首先是管理学内容多而杂,导致学生在学习上有一定难度,部分章节内容在今后的专业课程中将会进行系统学

习。如第九章"组织设计与组织变革",与其对应的课程有组织行为学;第十章"人力资源管理与组织文化",与其对应的课程有人力资源资源管理;第十一章"领导",与其对应的课程有领导学;第十二章"激励与沟通",与其对应的课程有沟通管理。这些内容提前在管理学课程中作为一个章节学习,缺乏知识基础,显然增加了学习难度,导致学生的满意度不高。

2. 管理学的教学方法较为单一

由于管理学的教学内容多而杂、理论性强,且学生缺乏必要的专业基础,授课方法又以讲授为主,学生难以找到学习兴趣点,导致学习积极性不高、满意度不高。

如要提高学生对管理学教学的满意度,则应找到适合学生学习规律、采用生动有趣多样化的教学方法,寓教于乐,让学生喜欢这门课程,享受学习的过程。而这主要通过改革教学方法来实现。

二、广东培正学院管理学教学方法改革

通过对管理学教学方法的调查发现,当前教师在教授该课程时更多的是采取较传统的教学方法。为进一步提升教学质量,将按照课前、课中和课后三个不同的阶段分别采取相应的教学方法。管理学教学方法改革思路如图1所示。

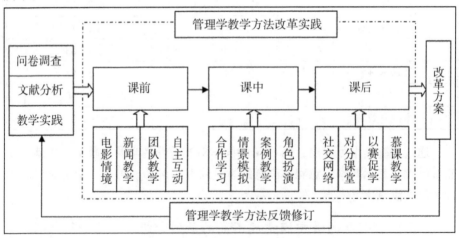

图1 管理学教学方法改革思路

（一）课前教学方法改革

管理学课程授课前主要采取学生提前预习新课内容的方法，预习资料以课本为主，形式比较单一，导致学生课前预习的积极性不高。学生课前未进行较好的预习会直接影响到其对课程内容的学习和掌握。为提升学生预习该课程的积极性，较好地开展该课程的课前预习，应采用多元化的课前教学方法，如电影情境教学法、新闻教学法、团队式教学法和自主互动式教学法。

1．电影情境教学法

（1）电影情境教学法的含义。

电影情境教学法是指通过演员表演特定的角色，将声音和视觉相结合，表达某种思想。它具有信息丰富、生动直观和较强的趣味性等特点。在管理学教学中，让学生在课前观看特定的电影情境，一方面可以激发学生的积极性，另一方面电影中与课程相关的内容，融娱乐和知识于一体，有利于实现乐中学、学中乐。[1]

（2）电影情境教学法在管理学教学中的应用。

在管理学实际教学过程中，通过以下举例说明如何应用电影情境教学法。学习第一章"管理与管理学"，课前观看以海尔集团为原型的电影《首席执行官》，让学生了解管理职能和管理者的类型。在学习第二章"管理思想与管理理论"时，上课前让学生观看《摩登时代》的前15分钟内容，让学生了解科学管理理论的优缺点。在预习第三章"管理与管理工作"时，让学生观看《三国演义》片段，认识诸葛亮；并提出问题"诸葛亮是不是一个成功的管理者？"学习第七章"决策"，提前让学生观看《楚汉传奇》中刘邦决定入蜀的片段，了解决策信息原则。

2．新闻教学法

（1）新闻教学法的含义。

新闻教学法是指将当前的热点新闻与管理学理论相结合的教学方法。随着电脑和智能手机的普及，学生和教师每天都会花费一定的时间看新闻尤其是热点新闻。因新闻具有较强的实时性，且与我们的生活密切相关，该方法应用于管理学教学中，能大大提高学生的学习兴趣。

（2）新闻教学法在管理学教学中的应用。

在讲到第四章"企业道德与社会责任"时，让学生在课前观看央视"3·15晚会"节目，通过新闻了解被曝光的违法企业及其产品，让学生了解到现实生活中企业的不道德行为，并让学生围绕企业的不道德行为展开讨论，引导学生学习辨别企业的不道德行为以及学习增强企业的社会责任感的方法，了解企业担负社会责任的重要性。在讲授第十二章"激励与沟通"时，引入"华为公司员工平均年薪60W+"新闻事件，让学生讨论激励机制的作用。在讲到第十三章"控制"时，课前让学生浏览了解"美国校园枪击事件"新闻，并讨论如何预防该事件的发生。在讲到"企业危机控制"时，让学生课前通过电脑或手机了解新型冠状病毒肺炎疫情下企业面临的危机。

3. 团队式教学法

（1）团队式教学法的含义。

团队式教学法是指教师在授课前按照自愿原则让学生自由分组，每组人数为五六人。组员分工明确，讨论共同完成某项任务。该方法能够有效地培养学生的团队合作和创新精神。

（2）团队式教学法在管理学教学中的应用。

在学习第四章"企业道德与社会责任"之前，让学生以组为单位，收集不道德企业的案例并制作PPT进行展示、讲解。在任务完成过程中明确组员的职责，合理地分配人员进行素材收集、PPT制作、PPT展示等。这样一方面丰富了案例，让学生了解到现实中发生的不道德企业的行为；另一方面可以培养学生的团队合作精神。

4. 自主互动式教学法

（1）自主互动式教学法的含义。

自主互动式教学法是指以学生为主体，教师预先布置学习任务，学生自主安排学习，学生之间相互探讨、共同解决问题，掌握知识点的方法。针对管理学课程中部分章节的内容，如课程内容理论性很强，比较枯燥，采用这种教学方法能培养学生的沟通、合作能力及创新精神。[2]

（2）自主互动式教学法在管理学教学中的应用。

在学习第二章"管理思想与管理理论"前，采用自主互动式教学法，让学生自主学习中外早期管理思想、现代管理理论、管理理论新发展，互动探讨学习古典管理理论和行为管理理论。学习第十五章"创新管理"前，让学生自主学习"创新概述"和"管理创新"。

（二）课中教学方法改革

由于管理学课程内容涵盖的知识面广且理论性强，传统的教学以面授为主。为了提高学生的课堂参与度，激发学生的学习兴趣，实施有效教学，提高课堂授课质量，在管理学课程中采取多样化的教学方法尤为重要。

1. 合作学习教学法

（1）合作学习教学法的含义。

合作学习教学法指教师确定讨论话题，学生自由分组，组员围绕话题在组内展开讨论，讨论完毕后，每组由一名学生代表发言，教师根据汇报对每组进行点评。组员分工明确，且组间存在竞争。该方法以学生为中心，由教师来引导，能极大地调动学生学习的积极性和主观能动性，取得较好的学习效果。

（2）合作学习教学法在管理学教学中的应用。

在学习第十二章"激励"时，教师确立讨论主题，学生以组为单位，围绕主题展开讨论，提出激励的方式，最终每组由一名学生代表总结发言，教师点评。通过这种教学方法，让学生真正参与到教学中，并提出自己的观点，从而提高学生的分工协作能力与创造力。

2. 情景模拟教学法

（1）情景模拟教学法的含义。

情景模拟教学法是指通过将课程内容情景化，模拟企业设置不同的部门或职位，由学生扮演相应的角色，完成相应的教学内容。[3]

（2）情景模拟教学法在管理学教学中的应用。

在管理学教学中，以56人的授课班级为例，将学生分成8组，每组7人。每组成员讨论确定成立一家虚拟企业，设置企业的组织架构，如在学习第九章"组织设计与组织变革"时，要求组员根据设立公司的组织架构，将虚拟公司的部门设置为人力资源部、生产部、市场部、财务部、采购部、后勤部、管理部门，并选定各部门经理和总经理人员，每位同学按照担任的职务来拟定岗位职责，并在后面"领导""激励""控制"章节中创立情景，完成教学内容的学习。

3. 案例教学法

（1）案例教学法的含义。

案例教学法是指教师描述一个具体的情景，引导学生围绕特定的情景展开讨论的一种教学方法。这种教学方法能够有效地将理论和实际相结合，培养学生分析、解决问题的能力。

（2）案例教学法在管理学教学中的应用。

在管理学的教学中，讲授第四章"企业道德与社会责任"时，以"3·15晚会"曝光的企业为案例，引导学生讨论企业道德；以邵逸夫为中国教育事业做出的贡献为案例，讨论企业的社会责任。讲授第十章"人力资源管理与组织文化"时，引入案例——华为企业的狼性文化，通过讲解"狼性文化"，诠释组织文化的导向功能、凝聚功能、激励功能，以华为薪酬机制为案例讨论薪酬管理。

4. 角色扮演法

（1）角色扮演法的含义。

角色扮演法是指根据管理学课程内容，通过扮演各类角色，使学生能够身临其境地感受该角色的职责和义务。在管理学教学中采用这种方法，能加深学生对不同角色在企业中的地位和作用的理解。

（2）角色扮演法在管理学教学中的应用。

在讲授第三章"管理者的角色"时，以组为单位，让学生分别扮演人际关系角色、信息传递角色和决策者角色。通过让学生扮演角色，提高学生学习的积极性；同时让学生更好地分辨三种角色的不同及各自在企业中的作用。

（三）课后教学方法改革

在传统的管理学课后，一般为任课教师布置课后习题，让学生去完成。学生大多数被动地完成作业，巩固效果不佳，也很难起到拓展的作用。因此，为了提升课后教学效果，改革课后教学方法势在必行。

1. 社交网络教学法

（1）社交网络教学法的含义。

社交网络教学法指利用微信、QQ、钉钉等软件，通过提供教学资料、展开讨论和课后答疑等方式进行管理学内容的学习。这种教学方法能使学生充分表达对管理学的看法，教师更易了解学生对课程内容的真实看法和需求，有利于师生沟通，有利于教师改变教学方法、提高教学质量。

（2）社交网络教学法在管理学教学中的应用。

在学习第六章"计划工作方法的双代号网络图时间计算与关键线路的确定"时，由于本节内容涉及计算，很多同学不理解双代号网络图时间计算，教师可以通过布置相应课后习题，在钉钉上进行讲解或直播答疑，也可以将录播的视频上传到微信上。

在学习第八章"决策方法中的定量决策方法"时，大多数学生在学完盈亏平衡分析法、经济订购批量法、决策树法、不确定型决策方法之后，依然对这些知识点掌握得不太好。在课后利用社交网络教学法在线答疑，能帮助学生巩固知识，也方便学生提问。

2. 对分课堂教学法

（1）对分课堂教学法的含义。

对分课堂教学法是指教师讲授和学生讨论时间比为1:1，并且错开教师授课的时间和学生讨论的时间，留一周的时间由学生自主学习、内化吸收知识的教学方法。[4]

（2）对分课堂教学法在管理学教学中的应用。

在学习第十二章"激励理论与实务"时，在课堂上一半时间由教师系统地讲解"激励理论"，再留一半时间让学生围绕"激励理论"展开讨论，并留一周时间由学生自主学习、内化吸收学习内容。

3. 以赛促学法

（1）以赛促学法的含义。

以赛促学法是指将管理学相关课程内容与比赛、大创项目结合起来，填写比赛或大学生创新创业项目的申报资料需要用到管理学的相关知识，通过比赛促进学生对管理学知识的巩固和应用。这种方法能够提高学生运用管理学知识解决实际问题的能力。

（2）以赛促学法在管理学教学中的应用。

利用第五章"计划"中的计划制订过程的知识，科学合理地填写项目完成计划；利用第八章"决策方法"中的群体决策方法，通过集体讨论最终确定项目名称。以赛促学法能让学生更好地理解并应用这些知识。

4. 慕课教学法

（1）慕课教学法的含义。

慕课教学法是指学生在管理学课后，借助慕课平台，如学堂在线、中国大学MOOC，在线学习管理学相关知识的教学方法。该教学法的特点为不受时间、空间的限制，学生可以多次重复学习全国甚至全球优质课程。

（2）慕课教学法在管理学教学中的应用。

在学习第十二章"沟通"时，采用慕课教学法让学生自主学习沟通的概述、类型与沟通管理；学习第十五章"创新管理"时，让学生在线自主学习创新概述、技术创新、市场创新、组织创新和管理创新。[5]

三、管理学教学方法改革的成效

基于本次研究的问卷调查，笔者了解到学生对管理学课程教学方法的态度,课前教学方法偏好排序为电影情境教学法(75.99%)、新闻教学法(69.08%)、团队式教学法(46.71%)、自主互动教学法(46.05%);课中教学方法偏好排序为案例教学法(49.67%)、情境教学法(30.59%)、合作学习教学法(11.51%)、角色扮演教学法(8.22%);课后教学方法偏好排序为社交网络教学法(56.91%)、对分课堂教学法(17.43%)、慕课教学法(13.16%)、以赛促学法(12.50%)。调查显示,在管理学教学的课前、课中、课后三个时段分别进行多元化的教学方法改革,能有效地提高学生学习兴趣和学习效率,进而提升教学质量。

参考文献:

[1] 许仲生. 电影情境理论在"管理学"教学中的应用研究 [J]. 贵州师范学院学报, 2015 (5): 90-91.

[2] 吕涛, 芈凌云. 自主互动式教学模式及其在"管理学"教学中的应用 [J]. 江苏教育研究, 2016 (3): 3.

[3] 蔡吴玮. TBL + 情景模拟教学法的有效性检验:以"管理学"教学为例 [J]. 黑龙江生态工程职业学院学报, 2019 (9): 127.

[4] 王欣, 修靖慧. "对分课堂"教学法在管理学教学实践中的应用效果研究 [J]. 智库时代, 2019 (5): 185.

[5] 李玉米, 张成龙, 方计国. 管理学 [M]. 北京: 清华大学出版社, 2018: 218-221.

高校体育教育中的性别公平问题探究

——社会性别视角的透视

杨秀华[①]

摘要：本文采用文献资料法，运用社会性别理论，对高校体育教育领域中的性别公平问题进行分析研究。从高校体育教育的起点、过程和结果几方面阐述性别公平问题的特征，认为女生处于弱势是体育认知的性别刻板印象、文化传统的性别偏见、教育传统的性别偏失等因素造成的，最后从课程设置和教材的改革、师生关系性别意识的重构、学校管理改革三方面提出对策。

关键词：高校体育教育；高校女生；性别公平

"百年大计，教育为本。"近年来，随着高等教育的大力发展，女性接受大学教育的机会大大增加。截至2019年年底，全国普通高校本专科生共有3031万余人，其中女生占在校大学生总数的51.72%，女性占据了"半边天"。[1]尽管女性进入高校的人数逐年递增，但从当前的教育性别公平的现状来看，在高校体育教育中存在着对女生性别歧视的现象，必须引起我们足够的重视。

以"高校体育教学""高校教育公平""课程性别差异""大学生课外体育锻炼"等为关键词，通过查阅CNKI中国知网数据库近20年有关的文献资料，且对数据资料进行整理分析，并对周边高校的体育领导和体育教师进行走访、调查，笔者试图从社会性别角度对高校体育教育中的性别公平问题进行探究，透过事实表象，挖掘隐藏在体育教育场域中的性别偏见，了解其特征，摸索其起因。这有助于我们更深层次地解读在父权意识渗透的体育教育机制下，高校女生在体育教育中为何处于弱势地位。

[①] 杨秀华，女，广东培正学院体育学院讲师。研究方向：学校体育、社会体育等。

一、概念的界定

(一) 性别

女性主义把性别分为生物性别（sex）和社会性别（gender）。生物性别是先天的，由遗传因素决定；社会性别是后天的，由社会文化建构而形成，是个体在社会化过程中逐渐形成的男性和女性的行为方式和气质特征，并且会在后天基于社会对两性的界定和期待中得到强化。

(二) 教育性别公平

第一次世界妇女大会通过的《墨西哥宣言》对"教育性别公平"做了较权威的界定，它是指男女的人格、尊严和价值的平等及男女权利、机会和责任的平等。[2]笔者认为，教育性别公平是指男女两性在教育起点、教育过程、教育结果中都应享有同等的权利和机会。

二、从社会性别角度透视高校体育教育性别公平问题的特征

(一) 体育教育起点差异

1. 教师结构的性别失衡

当前我国教育系统中的教师性别比例极不平衡。据教育部发布 2019 年全国教育事业统计数据显示，我国专职女教师占比分别为：学前教育阶段，占比达 97.79%；初等教育阶段，占比 69.98%；中等教育阶段，女教师在除成人高中以外的其他各级各类学校占比均过半；高等教育阶段，占比 50.75%。[3]可见教育的级别越高，女教师所占的比重越低。河南高校青年教师男女比例接近 3∶1[4]，北京高校体育教师男女性别比例为 2∶1[5]。由此可见，当前高校体育教师队伍亦出现性别结构失衡，这种失衡会给学生一种性别角色暗示：男性比女性更适合担任体育教学工作。教师性别构成的失衡不只体现在师资数量上，也体现在运动项目上呈现。担任三大球、散打等项目教学的多为男性体育教师，女性体育教师多担任健美操、瑜伽等项目的教学。教师角色分工是学生日常观察模仿与角色认同的对象，师资结构的性别

失衡、运动项目的性别分化，减少了女大学生对女教师的观察模仿和角色认同，潜移默化中影响高校女生对两性的角色定位以及自身的期望。

2. 权力结构的性别差异

学校部门的人事结构也存在很严重的性别结构失衡，高层管理者多为男性，学校体育部门的领导工作也多由男性担任。在体育教育领域具体工作执行过程中，缺乏女性视角，会出现政策上无性别歧视、但实际操作中却带有性别不平等的后果。比如，在学校资金投入有限的条件下，会优先考虑建设田径场、足球场、篮球场等更适合男生运动的场地，而将女生喜欢的羽毛球场、乒乓球室、艺体房等放在其后考虑或者能免则免。这种男性权力中心的模式，除了会影响高校女生的体育参与程度，也无形中向高校女生灌输了男性应处于体育领域的领导地位的思想。"男强女弱"的性别认知，会使学生认为社会上的男女不平等现象是合理的，这直接影响了高校女生的自我评价和自我期望。

（二）体育教育过程差异

《2003—2004年全民教育全球监测报告》指出，学习过程中的平等就是男女生受到相同的对待和关注；在课程、教学方法和教学工具方面免受陈规旧习和性别歧视的影响；可以使用相同数量和质量的教育设施。[6]然而，理想很美好，但与现实存在很大差异。从表面上看，男女大学生在学习过程中受到了相同的体育教育，而实际上，无论是在课程设置、教学方式、授课内容还是评价标准等各环节都忽视了两性的生理特征和性别差异。形式化的性别均等不仅不能满足社会对教育发展的期待，亦无法做到真正的性别公平，反而会使高校女生更加无助。

1. 体育教材的性别偏见

我国当前的学校教育体系，在教育政策、教材编写、课堂教学、教师观念、师生互动等几乎每个方面都存在着大量的性别偏见和两性不平等现象，教材中女性出现的次数低于男性，体育教材中亦如此。[7]长期以来，体育学科一直是由男性主导的，体育教材从文本插图到内容选取都以男性价值体系以及兴趣、经验为中心主导和设计，专注的议题和范畴也多以男性为主，涉及女性的领域寥寥无几。体育教材的文本插图呈现严重的性别比例失衡现象，诸如三大球、田径教材等绝大部分项目的相关教材几乎都采用男性形象作技术示范插图，女性形象屈指可数；而在形体、柔韧、韵律的项目上，则混用男女形象作为技术示范插图。在内容选取上，选取篮球、足球、田径等以对抗、速度、力量为主的男生更具有优势的项目,也更符合男性的生理特征。在教学内容设置上,强调力量、对抗为主的三大球,与男性的生理特性更吻合,男生更具有优势,也更易于提高他们的学习兴趣和激发他们的锻炼热情。因项目限制,女生的兴趣爱好难以得到满足,以致缺乏锻炼热情,难以体验体育带来的愉悦感、成就感。教学内容没有充分考虑女生的身心特点及兴趣爱好,必将影响女大学生参与的主动性和积极性,进而影响课堂教学效果以及女生运动技能的养成,因此,多数高校女生在体育课堂上是消极、被动的。学生在合作互助、轻松活跃的课堂氛围中往往能表现更好,但普通高校多采取竞争的教学方式,这种教学方式更适合男性的生理特性。可见,无论是体育教材的编写、教学内容的选取,还是教学方式的采用,都或多或少忽视了女性的经历、感受,忽略了女性对体育的认知以及价值判断。强化女生运动技能差的刻板印象,间接地向社会传递了一种信息——体育是男人的世界。这种性别角色社会化的偏颇也会给高校女生社会化的过程带来负面影响。

2. 运动项目的性别分化

众多研究显示,男女大学生在体育选项课和课外体育参与的项目选择上有着显著的性别差异。强调对抗、竞争、力量的体育项目,如篮球、足球、拳击等,被定义为"男性项目",因为这些项目似乎更符合男性的生理特征、突显男性气质,是多数高校男生学习和课外体育锻炼的首选运动项目。而对于强调柔美、韵律、技巧的体育项目,如瑜伽、健美操、舞蹈等,则被划为"女性项目",因为这些项目符合"社会审美标准",体现女性特质,是多数高校女生学习和课外体育锻炼的首选运动项目。因此,在体育课堂上,我们看到打篮球、踢足球等对抗性项目参加的男生很多,而参加瑜伽、健美操项目的男生却很少。

3. 运动空间分配与使用的失衡

课外体育活动是体育课堂的延伸,虽然学生的课外体育参与是一种自发行为,但学生参与的性别比例间接反映了体育的性别态势。高校体育场地设施的设计和配备是影响高校女生参加课外体育活动的一个重要因素。在体育资金有限的情形下,大部分高校对体育场地设施的投入以修建三大球场以及田径场等更为男性关注的领域为主,这些运动场地设施与男性的运动需求更吻合,男性也占有更多的资源;而对女生关注较多的形体房、健美操室等场地却缺乏投入。从我国高校现有的体育场地资源的使用情况来看,女生使用体育场地设施的机会远远低于男生。高校的绝大部分体育设施为男生所使用，活跃在篮球场、足球场的几乎全是男生。可见，高校体育运动设施以男性的兴趣和经验为主来配备，男生占有大部分运动场地，享有更大的运动空间；女生占有小部分运动场地，运动空间明显不足。体育设施布局的失衡、运动空间分配的不均制约了高校女生对运动空间的使用，愈加不利于女生的体育学习。

（三）体育教育结果的差异

近年来，我国体质监测调查显示，青少年的体能和机体水平呈下降趋势，其中女生的下降幅度大于男生。[8]在湖南高校大学生体质健康测试总成绩中，男生的成绩优于女生。[9]《国家学生体质健康标准》总评成绩中，广东高校女生整体体质一般，大一到大四总评成绩先提高后降低，大一到大二有一定提高，大三大四逐年降低，下降幅度大于增长幅度。[10]身体机能监测数据也显示，男生身体素质总体优于女生。如男生下肢爆发力强于女生，耐力跑及格比例男生为65.56%，女生为58.18%。平均肺活量一项，男生随着年级的升高呈增长的趋势；女生前三年逐年增长，大四却下降了。[11]在同样的体育教育环境下，女生的身体状况和机体能力都比男生差，且差距明显。这都说明了我国高校女生在体育教育中处于弱势地位。此外，就业性别歧视，给高校女生带来了巨大的压力和消极作用。女大学生更关心毕业以及就业问题：为赢得更多的就业机会，高校女生倾向于利用课外时间参加各种考证培训；当参与体育运动和就业前途发生冲突时，她们会选择放弃参与体育运动而选择后者。因此，高校女生参与体育运动的状况不容乐观。

三、高校体育教育的性别公平问题分析

（一）体育认知的性别刻板印象

长久以来，人们受传统性别观念的影响，对两性有着不同的规范和期望。社会教化男生应该阳刚、主动，有男子气概；若男生瘦弱无力、动作阴柔，则被叫"娘娘腔"。女生应该温柔、文静、顺从，有"女人味"；若女生健硕、蹦蹦跳跳、粗声粗气、孔武有力，则会被扣上"男人婆"的帽子。因此，在体育学习中，男生若参与"三大球"、拳击等力量、竞争性的项目，则会被视为有"男人味"，而女生若参加剧烈的、竞争性和对抗性强的运动项目，则会被贴上"假小子"的标签。性别的刻板印象影响了男女大学生选

择体育活动的范围和参与体育活动的机会。因此，高校女生比男生缺乏运动经历和运动体验，更难从体育课中体验体育运动带来的快感和积极情绪，进而形成了体育参与的性别差异。

（二）文化观念的性别偏见

高校女生的体育参与除受性别刻板印象的影响外，还受到社会观念的规训。传统审美要求女性身材苗条、体型健美，一定程度上对高校女生的体育参与造成负面影响。由于对体育运动缺乏科学的认知，高校女生片面认为激烈、对抗性强的体育运动会使身体肌肉量增高，影响体形美观。因此，她们更倾向于选择与体型、美相关的运动项目。此外，在社会上"男强女弱、男主外女主内"的男权文化思想影响下，女性被赋予了依附、被动、顺从的品格特质，把苗条、温柔、依附等特质内化为自身审美。这些都进一步形成了体育参与的性别差异，也深深影响到我国的高校体育教育。

（三）教育传统的性别偏失

当前，我国普通高校公共体育课多采用男女混班教学。这在表面上，强调两性体育教育平等，消除性别不平等；在实际上，并未在教育过程与教育结果方面实现真正意义上的男女平等。受传统观念的影响，体育教师对男女生也会给予不同期待和双重标准。众多研究表明，无论男女体育教师，对男生的关注与期望都比对女生的高。师生互动情境中，男生在体育课堂上被教师点名提问、纠正动作、表扬鼓励等受关注的次数也明显多于女生，教师在体育教学过程中存在明显的性别歧视和偏见。这样一来，既忽视了女性生物特征上的性别差异，也忽视了个体在社会化过程中的性别差异，结果使得追求体育教育平等的理想变成人为制造教育性别歧视的现实。受先天生理特征及后天传统观念的影响，社会会给女生贴上"不适合剧烈、对抗性强的体育运动"的标签，实不利于女性的全面发展。

四、高校体育教育的性别公平问题的应答

（一）课程和教材的改革

当前，高校体育的课程设置和教材编写忽视了性别公平的问题，女性的经历、感受在课程中被边缘化。对此，我们可以借鉴国外比较成功的做法，

对当下体育课程进行改革。审视现有的体育科学知识体系，消除隐藏在体育课程中的性别歧视，把被男性主义忽视的内容重新纳入高校体育课程体系，改变现有的体育科学知识框架，重视对女性的关注。此外，在教材编写和审查上，欧美等发达国家和地区的教材采用竞争模式，编写、审查、认定、选用等各环节分离，并有严格的法律保障。教材编写和发行由不同出版社自行组织，然后再由教育部或教材委员会审查，最后由学校选择采用合适的教材。而我国的体育教材的出版，长期以来采用指定出版社的单一模式。开放竞争，方有忧患意识。面临竞争，才会密切关注体育教育的发展动向，不断提高体育教材的编写和创作质量。在教材的编排上，合理安排男女性别比例，采用差异化的编排和展示方式。如男女角色的出场次数，插图的性别比例、男女形象的项目广度等，改变以男性经验为范式的呈现方式，关注两性的共性、特性与差异问题，重视两性对体育认知与实践的差异，注重对体育教学内容的性别选择，从多元的角度看待两性的经验。

（二）师生关系性别意识的重构

由于体育教师也不可避免地会受到社会意识的影响，体育教师区别对待男女学生的态度是高校消除性别歧视不能忽视的重要问题，因此应重构此种不合理的性别意识。第一，将性别意识教育纳入高校入职培训体系。在入职培训时加强对教师的性别教育，提升体育教师的相关认知，树立正确的性别平等观，规避因性别观念影响教学行为，导致男女学生在体育学习过程中受到"区别对待"。同时，将性别意识教育纳入高校人才培养方案。高校应通过开设课程，系统讲解，让性别意识教育走进高校的教育体系，帮助学生建立起正确的性别观，引导学生学会从社会性别的角度观察、分析各种社会现象，认识两性之间的不平等不仅只是单方面影响女性的地位和发展，而且会影响社会全体的可持续发展。第二，转换观念，重视性别差异。教师在体育教育过程中应正视性别差异，制订合适的学习目标。关注高校男女生的性别权益，摒弃狭隘的性别观，设计适合男女学生同时进行的体育活动。在教育过程中，体育教师要避免性别偏见，规避言行上的性别歧视，诸如"女生技术动作比男生差"等性别歧视用语。第三，营造互相尊重、合作互助的氛围。体育教师应鼓励男女生共同参与体育课堂，避免将男女生隔离教育，应营造合作学习氛围。但在某些运动项目教学中，教师更要注意与学生的肢体接触，避免造成负面影响。

(三) 学校管理的改革

在个体性别角色社会化的场合中，学校是重要场所之一。而学校权力构成的性别差异是影响学生性别观念的重要因素。众多研究显示，男性是学校体育相关部门中权力结构的掌权者。高校中体育教师不少，但男性体育教师数量占了绝对优势，女性领导者更是寥寥无几。校园里，教师是学生观察模仿的对象之一。男性体育教师掌权、女性体育教师从属，使高校女生很难找到想要效仿的对象。而这种隐性的性别权力关系，也给体育课程带来潜在的负面影响。转变思想观念，在学校体育教育系统中打开性别的枷锁，给女性体育教师以更大的成长空间和提升机会，让更多有资质的女性体育教师担任管理职位，转变和消除学校制度中的隐性性别歧视。

近年来，国家相继出台法律、法规保障女性受教育的权利，也在各方面改善女性的学习环境。但即便如此，在同等环境和条件下，女性在体育学习过程中依然遭遇不公平的待遇。隐藏在学校体育教育环境中看似无足轻重的不公平，涓流虽寡，浸成江河，不可小视。教育的性别公平与社会文化观念紧密相连，滴水穿石非一日之功，实现高校体育性别公平化教育这一目标仍然任重道远。

参考文献：

[1] 各级各类学校女学生数 [EB/OL]. (2020-06-11) [2020-07-20]. http://www.moe.gov.cn/S78/A03/moe_560/jytjsj_2019/qg/202006/t20200611_464800.html.

[2] 潘丽霞. 中国社会体育参与中的妇女与性别差异研究 [D]. 北京：北京体育大学，2007.

[3] 各级各类学校女教师、女教职工数 [EB/OL]. (2020-06-11) [2020-07-20]. http://www.moe.bov.cn/S78/A03/moe_560/jytjsj_2019/qg/202006/t20200611_464798.html.

[4] 刘梦梦. 河南省23所高校青年体育教师"生存状态"的多维度研究 [D]. 昆明：云南师范大学，2015.

[5] 房晓伟，等. 首都高校校园体育文化建设研究 [J]. 体育文化导刊，2016 (4)：146-150，160.

[6] 胡晓红，等. 教育公平视野下对"男孩危机"的性别解读 [J]. 东北师大学报 (哲学社会科学版)，2010 (6)：231-236.

[7] 谭小春. 普通高校体育教育改革与性别平等研究：以凯里学院为例 [J]. 凯里学院学报，2014 (4)：177-181.

[8] 马逸奎，等. 中医体质分型理论对青少年体质健康促进研究 [J]. 边疆经济与

文化,2012(5):138-139.

[9] 何阳.高校女生课外体育活动调查分析:以湘潭市三所大学的女生为例[J].湖南科技学院学报,2006(5):235-239.

[10] 孙健,等.广东高校《国家学生体质健康标准》测试成绩影响因素分析[J].体育科技文献通报,2017(11):154-156.

[11] 覃立嵩.江苏大学大学生国家体质健康测试结果与课外体育锻炼的现状分析[D].北京:首都体育学院,2014.

[12] 谭小春.社会性别视角下高校女生体育教育公平研究[J].体育成人教育学刊,2013(3):84-87.

[13] 汪全先,等.我国学校体育性别问题的根源及其消解[J].体育学刊,2017(2):85-90.

[14] 郑新蓉.性别与教育[M].北京:教育科学出版社,2005.

产品开发视野下的文化创意与策划课程教学改革研究

林 刚 陈嘉颖 刘 勤①

摘要：本文分析文化创意与策划课程，根据管理学科的思维，讨论在产品开发视野下课程教学的改革思路，认为应该摒弃按照细分文化行业与领域介绍创意策划的已有模式，将文化创意策划归纳为文化活动策划、内容产品策划、文化展示策划和文创产品策划四类，构成新的课程基本框架。进而按照产品开发的思维，进一步考虑课程产品的应有内容，在介绍基本知识"文化创意与策划"的同时，加入实际案例材料，帮助学生了解具体的文化创意策划。民办高等学校应该加强与社会接触，积极寻求参与实际文化创意策划的机会，适应社会需求开展文化创意与策划课程的教学改革。

关键词：教学改革；课程内容；产品开发；文化创意与策划

目前，我国高等教育已经提前进入了大众化发展阶段，培养高素质应用型本科人才已成为与之相适应的人才培养目标。根据本身的办学条件，立足于应用型本科教育，是相当一部分民办本科院校的自身定位。如何应对社会需求，培养高素质应用型本科人才，是当前高等教育界共同面对的课题，更是许多民办高等学校的明确任务。

在应用型本科教育的文化产业管理专业课程体系当中，文化创意与策划是一门重要的专业必修课，许多开设文化产业管理专业的院系都有该课程。顾名思义，文化创意与策划主要传授文化产业领域中创意策划的实际知识，培养相关应用技能。对这样一门实用性很强的专业课，深入开展教学改革，促进学生通过应用型专业人才的道路成长，对文化产业管理专业其他课程的教学改革，也具有相应的借鉴意义。

---

① 林刚，男，广东培正学院艺术学院文化产业管理系教师，副教授。研究方向：文化产业管理及专业教育。陈嘉颖，女，广东培正学院艺术学院文化产业管理系教师。研究方向：文化产业管理。刘勤，女，广东培正学院艺术学院文化产业管理系教师。研究方向：展示设计。

一、现有文化创意与策划课程内容存在的问题

在培养行业实际应用人才的高等职业院校,对于文化相关专业的"文化创意与策划"相近课程的教学问题,已经有学者加以注意,有一些探索和讨论。[1-3]本科高校相关专业同行中,也有人进行探讨。[4,5]其中,王琛(2018)根据高职院校的实际创设文化创意与策划新课,暗合产品开发的思路,其从新课程建设角度提出来的一些认识,具有一定参考价值。

现有的文化创意与策划课程教材,虽然有的主要介绍文化创意策划的基本理论与方法[6],但大多数教材内容体系均在文化创意策划的基础知识之后,分别叙述文化产业各细分领域及其具体行业的创意策划。这从严三九等(2008)在国内最早出版的《文化产业创意与策划》[7]以来,基本上一脉相承(见表1)[8-14]。

大多数教材先介绍了文化创意策划的基础知识,接着叙述文化产业各细分领域与具体行业的相关情况,再来说明和训练文化创意策划。这样的课程设计存在几个方面的问题。

一是需要花费相当篇幅分别叙述文化产业各细分领域与具体行业的相关情况,再来介绍该领域与行业的创意策划。课程设计的基本思想是认为学生缺乏对相关领域与细分行业的基本认识,难于着手考虑该方面的创意策划。但实际效果就是一门课程的教学课时较大部分被耗费于对这些相关领域与细分行业基本知识和运作状况的介绍上,真正用于探讨相关文化创意策划的时间有限。由于文化产业涉及面广,细分行业众多,在分别介绍一些基本知识与行业运作的情况之后,学生在文化产业相关领域与细分行业的创意策划能力没能得到足够的训练,只是浮皮潦草、简单地走过场。

二是大篇幅、费时间去介绍文化产业各细分领域与具体行业的相关情况,跟其他课程在不同程度上形成重复。比如文化产业营销、文化营销学等也是文化产业管理专业的必修课,也要训练创意策划能力,这与在文化创意与策划中再次介绍与训练文化营销方面的创意策划就形成重复;而对文化产业各个细分行业的相关介绍,也往往跟文化产业管理概论以及专门开设的该行业经营管理的专业课程如传媒经营管理、会展经营管理等形成重复。

表1　已有文化创意策划教材介绍的细分行业类型策划

教材名称	作者	出版年	出版社	涉及行业和领域
《文化产业创意与策划》	严三九、王虎	2008	复旦大学出版社	纸质传媒、影视、网络、动漫、广告、休闲旅游、会展
《文化策划教程》	张伟、左颖哲	2011	辽宁教育出版社	企业文化、品牌、新闻、形象、公关、活动、会展、影视、教育、动漫、网游、体育网络营销、图书、饮食、服饰、婚庆、旅游、收藏
《文化产业策划实务》	李锡东	2013	清华大学出版社	影视、出版、商展公关、企业形象与品牌、新闻媒体、广告、体育、饮食与书画、咖啡、旅游、公益团体
《文化创意与策划》	张鲁君	2014	福建人民出版社	影视、动漫、数字出版、手机媒体、网络音乐、休闲娱乐
《文化产业创意与策划》	唐任伍	2014	北京师范大学出版社	经营管理、文化消费、纸质传媒、出版、广播电视、电影、书画、表演与收藏、网络、动漫、广告、企业形象
《文化产业创意与策划》	高小康钟雅琴	2014	南京大学出版社	品牌、市场流通、纸质传媒、广告、影视、动漫、网络文化、会展、休闲
《文化创意与策划》	谢梅、王理	2015	清华大学出版社	影视、广告、动漫、网络、旅游、会展
《文化产业创意与策划》	袁连升等	2016	清华大学出版社	纸质传媒、网络、出版、手机媒体、影视、动漫、娱乐、网络音乐、广告、文化旅游、会展

三是由于耗费较大篇幅介绍不同行业领域的相关情况，对文化创意策划的具体内容阐述不多，使得学生相应的文化创意策划实训不够充分，这对民办高等教育应用型本科教学来说是一个严重缺陷。而其中相当大一部分内容与其他课程重复，这意味着在课程整体上未能积极利用教学时间，存在教学耗费，未能更充分且有效地开展文化创意策划专业训练。培养民办高等教育应用型本科人才，应该让学生更多地认识行业实际运作，切实了解相关领域工作的基本知识，通过比较扎实的实操训练，让学生获得社会需要的基本技能。

二、文化创意与策划课程的校内外相关情况

作为文化产业管理专业的一门专业性和实用性都很明显的专业课程，文化创意与策划应该贴近社会实际需要，适应行业实战要求，在整个专业课程体系当中确立自己应有的地位。深入了解社会经济发展当中文化创意策划的实际状况，全面审视文化产业管理专业的课程体系，明确认清"文化创意与策划"课程的教学要求，是教学改革思维的必然路径。

（一）社会经济实际的文化创意策划

现代经济发展过程中，经济活动已渗入了美学和符号属性，经济产品的文化含量不断提高，让人们通过消费得到更多的文化体验和精神享受；随着物质生活水平的提高、精神文化需求的增长，人们越来越重视文化消费，文化在社会经济生活中的地位和作用也来越重要。一方面，人文精神、社会价值的观念更多地渗透到经济领域，呈现经济文化化的明显特征。另一方面，文化进入市场，形成产业，文化中渗透越来越多的经济要素，使文化具有经济利益，成为社会生产力中的重要组成部分。文化逐渐具有经济特征，甚至成为一种独立的经济形式，文化经济化的趋势也在不断发展。

在经济文化化和文化经济化的大趋势下，不光文化领域的各个细分行业需要产品策划，社会经济的各个领域也在呼唤文化创意策划。文化创意与策划为社会经济各行业产品的外观与内涵增添魅力，使宣传营销倍加吸引力。针对文化产业管理专业的人才培养，如果仅把文化创意策划课程的教学内容局限在不同细分行业的创意策划方面，显然是不够的；但如果想在一门专业课程之内穷尽文化创意策划的各个方面，并且让学生完成全部相应的实践训练，也是不可能的。这样的明显矛盾，呼唤着课程改革。

但从产品开发的视野来看，虽然文化领域的细分行业和社会经济的各领域文化创意策划涉及范围宽广，但如果对其进行系统的审视，这些不同的文化产品和不同领域的文化创意策划还是存在一定规律的，可以被概括为若干类型。对文化创意与策划课程的教学改革，需要放眼社会文化生活，贴近文化经济实际，在有幅度限制的课程教学内容中主要介绍这些一般的文化创意策划类别，这样就可以适应文化经济实际中这些不同类型的创意策划的各种变化。

（二）文化产业管理专业课程体系的相关情况

文化创意与策划只是文化产业管理专业课程系列中的必修或选修课。从广东培正学院的情况来看，和文化创意与策划课程内容交叉和部分重合的课程有广告策划与创意、文化营销策划、文化项目策划实务、创意设计实验、创意文案写作、创意思维优化训练、会展策划与管理、文化旅游创意策划、博物馆文创产品开发等；涉及相关内容的课程有广告经营管理、大众传媒管理、会展经营管理、影视产业经营管理、演艺产业经营管理、艺术品产业管理、动漫与数字产业经营管理等。

通过笔者调查发现，如果文化创意与策划课程在讲授了基础部分之后，再来分行业介绍各自的运作情况和相关创意策划，将会不同程度地与相邻课程或细分行业的经营管理课程产生教学内容重复的情况，且这种情况在国内开设了文化产业管理专业的高校普遍存在。从专业课程体系整体教学着眼，充分利用一门课程的有限篇幅和有限教学时间，减少不必要的内容重复，增加必需的实训操练，显然是文化创意与策划课程应该遵循的方向。

（三）文化产业管理专业学生课程学习反馈

学生是专业课程教材的使用者，也是课程教学活动的参与者。根据接受过文化创意与策划专业课程教学的学生反馈，学生普遍认为具体创意策划的讲述不够，实训有限；在接受过其他专业课程教学之后，反过来思索文化创意与策划课程内容的相关意见，大都表达了"当初的讲解比较简单""不如专门课程讲得细""相互重复了"等认识。

重视课程教学对象的意见，根据学生对课程内容的反馈不断改革，积极处理专业课程体系当中存在的问题，努力优化课程的具体设计，这应该是文化创意与策划课程教学改革的方向。

三、产品开发视野下课程教学改革的思路

要针对文化创意与策划这门课程存在的这些问题进行教学改革，不可能维持原有的内容体系，只在教学方式方法上设法改进；必须要有全新的思路，要有专业教学的整体视野。与此同时，也要注意借鉴相关学科知识，在现代科学教育观的指导下，努力开拓新的教学思想。这里借鉴企业管理领域的"产品开发"思想，从三个方面探讨文化创意与策划课程教学改革的

思路。

（一）产品开发及其应用于课程改革的基本思路

企业管理领域的"产品开发"（Product Development）必须考虑单项产品在整个产品系列当中的地位，明确该产品的特征或用途，以满足顾客的需要。产品的具体设计必须注重其性能和质量，充分考虑顾客要求，体现产品的经济价值。在教育领域，类似的术语是"课程开发"（Curriculum Development），是指通过需求分析确定课程目标，再根据课程目标选择教学内容和设计相关教学活动，进行计划、组织、实施、评价、修订，最终达到课程目标的整个工作过程。

比较而言，教育学领域的课程开发与管理学领域的产品开发，都讲究需求分析，但前者的思路似乎有点单一，没有强调课程体系本身的相互关系，也不够关注教育产品——课程的实用性。同时，注重理论的学院式课程开发，着眼于教学知识的系统、全面，教学内容讲求严谨、科学，这就导致一些教材过于强调知识系统的严谨，内容面面俱到，却缺乏学科知识的区分，较少注意到课程之间的相互关系，从而造成教材内容的相互重复。而注重于应用的实战型课程开发，则关注教学知识的操作性和实用性，教学内容与工作联系紧密。显然，这些实战型课程的开发与企业管理的产品开发有更多相似之处。

（二）课程整体的产品开发

课程整体的产品开发，就是将课程本身看作一项教育产品，在综合考虑该项产品与其他相关产品相互关系的基础上，进行课程教学改革。

产品开发视野下的民办高等教育应用型本科课程教学改革思路应该结合专业教育实际，将单个课程放到整个课程体系当中考察其相关情况，全面深入认识课程的教学目标，进而分析课程内容与行业发展实际是否贴近，关注其与应用型本科专业人才培养要求的适应程度，从而在清晰的观念指导下，为课程教学改革形成明确的指导思想。

就文化创意与策划课程这个具体对象来看，虽然文化产业的具体领域与文化细分行业众多，但创意策划的具体类型其实很是有限，人们对创意策划的产品需求也相对比较统一。从产品开发的视野看，深入认识这些实际需求，就能更清楚地确立课程的教学目标，厘清本课程与课程系列当中其他课程之间的关系，进一步明晰课程应有的教学内容，并从应用型本科教育注重操作性和实用性的角度，着力于应用性知识与实际技能的培养训练，在科学理念的指导下实施合适的课程教学改革。

（三）课程内容的产品开发

课程内容的产品开发，是对课程体系的基本内容进行梳理，按照产品开发的基本思想，总结归纳不同类型的教学内容，开发相应的教学内容产品。

实行产品开发视野下的民办高等教育应用型本科课程教学改革，应该牢记人才培养应具实用性这个基本目标。具体到文化创意与策划这门课程，应该区分文化创意策划的不同产品类型，梳理这些不同文化产品创意策划的总体思想与关键要领，开发适用于应用型专业人才的教学内容，形成文化创意与策划课程的细分教学产品，进而组合成为一个有机整体。再通过将具体案例作为参考借鉴，一定课时的实训操练，在有限的课程教学时间内，切实让学生掌握基本要领，领会基本思路，获得文化创意策划的基本能力。

四、产品开发视野下文化创意与策划课程教学改革的具体探讨

按照"产品开发"的理念，在应用型本科高校，特别是民办高校课程改革当中，应该努力在有限的教学课时内，既介绍必要的基本知识，又开展比较充分的实际训练，较好地培养应用型文化产业人才。

产品开发视野下文化创意与策划的课程改革，既要注意审视本课程教学内容与其他相关课程的相互联系，也要厘分不同课程的产品内涵，还要重视课程本身的教学产品内容设计。基于这样的思想，联系文化产业创意策划实际，应秉持减少课程重复的理念，文化创意与策划课程应关注在实际文化产业中的创意策划类型，并留有足够教学时间，让学生对这些文化创意策划类型进行足够的实训操练。

（一）文化创意与策划课程产品的内容改革

内容改革应根据文化产业创意策划的实际，同时分析被已有文化创意策划类教材收入其中的文化细分行业与相应领域的教学内容。文化创意策划内涵范围很广，只要是以文化为基本元素和核心内涵，使用文化资源，创新文化理念，构思文化新品，规划将文化创意具体落实的，都属于文化创意策划。

创意策划居于文化产业中的核心地位，遍及文化产业的各个细分行业，

也贯穿于文化产业发展的全过程。文化项目开发、文化活动构想、文化产品设计，以及文化内容、文化服务、文化经营方式创新等，都需要创意策划。与文化产业创意策划相比，文化创意策划的范围更加广泛，并不限于文化产业的分类范围，也包括为非文化产业服务的相关文化的创意策划。但文化产业创意策划当中的一部分是文化创意策划与经营管理相结合的产物，如广告创意策划、CIS创意设计等。这些领域因为性质独特，已经设立专门的课程，编撰教材介绍经营管理与文化领域的交叉融合。就这些领域知识的本质来说，虽然仍有文化创意策划的内容，但也受到经营管理相关思维的影响，而并非"纯粹"的文化创意策划。

从文化创意与策划课程内容的设计考虑，对应用型本科高校文化产业管理专业的学生的教学，还是应该聚焦于与文化产业相关的文化产品创意策划，着眼于实际技能的训练，与经营管理结合的文化创意策划自有其他相关课程进行专门介绍。文化创意与策划本身关注各类文化产品的创意策划，目标明确，样例易见，学生实训容易上手，便于在有限的教学课时中更好地实现课程教学产品的培养目标。

鉴于上述基于产品开发视野的教学改革思路，系统分析文化创意策划的产品类型，可以将它们概括为四类：文化活动创意策划、文化内容创意策划、文化展示创意策划、文创产品创意策划。

文化活动是文化生活的常见类型，也是文化产业实际当中的普遍存在。各种会议、庆典、演艺以至广告宣传、旅行游览等，都是文化活动，都需要创意策划。市面上关于文化活动创意策划有若干专门书籍，这也在一个侧面表明了文化创意策划的重要性和社会需求。将文化活动创意策划作为文化创意与策划课程产品当中的一个细分产品加以开发，应该没有问题。

文化产业当中需要创意策划的一个重要领域和主要类型是各种内容产品的创意策划。从文化艺术的各个门类到大众文化的诸多产品，都是不同程度地经过个人或者集体的文化创意与策划之后，才进入具体创作制造环节的。当代文化需要面向市场，则不再是个人的孤芳自赏，而是需要在了解大众文化需求的基础上，考虑遵照一定文化形式、使用一定文化符号的内容产品创意，并根据相应文化产品的制作方式进行文化策划。从面向社会的新闻报道、时政宣教、广告传播，到个人文艺创作的小说、书画及其选辑，再到多人联动参与的复杂的戏剧、影视、游戏等，多种多样的内容产品其实也遵循着一定的文化创意策划之规，可以综合起来作为文化创意与策划课程产品当中的一大类别，从而进行教学产品开发。

社会实际当中常见的另一类文化工作是文化环境的设计营造与视觉传达产品的系列呈现，这些用专业术语来说就是文化展示项目。文化展示包括展会、橱窗、博物馆、主题公园与游览景区的展示布置和空间规划，也包括文化传媒的版面规划与装饰安排，甚至主题餐厅、主题酒店商业环境与各种办公场所服务环境系统要素的展示设计。虽然这些不同领域的创意策划各有特殊之处，但万变不离其宗，都是文化展示，可以被归纳为文化创意与策划课程产品的又一细分类别并在教学过程中加以介绍和练习。

作为文化经济化和经济文化化在日常生活当中的重要体现，各种文化实物产品的创意策划已成为当今社会的一大浪潮。经过文化创意设计制造的当代实物文化产品也被叫作文创产品，其中基于某种文化资源创意设计的也称为文化衍生品或者周边产品。已有的文化创意与策划教材大多缺失这部分内容，但旅游管理专业教育与动漫专业教育当中分别有关于旅游纪念品和动漫衍生品创意设计的专门教材。基于文化产业的发展实际，文化产业管理专业应学习借鉴其他相邻学科专业教育的建设成果。

基于以上分析，文化创意与策划课程产品内容的改革，应该在介绍文化产品创意策划的基本概念、基本理论和基本方法之后，分类传授这四类文化产品创意策划的具体知识，并对各类当中的细分子类分别介绍，说明它们的特征，引导学生认识相应的创意策划的方式与途径。这样的教学内容改革才能更好地适应当今蓬勃发展的社会实际，使课程能提供针对实际应用的教育训练。

（二）文化创意与策划课程的教学对象与教学方式改革

以上讨论的只是文化创意与策划课程教学内容的总体规划，搭起了文化创意与策划课程的基本框架，从产品开发的视野出发，一个大学专业教育课程产品还需要考虑教材框架的进一步充实。对于应用型专业教育，特别是民办高等学校的文化产业管理专业来说，课程产品开发必须注意基本学情，适应学生学习水平，也要注意学习当今应用型专业教育特别是职业教育课程开发的已有成果，让课程产品切实符合应用型专业教育的需要。

对于文化创意与策划这类兼具知识学习与应用训练的课程，需要有符合学情的专门材料，让民办高校学生在创意策划实训时有相应的参考借鉴，从而有效地启发引导。

近年陆续出版的新型本科专业教材，特别是管理与人文社会科学类专业教材的编写已经积极向国际高等教育知识产品学习，在夯实专业知识基础、及时反映学科发展成果的基本方针的指导下,注意与社会实际的联系,在教材当中安排相关案例描述,用生动鲜活的现实材料反映基本知识、基本原理的实际应用,较好地展示了在现代教育思想指导下的课程产品开发的新态势。

基于实际学情与高等教育知识产品开发的新潮流,对文化产业管理专业文化创意与策划的课程产品开发,应该在梳理四大类文化产品创意策划相关规律的基础上,积极向社会与业界调查搜集文化产品创意策划的优秀案例,将其作为课程产品的重要构成部分,摒弃枯燥的长篇大论,努力用鲜活的教学材料引导学生进入文化创意策划的活跃空间。

由于民办高校在改革开放以后才开始创立,此际城市中心区已经缺乏足够的空间,土地价格寸土寸金,民办高校校区普遍远离城市中心区,与社会各界的日常交流往往受到限制——这样的空间地理状况导致民办高校文化产业管理专业的学生较少获得直接接触社会文化活动与产业运行实际情况的机会,较少直接参与文化创意策划活动,获得其创造的产品。这无疑对需要关注社会文化潮流、接受新鲜文化创意产品激励借鉴的文化创意策划课程学习造成不利的影响。

基于这样的教学环境,在产品开发视野下进行文化创意与策划的课程改革,还必须注意经常搜集社会文化创意策划活动的动态发展,在教材印刷的定性材料之外,任课教师还应积极补充介绍相关新鲜报道,每轮教学注意有所更新,让学生及时了解、参与文化创意策划的实践。

文化创意策划不能只停留于口头,更需要实际操练。让学生初步掌握基本思路和基本方法之后,应该注意寻找机会让学生接触文化创意策划的实践,让学生在校园内外的文化创意策划实践当中得到应有的锻炼。学校还应该鼓励学生积极参与校内外文化创意策划技能作品竞赛,通过以赛促学、激励创新创意的方式,切实保证文化创意策划知识与技能被牢固掌握,实现民办高校应用型专业人才更好更快地成长。

参考文献:

[1] 沈晓敏."创意工作室"模式在课程教学中的应用研究:以"文化创意与策划"课程为例 [J]. 潍坊工程职业学院学报,2015 (5):103 - 105,108.

[2] 尹艳. 公共文化服务与管理专业课程模块式教学尝试:以"文化活动创意策划"课程为例 [J]. 课程教育研究,2018 (35):268 - 269.

[3] 王琛."文化创意与策划"课程建设刍议:以四川文化产业职业学院为例 [J]. 四川文化产业职业学院(四川省干部函授学院)学报,2018 (3):94 - 96.

[4] 梁梅朵. 文化产业创意与策划课程教学探索[J]. 广西教育, 2016 (23): 60-61, 76.

[5] 邓静. 文旅创意类课程的产教融合与教学改革: 以川大锦城学院"文化创意策划与传播"课为例[J]. 度假旅游, 2018 (11): 146-147.

[6] 吴廷玉, 吴介然. 文化创意策划学[M]. 2版. 大连: 大连理工大学出版社, 2016.

[7] 严三九, 王虎. 文化产业创意与策划[M]. 上海: 复旦大学出版社, 2008.

[8] 张伟, 左颖哲. 文化策划教程[M]. 沈阳: 辽宁教育出版社, 2011.

[9] 李锡东. 文化产业策划实务[M]. 北京: 清华大学出版社, 2013.

[10] 唐任伍. 文化产业创意与策划[M]. 北京: 北京师范大学出版社, 2014.

[11] 张鲁君. 文化创意与策划[M]. 福州: 福建人民出版社, 2014.

[12] 高小康, 钟雅琴. 文化产业创意与策划[M]. 南京: 南京大学出版社, 2014.

[13] 谢梅, 王理. 文化创意与策划[M]. 北京: 北京大学出版社, 2015.

[14] 袁连升等. 文化产业创意与策划[M]. 北京: 清华大学出版社, 2016.

教学探索

思维导图教学法研究

陆燕冰[①]

摘要：思维导图作为一种可视化的思维工具，能将抽象、复杂的思维过程利用图像（符号）、文字、线条、颜色等形式变为可视化的、生动形象的信息，清楚地呈现知识点之间的联系，其图文并茂的特点符合大脑的认知偏好，因此能成为学习者提高学习效率、锻炼思维能力的有效工具。本文利用思维导图的特点，将其应用于对外汉语教学的过程中，将思维导图与语言要素（词汇、汉字）、语言技能（阅读、写作）的学习训练结合在一起，帮助汉语学习者提升学习质量，更好地掌握汉语相关知识和技能。

关键词：思维导图；对外汉语；教学应用

一、引言

思维导图（Mind Mapping）作为当代认知科学的成果，由英国著名的教育学家、心理学家东尼·博赞（Tony Buzan）于20世纪60年代始创，曾被联合国教科文组织评为最具创新性的学习工具，被广大学习者、职场人士广泛应用于学习、工作和生活中。自2000年被引进中国以来，思维导图在教育界引起了巨大的反响。许多学者、教师纷纷将思维导图与学科教学相结合，探索用思维导图促进学习的方法，并证实了其具有提高学习效率、提升学习质量的效果，思维导图因此受到广大教师和学习者的喜爱。尤其是在语言学习的领域，思维导图被应用于语文、英语教学，在梳理思路、扩充词汇量、提高阅读效率、训练写作技巧等方面具有较为显著的效果。近年来，思维导图也引起了对外汉语教学工作者的重视，他们尝试将其与语言要素教学及语言技能教学相结合，探索对外汉语教学的新思路和新方法。本文将从思维导图的特征入手，探索思维导图在汉语词汇、汉字等语言要素教学以及阅

[①] 陆燕冰，女，广东培正学院人文学院讲师。

读、写作等语言技能教学等方面的积极作用，寻求提高课堂教学质量、帮助汉语学习者更好地掌握汉语技能的教学方法。

二、思维导图概述

（一）思维导图的概念

思维导图是一种促进思维激发和思维整理的非线性、可视化的思维工具，能将人们的思维过程和思考结果进行形象化的呈现。它综合运用图像（符号）、文字、颜色、线条四大要素，由某个思想主题出发，以无限辐射的想法线条向外延伸并互相联系，将各主题、各层次的内容有机整合并清晰地呈现各内容之间的相关性，其内在的逻辑性与外化的、发散的、生动形象的表现方式相结合，能把枯燥的信息变成具有表现力的、容易记忆的、符合人类认知规律的内容组合，使学习、工作更加轻松高效，从而帮助学习者强化记忆、加深理解，挖掘大脑潜能。由此可见，思维导图可谓一种能帮助大脑全方位、多角度思考的可视化思维器，是一种提升记忆力和创造力的图形笔记法，是智能时代的高效学习法。它用途广泛，可用于个人的学习提升、灵感激发、计划制订、决策分析、提升思维能力、拓展思维的广度和深度等。

（二）思维导图的构成要素——心线词图

思维导图具备四大构成要素，分别是中心图、线条、关键词、图像（符号），简称心线词图。中心图是思考的中心，也是思维过程的出发点和落脚点，以话题焦点的形式出现在图的中心，是思维导图的核心所在。由该中心向外不断延伸拓展，由此建立起与中心主题相关的各级内容，通过关键词（即重点内容）的提取或利用图像（符号）抽象概括的形式，用线条（主干及分支）进行连接，构成放射性结构，使各级主题交叉相连，各有层级又互相联系，将内容清晰地呈现出来，一目了然，并且可以无限延伸、不断扩展，使大脑接收容量大大提升。（见图1）

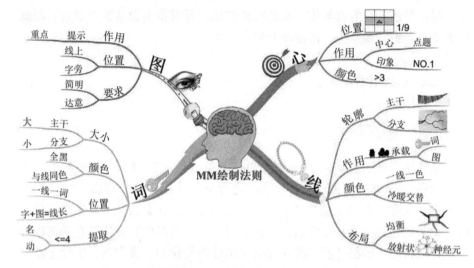

图1 思维导图的构成要素及思维延伸扩展方向示意
资料来源：廖敏莉（2018）。

（三）思维导图的理论基础——大脑功能理论

美国著名生理心理学家罗杰·斯佩里教授通过著名的裂脑研究，证实了人类大脑的左右两半球具有功能的不对称性，左右半球分工合作、互相补充。右脑主要负责处理图像、声音、韵律、情感等信息，具有超高速自动处理及大量记忆的功能，具有形象、直观和感性的特点，例如，想象力、创新力、直觉、灵感等都属于右脑的功能；左脑负责处理语言、文字、数学、符号等信息，具有计算、理解、分析、判断、归纳、演绎等功能，具有抽象性、逻辑性和理性的特点。思维导图作为思维工具，依据全脑的概念，全面调动左脑的逻辑推理、归纳演绎等理性思维能力，以及右脑的图像、色彩、空间等感性思维能力，发挥左右脑协同的优势，使大脑潜能得到充分的开发，具有简练、美观、重点突出的特点，使学习变得更加有趣、更加高效。

另外，思维导图的形状与大脑神经网络有异曲同工之妙，都是由数据节点呈放射状向外延伸发散，与神经细胞信息传递的模式（由中心向外扩展）相似，实现了信息快速、系统、有层级性的传达。

（四）思维导图的特点——知识的可视化

实验心理学家赤瑞特拉（Treicher）通过大量的实验，证明人类在接受信息的过程中，通过视觉获得的信息占83％，由此可见，视觉是人们接受信息的主要渠道。思维导图通过丰富的色彩、多元化的图像（符号）、高度凝练的文字和无限延伸的线条，将知识概念视觉化，充分调动学习者的视觉感官，将抽象的知识系统、内隐的思维过程外显化、图像化、生动化，刺激大脑神经元，增强大脑信息加工的能力，降低了学习者的学习、记忆负担，可谓"一图胜千言"。

（五）思维导图的作用

1. 培养新的思维模式

思维导图的两大思维核心是分类和联想，是结构化思维和发散性思维能力的体现，通过思维激发和思维整理，能够将分散的、貌似杂乱无序的知识点形成网状的、互相联系的知识结构，从而构建和完善知识体系，培养周延的、系统的思维模式，进而提升思维品质。

2. 提高学习效率

思维导图中的关键词是在众多信息中抽取、概括出来的重要内容，往往能以数十字概括整个章节的学习内容，具有重点突出、高度概括、提示记忆等的作用，通过线条的连接，既能视觉化呈现整体知识结构，又能起到提纲挈领式的启示作用，大大提高了学习效率。

3. 培养创新思维能力

思维导图可以充分利用发散性思维和视觉化的特点，通过图像（符号）和词语的联想激发创新思维，有助于学习者充分调动想象力和创造力，以形象且具有高度表现力的形式展示内容要点，使内容更加丰富生动，创造出独特的、具有个体魅力的作品。

三、思维导图在对外汉语教学中的应用

（一）汉语特征与思维导图的有效结合

1. 汉语的层级性、系统性特征

汉语教学内容包括语音、词汇、语法、文字四个基本语言要素。这四个要素的内部特征及各要素的结合并非杂乱无章，而是有规律可循的，其中层级性、系统性就是汉语语言系统的重要特点。可以说，汉语是一个由下至上、层层递进、从有限到无限的层级体系。以汉语语音系统为例，从现代语

音学的角度来看，汉语语音单位由小到大分别是音素、音位、音节，在音节这个层面，汉语的音节又包括声母、韵母和声调三个有机组成部分；数十个音素/音位互相补充、相辅相成，其组合遵循着特定的发音规律，可以生成数量庞大的音节，满足广大人民交流的需要。(见图2)

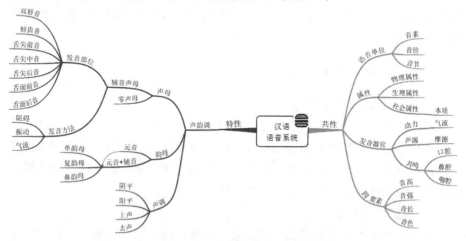

图2　汉语语音系统层级体系示意
资料来源：陆燕冰（2019）。

汉语词汇系统和语法系统同样存在着层级性和系统性的特征。以词汇和语法为例，两者的关系非常密切，汉语语法是比较封闭的系统，其呈现主要以词汇为基础。汉语的词法、句法的结构规则基本一致，都有主谓、偏正、并列、述宾、述补五种结构类型。而汉语的文字系统——汉字，是音、形、义的结合体，又与其他语言要素发生联系。因此，总体而言，汉语是一种具有层级性、系统性的语言，其语言要素的排列组合充分显示出这些特点，对于确定对外汉语的教学目标和教学内容具有重要的意义。汉语学习者如果能了解到汉语系统的这些特征，就能比较迅速地掌握汉语的规律，通过不断强化和集中训练，就能完成各语言要素层面的学习以及听、说、读、写等语言技能的提升。

2. 汉语特征与思维导图的有效结合

利用思维导图的优势学习汉语，可以通过其各级分支清楚呈现汉语语言系统的层级关系及其组合规律，并对某个具体内容进行有规律的分类、提取出具有区别性的特征，并延伸出相关的内容，构建整个知识网络。例如，在用思维导图进行词汇教学时，其发散性结构可以帮助汉语学习者看到词汇和语音、语法、语义、语用、文化等多个层面之间的关系以及词汇内部、词语之间上下位的关系；也可以在此基础上把某一个层面作为一个思维起点，进行逻辑推理和联想，构建汉语词汇的语义网络。以图3为例，在进行近义词辨析教学时，其差别是复杂多样的，辨析的角度包括语义轻重、使用范围、词语色彩、常见搭配等。教师可以从词语涉及的范围与对象、词性与搭配这两个角度进行分析，并从这两个角度延伸出去，以具体的例子说明近义词的区别性特征和具体的用法。

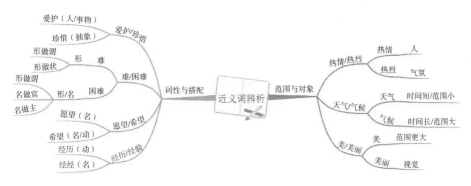

图3 汉语词汇的语义网络示意（近义词辨析）
资料来源：陆燕冰（2019）。

（二）思维导图在对外汉语教学中的应用

1. 语言要素教学

汉语语言要素教学包括词汇和汉字教学等。

（1）词汇教学。

以汉语词汇教学为例，汉语学习者需要掌握大量的汉语词汇以满足日常工作、生活、学习的需求。按照《汉语水平词汇与汉字等级大纲》的学习要求，初级词有3051个，其中甲级词1033个、乙级词2018个；中级词包括甲级、乙级、丙级合计2202个；高级词3569个，包括甲、乙、丙、丁四个等级。又如《高等学校外国留学生汉语教学大纲》里包括初级词2399个、中级词2850个，乙级高级词2793个。汉语常用词有八九千个，如果学习者孤立地看待汉语词汇，记忆词汇的效率将十分低，对于学习者来说，学习任务重、学习难度也较大。尤其在初级阶段，汉语学习者在记忆和理解词汇时往往会遇到较大的困难，例如，记忆负担重、遗忘速度快、理解和使用词语不恰当等。曾有学者做过实验，证实了有意义的、有规律的记忆比单纯背词汇表更加有效、更不容易忘记。如能将彼此有一定关联的系列词语有机整合、互相联系,将词汇构成一幅网络图,将帮助学生展开联想,这样学习到的词语就不再是一个个孤立的词,而是彼此之间有内在联系的词语群体。

　　针对教学情况,汉语教师可以引导和帮助学习者找到词与词之间的关联,利用思维导图分类整理和思维发散的优势,从多个角度梳理词汇,并通过内在关联把词联系在一起,形成以意义、结构、语义场等为主线的词语网络,帮助学习者加快词汇积累的速度,提高学习效率。例如,将词语按照一定的分类标准进行归类,并用思维导图进行词义、用法的展示和讲解,培养学生对词语进行归纳整理的意识。归类的依据包括按词性分类、按语义特征分类、按语义场分类、按结构分类等。除此之外,思维导图具有丰富的表现形式,可以借助颜色、图像(符号)、线条等直观地呈现可视化的词汇体系,便于学习者从视觉层面理解词语。同时,可以借助词与词之间的联系,发挥思维导图的联想功能,进行词汇的拓展学习。以"学习"这个词为例,可以联想到许多与此有关的词语。类似的方法对记忆、理解、拓展词汇量有非常大的帮助。(见图4)

图4　关于"学习"一词的自由联想方向的示意
资料来源:陆燕冰(2020)。

(2)汉字教学。
　　除了词汇教学,汉字教学也可以利用思维导图的特点和优势。汉字被公认为是汉语学习中最大的难点,其由笔画组成的方块字属于表意文字,与世界上大多数国家、民族使用的、用符号（字母）表示音素或音节的表音文字有非常大的区别。因此，很多汉语学习者对汉字学习望而生畏，这大大影响了汉语学习的效果。为了提高汉字学习的效率和质量，有学者曾经做过实验，通过将思维导图与对外汉字教学结合的教学设计和实验研究，发现汉字音、形、义结合的构成特点与思维导图的层级性特点极为相符，利用思维导图辅助汉字教学，能加强学习者大脑对汉字的认知，增强记忆效果，帮助汉语学习者快速记忆汉字的字形、字音、字义，掌握汉字的特征和用法，不仅提高了学习者的学习兴趣，也提高了汉字学习的质量。

以形声字教学为例，通过以下思维导图（见图5），学习者可以把注意力放在中心图位置上的形声字的声旁，同时通过分支上生动形象的图像提示形声字的意义特征，从声音联想到意义联想，将形声字的声旁和形旁有机结合在一起，从而更好地理解形声字的特点，从一个"青"字就可以联想学习到"晴""清""情""睛"等一系列以"青"为声旁的形声字，这大大提升了汉字学习的效率。

图5 形声字联想方向示意（由声旁"青"加其他形旁组成的汉字群组）
资料来源：陆燕冰（2020）。

2．语言技能训练

语言技能，也叫语言能力，即我们经常提到的听、说、（阅）读、写四种技能，其中听和读涉及信息（意义）的接收、获取，是输入性技能；同时，因为在听和读的过程中又需要将接收到的声音符号和文字符号进行储存、提取、解码、分析、转换、合成等，所以听和读又属于理解性能力。而说和写则涉及信息（意义）的表达，需要经过编码、储存、传递等，属于输出性技能。在这四种语言技能中，阅读技能的训练在汉语学习中占的比重最大，而写作属于高级的语言输出过程，学习难度最大。下面将以阅读技能和写作技能的训练为例，探讨如何用思维导图促进阅读技能和写作技能的提升。

(1) 阅读技能训练。

阅读技能的训练常常在汉语精读课、泛读课、综合课等课型中集中出现。传统的教学模式往往是以教师为主体，以讲解生词和语法点、划分课文段落、串讲课文内容等机械化的授课形式为主。但这种教学模式远远不能满足学习者的需求，学习者很难从教师的讲解中提高阅读理解的能力以及掌握阅读技巧，全面提高语言水平更加无从谈起。如何提高阅读的速度、效率和质量，是许多教师和汉语学习者关注的问题。

在进行阅读技能训练时，教师可以利用思维导图独特的优势，将思维导图与阅读技能训练充分结合在一起。在阅读前，教师可以用思维导图激发学生思维、进行头脑风暴，要求学习者根据文章的标题，围绕文章主题进行发散性思维的训练，对文章的内容进行自由联想和预测、引导学习者思考和讨论相关话题，为后续的学习做好充分的心理预热。除了利用思维导图的发散性特点，教师还可以利用思维导图进行文章背景信息的导入和介绍，激活学习者原有的认知结构和相关知识经验。例如，以文章主题为中心，梳理、呈现与阅读材料相关的背景知识，吸引学习者的兴趣和注意力，为下一步的阅读打好基础。当学习者对文章的背景知识了解较少时，教师可以作为信息的提供者，利用思维导图在背景知识、字词和语法点、中心主题等方面进行初步的介绍，帮助学习者扫除语言障碍、做好充分的准备，为下一步理解文章做好铺垫。

在阅读环节，教师可以带领、引导学习者用思维导图分析文章结构，从分析文章框架的角度，整体把握文章内容、抓住文章叙述的主要人物、事件或陈述的主要观点等，并根据文章思路将其分为若干个部分，同时梳理出各部分内容之间的逻辑关系，快速提取文章的主干信息（即关键词），使学习者对阅读材料有整体的把握。根据阅读目标抓住关键的细节性信息，对文章结构和主要内容进行补充，从抓住大意到掌握细节、从篇章结构到具体的字词句，通过思维导图呈现出一个层次清晰、细节完整的文章知识网络，逐步深入，把阅读技能策略的培养和语言知识教学有机融合在一起，使学习者在阅读速度和准确性方面得到较好的训练。

阅读环节结束后，学习者可以利用梳理出的思维导图进行文章的复述，增强对文章内容的理解，也能锻炼口语表达能力。教师也可以根据学习者对思维导图内容的理解把握以及复述的情况，判断学生的理解能力和语言水平。

（2）写作技能训练。

在听、说、读、写四项语言技能中，写作属于输出性技能，不仅要求语言准确、规范、符合目的语的语言表达习惯，还要求学习者能遵循逻辑、有条理地组织内容，做到条理清晰、层次分明。因此，写作是学习者语言水平的综合体现，同时也是汉语学习的难点所在。很多汉语学习者对写作有抵触心理：一是对写作兴趣不大，二是有畏难情绪，不知道该如何下笔。汉语教师可将思维导图与写作训练相结合，不仅可以培养学习者用汉语思考、表达的习惯，还可以将思维训练和写作训练有机结合在一起，提高教学效率和学习质量。教师可以充分利用思维导图的两大功能——思维激发和思维整理，帮助学习者打开思路、开发创新思维、提高想象力和逻辑思维能力，引导学生在开放的状态中完成写作练习。对学习者而言，思维导图能激发写作积极性和思维潜能，同时也可以进行思路的梳理和表达方式的提炼，因此写作的水平也能随之提高。

写作能充分发挥主体的主观能动性和创造力，让学习者有广阔的自由发挥的空间，本应是一个有趣的、有意义的创作过程。但很多学习者在写作之初常常感到没有内容可写，主要是因为没有对写作主题进行充分的思考，使写作思路受限。以记叙文、议论文写作为例，教师可以在写作之前，在全班范围内，利用思维导图进行头脑风暴，引导学习者围绕主题自由联想，收集写作素材和个人观点。在这个环节中，主要利用思维导图发散性的特征，激活学习者原有的经验模式，激发写作兴趣、提高参与度，改善写作课堂沉闷枯燥的学习气氛，使写作变得轻松、愉快。此时，教师不宜对学习者的联想过于限制，也不宜对其观点进行评判，应鼓励学习者大胆联想、自由创新，以思维导图的形式把所有的素材、观点收集起来，留待下一步讨论和编辑调整。当素材收集到一定程度的时候，再进行素材的整理和优化，例如，将素材分类、挑选，将符合写作主旨、更能表达个人情绪情感、有积极意义的素材保留下来，并在此基础上选择适合个人发挥的素材做进一步的联想，充实内容，使素材更加丰富、更加接近写作目标。

确定了写作的主要方向后，应当对写作思路进行梳理，拟写写作框架，让学习者可以有据可循、有条理地组织内容，展开写作。此时，用思维导图拟写提纲，借助其直观的构型进行构思，把杂乱无序的信息、素材有条理地组织起来，从整体上明确中心、把握重点、完善结构，梳理文章脉络。从素材收集到梳理写作思路，学习者根据已形成的思维导图，基本上已经做好了写作的准备。为了让写作更加顺利、具有更高的质量，教师还可以引导或帮助学生利用思维导图整理出常见的表达方式,例如时态、语态、常见句式、搭配、连接词、过渡语等,提炼出关键的表达内容并添加至导图相应的位置;还可以专门为开头、结尾、过渡段落等设计恰当的语句,使作文能衔接自然、完整生动。

如果是应用文写作,教师则可以引导或帮助学生将应用文的结构、写作要点、基本句式、常用词、注意事项等用思维导图梳理出来,作为写作的依据,用来指导下一步的写作实践。

在范文讲解点评环节,教师也可以利用思维导图提炼范文的写作思路和要点,梳理出写作框架供学习者参考学习。由此可见,思维导图作为图文并茂的可视化思维工具,应用到写作技能训练中,可以贯穿整个写作构思的过程。学习者在绘制导图的过程中,能有目的性地回溯个人的生活经验、快速提取有用的素材,以积极主动的状态投入到构思和创作中,不仅使逻辑思维能力、创造能力、语言表达能力得到进一步的提升,还使写作变得更加有趣、更加轻松。

四、结语

思维导图作为一种新型思维工具,在教育界已愈来愈受到重视,已被广泛应用于各学科的教学中。在对外汉语教学领域,不少教师已将思维导图作为教学工具纳入日常教学中,利用其可视化、条理化等特点,将教学材料更加直观、清晰地呈现出来,这样不仅可以提高汉语学习者学习的兴趣和积极性,还可以提高效率和提升教学质量,帮助学习者提高语言水平、培养汉语思维方式、提高思维能力。

需要注意的是,在运用思维导图辅助教学、学习的过程中,使用者应根据目的、内容等恰当地使用导图的功能,例如整理思路、梳理知识脉络、构建知识体系、激发创意、促进思维连贯等,充分利用思维导图能让思考变得系统化的优势,但不应过分追求美观、过分注重细枝末节,以免本末倒置,使思维导图的作用不能得到充分的发挥。

参考文献:

[1] 博赞. 思维导图 [M]. 卜煜婷,译. 北京:化学工业出版社,2015.

[2] 刘珣. 对外汉语教学引论 [M]. 北京:北京语言大学出版社,2000.

[3] 薛薇. 思维导图在对外汉语综合课教学中的应用研究 [D]. 长沙:湖南师范大学,2019.

[4] 何孝淳. 思维导图在写作课程中的应用：以马来西亚沙巴州山打根培华学校为例［D］. 武汉：华中师范大学，2019.

[5] 雷艳. 基于思维导图的对外汉字教学设计与实验研究［J］. 文化创新比较研究，2019（34）：115-117.

[6] 程婉宜. 可视化表征手段在对外汉语词汇教学中的应用研究［D］. 南京：南京师范大学，2017.

[7] 魁崇玉. 基于思维导图的高中语文群文阅读教学［J］. 科教论坛，2020（9）：76.

[8] 冯冬梅. 运用思维导图进行汉语课堂教学的实证研究［J］. 语文建设，2016（32）：1-2.

[9] 弓建丽. 思维导图应用于对外汉语文化词语教学研究［D］. 烟台：鲁东大学，2019.

[10] 王琴. 思维导图对非英语专业大学英语写作教学指导作用探讨［J］. 广东技术师范学院学报，2017（4）：56-62.

认知语言学视角下高校英语专业口译教学探索

冯亚玲[①]

摘要：通过分析口译教学中所涉及的学习策略、学习方法以及元认知策略，结合民办院校学生的认知特点以及民办院校口译教学的现状，本文认为，在口译教学的设计中应该以"技巧＋实践"的模式展开，课堂教学应该以学生实践为主，教师引导为辅，给学生真实的口译体验；口译教材应该选用以综合翻译技巧、笔记方法、记忆训练、口译练习等素材为一体的高质量教材，为高教学生的口译能力提供保障；教师对学生的口译水平的评估模式应该多样化，以教师评价、学生自评以及学生互评的模式为主，更能充分展示学生的翻译心理认知构成。

关键词：认知语言学；口译教学；口译教材；评估模式

时至今日，高校英语语言教学的发展日益成熟，而口译教学由于其特殊的学科特点及其对学生双语水平的较高要求，其发展还远远不能满足市场的需求。口译市场对口译人才的需求量越来越大，这就要求高校口译教师要对传统的口译教学方法进行批判性继承，整合出符合翻译市场需求的高效的口译教学方法。

一、口译教学中的教学理念

传统的口译教学受到语言教学的影响，主要还是以教师讲授口译技巧为主的"一言堂"式的教学方法。随着认知语言学和建构主义教学法的兴起，以及认知心理学的发展，学习者因素成为教学研究关注的焦点。[1]口译课堂教学也逐渐把学生的口译实践活动作为教学重点。口译课堂教学是高校培养口译人才的主要方式，也是教师传授口译技能与学生进行口译实践最基本的

[①] 冯亚玲，女，广东培正学院外国语学院讲师。研究方向：翻译理论与实践、翻译教学等。

形式。口译是经由口译员进行双语转换的翻译传播和社会交际行为，口译的过程"既是语言信息传递的过程，也是文化信息、语用信息、交际传播的过程，更是复杂的认知过程"[2]。本文所提倡的口译教学是教师从认知语言学的角度出发，关注学生在口译实践前后的认知过程，通过设置"技巧＋练习"的口译实践步骤，培养学生自如地进行双语转换的口译能力。因此，口译教学的过程也是教师帮助学生构建这一复杂认知过程，使其内化和自动化的教学活动。

在国内目前的口译课堂中，教师更注重教研和翻译理论，而真正留给学生练习的机会相对较少，过于强调语言知识而没有足够重视对学生口译技能的训练，这种教学方法忽视了学生作为学习者的参与程度，仅仅是传统英语语言教学的延续，忽略了学生的参与和实践，认为学习是一个静态的过程，一厢情愿地认为只要教师传授了知识，学生就能原封不动地全盘接受。这种教学理念在口译教学中是不值得提倡的。

口译教学的目的是培养学生灵活运用双语的能力，学生只有进行大量的口译实践才能具备专业口译人员的基本素养。口译教师在口译练习中不仅考查学生的语言运用能力，例如听辨能力、口语表达能力、文化知识运用能力，还需要考查其心理承受能力。尽管面临极大的压力，口译员在讲者说话完毕时，还是要能够迅速准确地展现专业能力，疏理讲话者想要表达的意思，从而把原语转化过来。只有当口译实践有了数量上的积累，口译效果才有质量上的飞跃。所以，口译课程在内容设置上应该把重点放在实践上，目标是把学生培养成实践型专业口译员。为了达到这个目的，教师必须了解学生在口译过程中的认知特点，了解学生双语语言的认知能力、双语文化的认知水平、双语转换的认知不足等。

因此，在口译教学中，教师在设置教学内容时可以按照词汇、句型、段落、篇章等不同层面给学生布置大量的口译练习，在学生进行口译练习之后再对口译实践进行总结归纳，适当提出一些常用的翻译策略和技巧。与传统教学中主要讲述翻译技巧的教学方法相比，认知视角的教学设计更能帮助教师了解学生在口译前后的认知变化，使教师能更好地调整教学思路。

二、口译教学中的教学方法

在口译教学中，学生的问题主要集中在语言运用能力欠缺，语言转化欠熟练、欠准确，主要表现在：有些同学或者听不懂原语内容，或者由于笔记没记全，无法听懂原文完整的意思；有的同学即使听懂了原文，却不会用目的语自然流畅地表达出来。在记忆力方面，学生还是主要依赖短时记忆、机械记忆，无法依靠句群和逻辑关系记忆较长的信息。有时候感觉自己听懂了，但在口译时又翻译不出来了，抗压能力、临场反应能力有待提高。课堂上经常出现的情况是，在听完老师讲解后，学生认为口译技巧熟记于胸，句法结构也运用自如，不过，一旦进入口译实践环节，学生往往由于紧张或者遇到个别生词而使得整个口译过程缺乏连贯性和准确性。

鉴于以上问题，口译教师有必要引入认知策略来引导学生深入了解自身的学习过程和认知过程。乔姆斯基认为，语言能力是一个特殊的天赋认知模块。语言的学习是一种心理认知的过程。认知策略主要由元认知、学习方法和学习调控构成，这三者相互影响、相互制约。元认知（metacognition）是指个体关于与自己或他人的认知活动的过程、任务、目标和方法等有关的知识和信息，或者说是学生对自己的认知活动的自我意识和自我体验。在口译教学中，如果学生对口译学习的难度和要求有预期，对口译学习的即兴性、时效性有一定的了解，对口译课程的难度和要求也有了解，那么，在平时的学习过程中就会注意积累常用术语双语表达、常用句型双语转换。学习方法是指在信息的编码、储存、提取和运用等认知过程中的方法和技能。它不但包括外部的方法，而且也包括内部的方法，前者包括做笔记的方法等，后者包括怎样进行想象等；在口译教学中，记笔记是一个十分重要的技能，如果能够掌握快速记笔记的方法，在口译时会提高速度和准确率。学习并非一个不可控制的过程，一旦掌握了学习对象的客观规律，则可以有针对性地对学习方法进行调整和修正，最终有效地提高学习效率。掌握人脑在语言认知过程中的具体运作规律，有助于提高学习者的学习效率。学习的调控这个概念详细叙述了调控学习的行为，它指的是学习方法的选择和学习技能的使用。它包括在学习前和学习中激活、维持注意和情绪状态；分析学习情境、提出与学习有关的问题和制订学习计划；监控学习过程；维持或修正学习行为；学习后评价学习效果，包括学习方法的效果。学习的调控可以让学生了解自己在学习期间的情绪变化周期以及学习兴趣的动态变化，提前进行调整，提高学习效率。口译练习既考察学生的智力水平，也考察学生的心理承受能力和快速应对能力，要长期保持紧绷状态，需要维持稳定的情绪、体力以及思维敏捷度。[3]以上认知策略可以贯穿口译教学的整个过程，经由不同的教学设计，可以有效地提高学生的口译能力。

在口译教学中，要将语言学习与认知过程联系起来，不宜只将教学重点停留于语言教学层面，要注重对整体内容的理解和转换。通过原语复述、摘要综述、无笔记交传、影子训练、倒写数字跟读、三角对话、角色扮演、翻译工作坊、观摩与赏析等，让学生进行广泛的实践，激发学生的学习兴趣。与此同时，口译教师也要训练学生的感官记忆、长时记忆、短时记忆，通过信息组织、大脑重复、信息视觉化等方式，多角度提升学生的记忆能力。而口译笔记的训练也必不可少。多采用自上而下的"阶梯结构"，将一个意群作为一个单位记录笔记，译入语与原语并用，语言与符号共存等方法，辅助并加强学生的记忆储存能力，为后续的语言转换做好准备。

三、口译教学中的结果评估策略

传统口译教学的评估方式侧重于教师的主观判断，学生口译成绩的高低取决于教师对学生语音清晰度、语言准确性、文化转换的得体程度以及理解的准确性等方面所做出的主观判断，缺乏科学系统的判断。本文提倡的评估模式是由学生自评、小组同学互评以及教师评价形成的复合评估模式。学生本人、小组同学以及教师评价的比例可以适当地调整，例如设定为20%、20%、60%的比例。在完成一个相对独立的口译任务以后，教师再设置相关参数，从语言文化理解的多层面要求口译者本身以及口译小组的其他同学对刚刚完成的口译任务进行评估，引导学生从实践中得出一些口译的经验和技巧。口译质量的评估应该设置成阶段性的、连贯性的、系统性的，能够体现学习内容难度的提升以及口译练习的侧重点的评估。与传统口译教学中以教师为主导教授口译技巧的方式相比，本文提倡的方法更能使学生主动掌握相关翻译技巧，更愿意主动学习口译，更愿意主动进行口译实践。

因此，教师不能采用单一的评估方式对学生的口译能力进行评估，要分层次、分阶段，重点抓好形成性评价，翻译评价才具有可靠性和科学性。教师应该把学生课堂学习的表现、实训和课外翻译实践的表现结合起来，对学生每一个环节的表现进行真实记录，并且对照教学重点和教学目标给出相应的评价。同时，在对评估的标准、评估的重点以及评估的具体操作进行详细讲解后，鼓励学生积极地进行自评和互评。评价的内容除了包括学生的课内课外的作业情况外，还应包含教学过程中翻译测试的评分和评价结果。在学期结束时，这一综合性评价作为本学期对学生考核的主要参考。学生在评估其他同学的口译效果时，既要对整篇文章进行分析，也要对各个字词句的翻译处理进行分析，不仅是对他人口译认知过程的剖析，也是对自己口译认知过程的练习。[5]这种评估方式也是将评估与主动学习融合在一起，给学生更多练习口译的机会，如果学生欣赏和评估译文的能力提高了，那么相应地，自身的口译能力也会随之提高。

四、口译教学中的教学资料选择

目前，已出版的口译教材越来越多，读者的选择范围越来越广，但是教师在教学过程中却总感觉找不到得心应手的口译教材，这是由口译课程本身的特殊性和口译教材的特点决定的。首先，口译教学通常会以当下热门的国内外政治经济活动开幕式讲话、名人演讲、主持人访谈等作为口译教学的练习素材，所以具有极强的时效性，往往上一年的演讲放在今年就不会那么吸引学生的注意力了。因此，口译教材总会有时间上滞后的特点。这就要求教师及时补充时事的双语转换资料作为口译练习的素材，以弥补教材时间延后的不足。其次，目前市场出现的教材大都以专题分类的方式编撰。例如，会议致辞专题、校园生活专题、旅游陪同专题、会议口译专题、环境保护专题、文化交流专题等。因此，与笔译教材相比，口译教材稍显零星，不成系统，大都是口译案例的列举，系统性和针对性不是十分突出。到目前为止，在中国内地正式出版的口译教材按照内容编排的形式主要分为四种：第一种是包罗万象的综合类教材。取材广泛，包含政治、经济、文化、教育、环境、商务等多领域的材料。此类教材的优点在于概括全面，教师可以在其中找到丰富的教学素材；其不足之处在于，该类教材涉及理论性、技巧性的内容较少，适合作为练习使用，不太适合"技巧+练习"模式。第二种是口译专题教材，编撰方式为针对某一领域进行细致的分析，从词语、句型、段落、篇章各个层面展开专项训练，例如商务口译、医疗口译、法律口译等教材。此类教材对社会从业人员具有极强的指导作用，但对于在校本科生来说过于专业，指导性并不是很强。第三种是具体的口译技巧类教材，以简单的口译技巧分析为主要线索，给每个线索配备相关的练习，以加深学生的掌握程度。此类教材把口译过程碎片化了，让学生很难从整体上做宏观处理，更适合作为自学的素材。还有一种是针对各类口译考级的教材，目标是对应的口译考试，类似于CATTI口译考试的指定教材。[6]

从以上分析可以看出，口译教学的教材选取也是口译教师业务能力和教学能力的体现。无论采用哪些教材，在口译学习中学生所做的就是不断地进行练习和实践，最后从各类教材中全面地掌握各项翻译技巧。至于是否掌握某种口译技巧,掌握何种口译技巧,具有不可控制性、不可预测性。结合口译教材以上的特点,口译教师应该采用"技巧+主题"的方式,对学生展开口译记忆、口译笔记训练、口译技巧训练,再结合不同主题,由点及面地展开口译教学,充分利用口译教材内容,提高学生的口译能力。

五、给从事口译教学的教师多提供实践机会

口译教学对学生的要求之高是不言而喻的,而对口译教学方法、口译教材编写、口译质量评估等进行实际操作的口译教师的要求则更高。理想的口译教师要口译实战经验丰富、口译技巧娴熟……总之就是十八般武艺样样精通。然而,真实的情况是,大多数的口译教师都是从学校毕业不久的硕士或者博士,他们掌握了丰富的口译理论知识,但实战经验很少,还处在纸上谈兵的阶段。对于这种普遍情况,高校应该重视口译教师的岗前培训、短期培训、长期培训、国内外进修学习、企业挂职等职业技能培训,给口译教师创造观摩会议口译、商务谈判口译等专业性口译的机会。此外,高校也可以通过国际间的学校教学交流,邀请外籍教师做讲座,创造现场口译的实践机会,如果条件允许,可以设置一些章节专门用于外教原语展示,再进行口译。相比目前常用的以听力素材为口译原材料的方式,上述方法更能引起学生的学习兴趣。

六、结语

认知语言学将语言研究从对语言结构的分析转向对人的认知过程的研究,将语言与人脑认识世界的过程进行关联。认知视角下的翻译教学研究也需要了解学生口译过程中的认知变化,将传统的口译教学从教学理念、教学方法、教学素材等角度进行改革,从而更有效地提高学生的口译能力。

参考文献:

[1] 武光军. 英语专业大学生的翻译学习观念及其发展特点研究 [J]. 外语界,2013(1):72.

[2] 卢信朝. 认知心理模式、技能及教学英汉口译听辨 [J]. 山东外语教学,2009(5):53-59.

[3] 姚本先. 高等教育心理学 [M]. 合肥:合肥工业大学出版社,2009.

[4] 覃慧. 口译教学中的元认知策略应用实证研究 [J]. 疯狂英语(教师版),

2015 (3): 120-125.

[5] 詹成. 口译教学: 内容与方法: 近十年我国口译教学的宏观研究 [J]. 广东外语外贸大学学报, 2012 (5): 42-45.

[6] 陈世友. 基于网络环境的教学设计模式研究 [D]. 芜湖: 安徽师范大学, 2007.

[7] 沈国荣. 论高校口译教学的不足以及改进的措施 [J]. 学理论, 2013: 238-239.

[8] 张金玲. 国内英汉口译教材存在的主要问题及其编写原则 [J]. 沈阳农业大学学报, 2010 (6): 724-726.

[9] 方忠南. 校企合作背景下翻译教学评估体系建设之探讨 [J]. 长沙铁道学院学报 (社会科学版), 2013 (3): 161-163.

[10] 刘和平. 口译教学与研究 [M]. 北京: 中国对外翻译出版公司, 2005.

[11] 葛卫红. 英语专业本科生口译教学现况调查与分析 [J]. 首都经济贸易大学学报, 2009 (4): 77-80.

[12] 王斌华. 基于口译认识论的口译理论建构: 多视角、多层面、多路径的口译研究整体框架 [J]. 中国翻译, 2019 (1): 19-29.

基于翻转课堂的会计综合实训教学模式研究

谭洪益[①]

摘要：本文在国内外文献综述的基础上，构建了基于翻转课堂的会计综合实训教学模式，主要包括课前自主学习、课内仿真实训和课后综合实践三个环节。接着，以广东培正学院2016级会计综合实训课程为例，阐述了基于翻转课堂的会计综合实训教学模式的具体实施过程。最后采用问卷调查法，对基于翻转课堂的会计综合实训教学模式的应用效果进行了分析。调查结果表明，学生的学习态度、学习参与度、团队合作能力和自主学习能力都有显著提高。

关键词：翻转课堂；会计综合实训；教学模式

经济越发展，会计越重要。随着经济社会的发展，企业对会计从业人员的要求也越来越高。会计人员需要既懂业务，又懂财务，成为"业财融合"的复合型会计人才。这就需要应用型高校加强会计综合实训，培养学生的财务综合职业能力。会计综合实训就是借助于会计实训平台，让学生分组，设置相应的工作岗位，完成模拟企业一个月的会计核算，从而培养学生的职业技能。但目前大部分应用型高校在会计综合实训过程中存在诸多问题，比如教师在实训课上占据了主导地位，主要采取教师手把手教的方式，学生参与度不够，且存在学生之间相互抄袭和"搭便车"现象。这种"老师教、学生做"的教学模式在会计综合实训课程中存在诸多弊端，严重影响到实训教学效果。翻转课堂（flipped classroom）作为一种新型教学模式，打破了传统教学以教师为中心的模式，树立起了以学生为中心的教学模式，重视学生的参与度，充分调动了学生的学习积极性，培养了学生的创新能力和自主学习能力。

---

① 谭洪益，男，广东培正学院会计学院副教授。研究方向：财务管理、资本市场。

一、国内外文献综述

国外在翻转课堂的研究和实践方面开展得也较早。Lage、Plat 和 Treglia（2000）在经济学入门这门课上采用了翻转课堂的教学模式，利用互联网让学生在课前预习教学视频，课中进行分组练习。[1]乔纳森和亚伦利用办公软件录制教学视频，并将视频发送到互联网上帮助更多学生复习。萨尔曼·汗（2011）创建了可汗学院，利用画图软件和互联网设备录制了数以万计的微视频，内容涵盖了数学、物理、化学和金融等学科，并在全世界广泛传播。[2]约翰逊（2011）在自己的数学课上实施翻转课堂教学，让学生通过提前录制好的教学视频和相关的教学课件进行课前预习，在课堂上针对学生存在的问题进行讲解和解答，课后将事先编制好的测验题发给学生进行复习和巩固。[3]

国内学者也对翻转课堂进行了大量的研究和实践。张金磊（2012）以建构主义学习理论和系统化教学设计理论为基础，对罗伯特教授总结出来的翻转课堂教学模型进行了改进，主要从信息技术和活动学习两方面进行了改善。[4]马秀麟（2013）实证分析和研究了翻转课堂教学模式的应用、作用和局限性。[5]杨九民（2014）采用问卷调查法和视频分析法，调查和分析了翻转课堂教学模式的有效性，借助翻转课堂的教学模式有助于调动学生的学习积极性，从而提升教学效果。[6]刘锐（2015）认为基于微课的翻转课堂教学模式具体分为课前学生预习、课中讨论分析和课后巩固提高三个实施流程。[7]郑艳敏（2015）分析了翻转课堂教学模式中教师和学生的角色定位，教师在翻转课堂的教学中充当引导者和设计者的角色，而学生充当自主学习者和执行者的角色。[8]范文翔、马燕和李凯（2015）阐述了基于微信的翻转课堂教学模式有助于学生利用碎片化的时间进行自主学习。[9]吴仁英、王坦（2017）分析了翻转课堂教学模式在实施过程中，在教学理念、知能结构、角色定位和工作负荷四个方面存在的问题，同时提出了相应的解决对策。[10]杨俊（2018）认为翻转课堂在实施过程中应当基于教学任务驱动，调动学生的学习积极性，从而提高教学效果。[11]

目前，国内外关于翻转课堂的研究和实践已经比较广泛，但是翻转课堂教学模式主要应用于理论课程，对实训课程如何运用翻转课堂的研究和实践较少。另外，应用型本科院校大多还是沿用传统的教学模式，急需加大对教学模式创新的力度。本文将借助已有的理论成果，以应用型本科院校会计综合实训课程为例，探讨翻转课堂在会计综合实训课程中的设计和实施。

二、基于翻转课堂的会计综合实训课程教学模式的设计

本文根据翻转课堂的教学理念和模式，以广东培正学院 2016 级会计综合实训课程为例，主要分三个阶段进行教学设计，即课前的自主学习、课内的仿真实训和课后的综合实践。

（一）课前的自主学习设计

任课教师根据每次实训课的目标，对教学内容和实训要求进行科学合理的设计，并在课前将实训任务清单放到网络学习平台，让学生明确每次实训课的目标和内容，同时，学生可以根据任务清单进行自主学习。

自主学习任务清单应当包括实训任务名称、学时安排、实训目标和自主学习任务等。任务名称和学时安排可以让学生对实训项目有大概的了解；实训目标可以让学生提前了解实训项目的要求，以及通过什么途径达到教学目标；自主学习任务可以以会计微视频为主要载体，主要包括相关实训素材、课件、视频、习题、案例等学习资源。学生可以根据自主学习任务清单进行课前预习，提前掌握实训所需要的理论知识，并熟悉实训的任务和要求。

（二）课内的仿真实训设计

课内的仿真实训应当以学生自主实训为主，学生按照实训任务和要求分组开展实训，并进行任务成果展示，教师的主要职责是组织和引导。具体实训设计如下。

首先，教师根据学生在学习平台进行课前自主学习的情况反馈，对学生进行分组，一般以 4～6 名学生为一组，根据企业财务部门的人员分工设置相应岗位，如会计主管、出纳、总账会计、记账会计等岗位，并分配相应的实训任务，从而检测学生课前自主学习的情况，并针对学生在课前自主学习过程中存在的问题，结合相关专业知识进行解答。在课堂中，教师可以通过职业岗位任务的测试了解每个学生的学习情况，从而不断调整教学方法，优化和提高课堂效果。

其次，教师在课堂上通过仿真的教学情境，让学生分组完成各项实训活动。实训项目包括建账、填制和审核会计凭证、登记账簿和编制报表。在课内的实训应当以学生为中心，教师在课堂上主要依托仿真实训软件，针对学

生自主学习和课内实训进行引导和推动，并针对学生在实训中存在的典型问题进行讲解。学生在实训课堂应当独立分析、决策和完成实训任务，教师只是加以引导和答疑。

最后，基于企业仿真环境的课堂实训还应当以学生为主体，教师主要充当组织者和引导者的角色，结合岗位任务进行分组实训，争取锻炼每个学生的实操技能，达到课堂效果最大化。为了调动学生的积极性，在实训过程中可以基于项目任务驱动，营造一个模拟的实训环境，让每组学生积极参与，完成每一项实训任务，展示各个小组的实训成果。同时，采取小组自评、组间互评、教师点评的方式进行多维度的综合评价。针对学生在实训过程中的薄弱环节，教师应当及时反馈，强化相关的知识讲学。

(三) 课后的综合实践设计

课后的综合实践是课内仿真实训的巩固和强化。教师根据学生课前的自主学习和课内的仿真实训，依托仿真实训软件设计和分配综合实践任务，检测学生的学习效果。针对课后综合实践存在的问题，教师还可以设置问题解答模块，通过学生互答和老师解答模块，帮助学生通过课后综合实践巩固和提高。

三、基于翻转课堂的会计综合实训课程教学模式的实施

本文以会计综合实训中"应收模块"为例，设计和实施基于翻转课堂的会计综合实训课程教学模式，主要分为课前的自主学习、课内的仿真实训设计和课后的综合实践三个阶段。

(一) 课前的自主学习

在课前，教师根据"应收模块"的实训目标和内容，再结合学生的学习特点制定自主学习任务清单，并根据"应收模块"的内容制作微课件、微视频和"应收模块"等会计实训资料。任课教师将自主学习任务清单、微课件、微视频等会计实训上传到企业会计仿真实训学习平台。这样，学生可以根据自主学习任务清单，提前学习相关的理论知识，也可以了解实训的相关资料。

(二) 课内的仿真实训设计

教师在讲授"应收模块"的实训内容时，按照翻转课堂的教学模式，根

据企业财务部门设置模拟企业的仿真会计实训环境，将课时分为两部分：20%的课时用于介绍应收模块，80%的课时用于项目实训。

首先，教师可以检查学生在课前自主学习中对于支票、本票、汇票等商业汇票及进账单的填制情况、应收模块的操作流程等内容的掌握情况。再根据学生在自主学习中存在的问题，讲授"应收模块"的相关理论知识和操作流程，让学生掌握其相关理论知识和操作流程，为以后的课内实训打下坚实的基础。

其次，教师根据学生的特点，按照企业财务部门的岗位将学生分组，设置会计主管、总账会计、记账会计、出纳等岗位，另外，还应设置商业银行、经销企业等机构。分组之后，教师根据"应收模块"的实训项目，要求各组学生完成实训任务。实训任务主要包括：销售收入的确认、销售成本的结转、票据的办理和结算等。每个小组的学生相互配合、分工协作，共同完成实训任务，教师则负责监控学生实训，并解答学生提出的问题。

最后，课内实训结束后，每个小组上台进行成果展示，教师和其他小组进行点评和总结，点评其做得好的方面，也指出其不足之处。同时，教师根据综合评价进行打分。

（三）课后的综合实践

学生完成课内"应收模块"的各项实训任务后，能够熟练掌握相关技能。课后学生可以自主登录金蝶或者用友的会计综合仿真实训系统，查看教师布置的课后实训任务，独立完成应收模块中相关的线上操作以及填制线下单据、记账凭证等操作，同时将相关的会计资料装订成册，上交给教师检查和评分，进一步强化会计岗位技能。

四、基于翻转课堂的会计综合实训课程教学模式的应用效果分析

本文主要选取广东培正学院的会计综合实训课程4个班共225名同学作为研究对象，采用问卷调查法，分析基于翻转课堂的会计综合实训课程教学模式的应用效果。在会计综合实训课程开始前和结束后，分别向学习这门课程的4个班共225名同学发放调查问卷，让学生在课堂上当场填写并回收。此次调查在课程开始前一共发放问卷225份，回收有效问卷223份，回收率99.1%；在课程结束后一共发放问卷225份，回收有效问卷220份，回收

率 97.8%。

（一）学习态度分析

根据基于翻转课堂的会计综合实训课程开课前的问卷和结课后的问卷，收集和整理问卷中的数据并进行对比分析，利用 SPSS 统计分析软件进行处理，分析学生对基于翻转课堂的会计综合实训课程教学模式的学习态度变化情况。数据分析结果如表 1 所示。

表 1 学生学习态度对比

学生的学习态度	平均值		均方差		显著性检验
	课前	课后	课前	课后	
自主学习任务清单有助于自主学习	3.64	4.25	0.563	0.586	0.031
课前观看微视频有助于提升实操能力	3.78	4.53	0.523	0.538	0.046
学习平台有助于提高学习兴趣	3.56	4.16	0.578	0.582	0.085
课内实训有助于提高实践能力	4.03	4.65	0.564	0.636	0.027
课后综合实践有助于知识的内化	3.78	4.58	0.489	0.585	0.043

从表 1 可以看出，在基于翻转课堂的会计综合实训课程教学模式实施前后，学生的学习态度发生了比较显著的变化，课程结束后的平均值显著高于课程开课前的平均值。从差异的显著性检验来看，除学习平台有助于提高学生学习兴趣外，其余的差异显著性检验值均低于 0.05，且具有显著差异，说明学生对基于翻转课堂的会计综合实训课程教学模式是比较认可的。

（二）课堂参与度

根据基于翻转课堂的会计综合实训课程开课前的问卷和结课后的问卷，收集问卷中的数据进行对比分析，利用 SPSS 统计分析软件进行处理，分析学生对基于翻转课堂的会计综合实训课程教学模式的课堂参与度变化情况。数据分析结果如表 2 所示。

表2 学生课堂参与度对比

学生的课堂参与度	平均值		均方差		显著性检验
	课前	课后	课前	课后	
自主学习提升了课内学习参与度	3.43	4.15	0.581	0.626	0.074
课内实训有助于课堂教学活动的参与	3.67	4.23	0.587	0.638	0.032

从表2可以看出,在基于翻转课堂的会计综合实训课程教学模式实施前后,学生的课堂参与度发生了比较显著的变化,课程结束后的平均值显著高于课程开课前的平均值。从差异的显著性检验来看,自主学习提升了课内学习参与度的差异显著性检验值高于0.05,而课内实训有助于课堂教学活动的参与的差异显著性检验值低于0.05。因此,在基于翻转课堂的会计综合实训课程教学模式实施后,学生认为,自主学习提升了课内学习参与度,但没有显著性差异;课内实训有助于课堂教学活动的参与具有显著性差异。

(三) 自主学习能力

通过在课程开课前与结束后对学生进行问卷调查,收集问卷中的数据进行对比分析,分析学生在基于翻转课堂的会计综合实训课程教学模式的自主学习能力变化情况。数据分析结果如表3所示。

表3 学生自主学习能力对比

学生的自主学习能力	平均值		均方差		显著性检验
	课前	课后	课前	课后	
自主完成学习任务	3.63	4.25	0.632	0.563	0.045
学习平台提升了自学能力	3.76	4.13	0.624	0.558	0.038
分组协作方式提升了团队合作能力	3.57	4.08	0.654	0.612	0.056

从表3可以看出,学生在课程结束后的各种自主学习能力平均值都要高于课程开课前的水平,并且课程结束后的自主学习能力均方差都要小于课程开课前的自主学习能力均方差。因此,基于翻转课堂的会计综合实训课程教学模式的实施有助于提高学生的自主学习能力。从差异的显著性检验来看,分组协作方式提升了团队合作能力的差异显著性检验值高于0.05,而自主完成学习任务和学习平台提升了自学能力的差异显著性检验值低于0.05。因此,在基于翻转课堂的会计综合实训课程教学模式实施后,学生认为,分组协作方式提升了团队合作能力,但没有显著性差异;翻转课堂有助于其自主

完成学习任务，学习平台提升了学生的自学能力，具有显著性差异。

总之，学生在基于翻转课堂的会计综合实训课程教学模式下的学习态度、课堂参与度、团队合作能力和自主学习能力都得到了明显提高。翻转课堂教学模式变传统的"以教师为中心"的教学模式为"以学生为中心"，让学生独立完成实训任务，增强学生的成就感，提高学生的积极性，从而有助于锻炼和提高学生的综合实践能力和职业能力。

四、结论

翻转课堂作为一种新型的教学模式，打破了传统的"以教师为中心"的教学模式。在翻转课堂的教学模式下，主要以学生为中心，让学生在课前进行自主学习，课内积极参与课堂活动，课后再进行复习和巩固。本文基于国内外关于翻转课堂教学模式的研究和实践，以广东培正学院的会计综合实训课程为例，设计和实施了基于翻转课堂的会计综合实训课程教学模式，并采用问卷调查法，分析了基于翻转课堂的会计综合实训课程教学模式的实际教学应用效果。通过对问卷调查分析发现，实施翻转课堂教学模式后，学生的学习态度、课堂参与度、团队合作能力和自主学习能力都得到了显著提高。

参考文献：

[1] Lage, Platt, Treglia. Inverting the classroom：A gatway to creating an inclusive learning environment [J]. Joumal of Economic Education. 2000 (31)：30 – 43.

[2] 孙靓. 浅析可汗学院教学 [J]. 大众文艺，2017 (22)：219 – 220.

[3] Foldnes N. The flipped classroom and cooperative learning：Eridence from a randomised experiment [J]. Active Learning in Higher Eduration, 2016 (1)：39 – 49.

[4] 张金磊，王颖，张宝辉. 翻转课堂教学模式研究 [J]. 远程教育杂志，2012 (4)：3.

[5] 马秀麟，赵国庆，邬彤. 大学信息技术公共课翻转课堂教学的实证研究 [J]. 远程教育杂志，2013 (1)：1.

[6] 杨九民，邵明杰，黄磊. 基于微视频资源的翻转课堂在实验教学中的应用研究：以"现代教育技术"实验课程为例 [J]. 现代教育技术，2013 (10)：36 – 37.

[7] 刘锐，王海燕. 基于微课的翻转课堂教学模式设计和实践 [J]. 现代教育技术，2014 (5)：29.

[8] 郑艳敏. 国内外翻转课堂教学实践案例分析 [J]. 中小学信息技术教育，2014 (2)：46.

[9] 范文翔，马燕，李执，等. 移动学习环境下微信支持的翻转课堂实践探究

[J]. 开发教育研究, 2015 (3): 91.

[10] 吴仁英, 王坦. 翻转课堂: 教师面临的现实挑战及因应策略 [J]. 教育研究, 2017 (2): 112 – 121.

[11] 杨俊. 基于任务的翻转课堂教学模式设计与应用 [J]. 教育教学论坛, 2018 (4): 186 – 187.

民办高校混合式教学模式实践及效果评价体系研究
——以统计学课程为例

田 玥[①]

摘要：信息科技的发展，在教育领域产生了深刻的影响，给传统教学模式带来了挑战，"线上＋线下"的混合式教学模式应运而生。对新型教学模式的效果进行评价是本文的重点。笔者以统计学课程为例，对民办高校教学现状及教学效果评价状况进行分析，在此基础上，通过过程性评价与结果性评价并重、线上平台教学与线下课堂教学相结合的方式，构建混合式教学模式效果评价体系，并期望通过该教学模式的实施，完善评价体系，提升教学效果。

关键词：混合式教学；评价体系；民办高校；统计学

一、引言

近年来，信息通信技术、互联网技术发展迅速，对在线教育的发展起到了极大的推动作用。传统教学与网络在线教学各有优势和不足，将二者综合，进行混合式教学，能够将各种资源有效整合，学生获取知识的途径也更加多样化，学习过程更加自主化。采用混合式教学，对教师是一种挑战，因为教师不仅要学习新的技术、使用新的软件，所担任的角色更要从以前"满堂灌"的课堂主导者转变为启发、监督学生的课堂指导者，让学生从被动听课转变为主动学习。这是一场教学领域的深刻变革，也是教学模式革新的必然选择。[1]

民办高校一般录取分数线比较低，学生的基础知识较为薄弱。统计学作为经管类专业学生的必修课程，其前置课程是概率论与数理统计，课程涉及

---

① 田玥，女，广东培正学院经济学院讲师。研究方向：统计学、农业经济学等。

大量公式、定理、运算,而经管类专业生源中文科生较多,相当一部分学生表示统计学这门课程难度大、不知道怎么运用,考试通过率也相对偏低。混合式教学能将传统教学和网络在线教学相结合,实现课前、课中、课后的无缝衔接,保证课堂内外师生之间互动沟通和信息的及时传递,打破"教"与"学"的界定,学生可以根据教师提供的视频、课件等资料进行自主学习,可以在教师指导下开展主题讨论、小组作业、抢答等多种形式的学习活动,可以通过手机、电脑完成课后作业,这样教师即刻就能收到学生作业并进行批改反馈。[2]课堂不再只是面对面的讲述,学习不再是教材上的静态内容呈现,这样,学生能够自主规划学习时间,学习可以更为深入,更能有思想上的碰撞,也更能激发其学习的积极性。

然而,混合式教学模式与传统教学模式有着较大的不同,对教学效果的评价也会发生较大的变动。[3]本研究以统计学课程为例,构建民办高校混合式教学模式评价体系,以混合式教学模式的实践效果进行说明。

二、民办高校统计学课程教学评价现状

(一)民办高校统计学课程教学现状

民办高校学生的基础较为薄弱,学习热情相对比较欠缺。统计学课程的教学形式主要为理论教学,内容也较为复杂,教学效果、学生的掌握程度普遍有待提高。

以广东培正学院为例,统计学课程由经济学院开设,主要面向经济学院、管理学院、会计学院的学生,授课时间共48学时,每周3学时,主要讲授10章内容,涉及较多的公式、定理,需要大量计算。通过对学生进行问卷调查和访谈,发现大多数学生对于涉及计算的课程比较排斥。一方面是生源多为文科专业,学生的数学基础薄弱;另一方面是学生在课堂上一旦走神,就很可能掉队,后面的内容听不懂,心理上容易产生厌学、弃学情绪。在授课过程中,教师发现学生对于前置课程概率论与数理统计的掌握程度一般,学生通常只是为了通过考试,在期末临阵突击,考试过后知识点也就被淡忘了,这就导致课堂上教师需要花费更多时间来对前置的知识进行回顾,这样就压缩了新内容的讲授时间,会进一步减少课堂上与学生互动的时间、练习时间,导致教学效果得不到提高,而时间问题又无法解决。

在传统授课模式中,课堂上授课时间紧张,大多情况都是由教师全程讲

解。由于课堂时间有限,为保证教学进度,教师没办法留给学生较多时间去讨论、练习和实操。然而,对学生来说,这种"填鸭式"教学会带来很大压力,短时间内要掌握的内容太多,过程枯燥,没有练习、思考的时间。对教师、学生来说,这样的传统教学模式是需要改进的。[4]

(二) 民办高校统计学课程评价的现状

目前,大部分高校的教学评价还是立足于传统教学模式,对学生的学习效果、教师的教学效果的评价基本都是以学生的期末考试成绩为标准,基本表现为一个学期或一个学年评价一次,反映的只是学生在期末考核中的表现,是教学的总体表象特征,对教学的过程缺乏关注。[5]学生的学习效果由教师进行单方面的评价,这很难真实反映学生的整体学习效果。因此,需要注重对教师教学过程、学生学习过程的考核。学生不仅仅需要通过理论知识的考核,还需要能够理解、运用所学知识,在学习过程中展现水平。故建立更为规范、系统、科学的教学评价体系,对于更为全面地说明教学效果十分有必要。

三、混合式教学模式效果评价体系构建

随着科技、生产力的发展,学生至少人手一部手机,大部分学生配备了电脑,能够十分方便、快捷地上网查找信息,公开课、慕课云集,很多网络课程都是名师教学,这就对教师有了更高的要求。一线教师要积极转变教育观念,勇于接受新事物,适应时代的发展。通过网络在线教学,教师能够将移动设备引入课堂,可以借助新型教学工具的优势,结合面授教学,通过线上教学与线下教学的结合来实现课堂教学的突破。

在过去的应试教育模式下,学校和家长通常只注重学生的考试结果,而在当今的素质教育环境下,我们不仅要根据考试成绩判断学生的知识掌握情况,更需要注重学生的学习过程,提高学生自主思考、应用所学知识的能力。对教学效果的评价,也必须从过去只关注考试转变为关注学生的成长过程,从注重结果转变为过程与结果并重,从依靠成绩量化评价转变为定量指标与定性指标相结合的评价指标体系。[7]混合式教学模式与传统教学模式具有较大差别,混合式教学模式的教学效果如何,需要构建新的指标体系进行评价。[8]本研究以统计学课程为例,通过对课前、课堂、课后的分析,建立过程性评价指标,结合期中测试、期末考试成绩进行结果性评价,试图整体

构建评价指标体系（如表1所示）。[9]

表1 混合式教学模式下统计学课程教学效果评价指标体系

评价维度	评价要素	评价指标	评价内容	评价方法	评价形式	权重
过程性评价（50%）	课前评价（14%）	学生活跃度	登录次数、提出/回答问题次数	平台统计	线上	4%
		发布内容观看程度	线上视频、课件学习进度	平台统计	线上	5%
		预习效果	测验得分	平台统计、教师打分	线上	5%
	课堂评价（20%）	学习态度	出勤次数、听课状态	平台统计、教师打分	线上、线下	5%
		互动交流	提问、回答积极程度和质量	教师打分	线下	7%
		计算分析结果展示	过程完整程度、结果准确程度、表达清晰程度	学生互评、教师打分	线上、线下	8%
	课后评价（16%）	知识掌握情况	作业完成时间、作业得分	平台统计、教师打分	线上	6%
		应用拓展能力	开展调查、资料整理、数据分析	教师打分	线上、线下	5%
		总结反思	思维导图制作	教师打分	线上	5%
结果性评价（50%）	课程考核（50%）	期中测试	测试成绩	教师打分	线下	10%
		期末考试	卷面成绩	教师打分	线下	40%

（一）过程性评价指标构建

1. 课前评价

在混合式教学模式下，教师更多的是课程设计者和主导者，要引导学生发挥学习的主动性。在开始进行新内容讲授之前，教师需要设置能够调动学生兴趣的教学方案，将相关教学资源上传至资料平台，可以包括课前学习任务单、教学课件、PDF 或 Word 文档，也可以将先导课程内容录制成视频或者借助相关的慕课等资源，便于学生更直观地理解。

课前评价主要是评价学生对于本次课程所需要掌握的课前基础知识的完成情况。教师可以通过在线平台，了解学生进入课程的学习频次、对课程视频等在线资源的利用情况，以考查学生的学习积极性；通过查看学生提出问题、回复问题的数量，以考查学生是否有自主思考的意识；通过批阅学生的测验题目，以考查学生对课前知识的掌握程度，进而掌握学生的预习效果，以便在后续的课堂教学中更有针对性地开展教学活动。借助于线上平台，可以不受时间、空间限制，第一时间得到反馈；对于客观题，平台能够自动批改，减轻教师批改作业的负担。

2．课堂评价

混合式教学模式可以给学生带来更为丰富的课堂体验，能够弥补传统课堂教学学时有限的状况。在混合式课堂教学中，教师可以将在线平台与面对面授课的传统课堂相结合，采用"线上+线下"的模式进行交互式学习。教师不仅仅是传授者，更是学生的引导者与合作者。

在课堂教学开始之前，教师和学生可以利用手机或者其他设备完成签到，不需要再按照花名册逐个点名，就能够快速准确地获取学生的出勤情况，节约课堂时间。在课堂授课的过程中，对聊天、睡觉、玩游戏等做与课堂无关的事情的学生予以扣分；对认真听讲、主动回答问题、提出问题的同学予以奖励，以端正学生的学习态度和提高学习积极性。由于课前进行了前导内容的说明，课堂上时间会更宽松，让学生能够进行练习，通过小组讨论来讲解其计算分析的结果。成果的展示以及学生之间学习心得的交流不仅可以对课程内容学习起到巩固作用，而且也能培养学生的自主学习能力、合作沟通能力和语言表达能力，提高学生的综合素质。

3．课后评价

课后，教师可以利用在线平台所记录的学生参加课上活动的实时情况，对整个教学活动进行复盘，重新认识课堂，找出课堂教学中存在的问题，有针对性地改进，以提高课堂的教学效率和教学质量。

教师通过在线平台可以查看学生上交作业的时间，要格外注意交作业较晚的学生是否独立完成作业，通过批改作业，可以考查学生对本次课程整体内容的掌握程度。学生进行课程学习，不仅要能掌握理论知识，还要能够运用。教师可以设计调查方案，开展调查，收集数据信息，使用 Excel、SPSS 等软件进行分析，得出结论，考查学生的应用拓展能力，通过借助思维导图考查学生对本次课程内容的总结和反思。

（二）结果性评价指标构建

结果性评价是在本学期的阶段性学习结束之后，教师对学生关于所学内容的掌握情况以及学习效果开展的评价活动。本研究的结果性评价是通过课程考核来进行反映的，其中的评价指标为期中测试和期末考试，以相应成绩作为该指标值。广东培正学院每学期教学周为16周，期中测试设置在该学期第8—10周，通过题目测试，考查学生对知识的掌握情况，同时可以检测学生是否独立完成平台的各项任务。期末考试是考核学生学习情况的最主要指标，卷面成绩是其指标值，通过线下统一进行考试。

结果性评价必不可少，能够在相对公平的环境下通过考试成绩进行评价。在混合式教学模式下，适当降低结果性评价所占权重，增加过程性评价的比重，以更全面地体现学生在整个学期或学年的学习效果。如此一来，对学生的评价就不再是单一的结果考核，而是多维度的过程＋结果评价，这样更能体现学生的自主学习能力、运用能力和独立思考能力。

四、民办高校统计学课程实施混合式教学的思考

民办高校学生通常会对统计学这门课程感到枯燥难懂，缺乏学习热情。如今，慕课等新型开放课程和网络在线平台广泛发展、兴起，混合式教学不仅能够使学生更为主动、积极地去获取知识和进行探索，也深刻影响着民办高校统计学课程的教学模式，对考核方式的提升和改进具有革命性的意义，为课程质量提升、教学效果评价提供了新的思路。混合式教学效果评价指标体系的构建，也为高等学校教育的革命和创新提供了源动力。

借助于网络在线平台，可以提高评价的可追溯性、客观公正性以及全面性，能够获得学生平时的学习行为、学习状态、学习掌握程度等数据信息。通过平台统计的实时数据，教师也能够了解该班学生整体的基础知识掌握情况、学习风气等信息，据此对学生的平时成绩予以评判，也可以以此作为调整不同班级教学策略的依据。学生可以通过平台统计的个人学习情况，了解自己的学习成效，进行反思、查漏补缺，找到自己的薄弱点，有针对性地进行巩固。构建混合式教学模式效果评价体系（课前、课堂、课后三个阶段的评价指标，多数都是由平台自动统计的），能够有效减少教师的重复性工作，使教师有更多时间和精力去对学生的问题进行解答或者帮助学生提升知识运

用能力。

在混合式教学模式下,要坚持过程性评价与结果性评价结合的多维评价体系,同时注重线上监测和线下考核。教学成果评价不仅要关注学生线下考核的最终成绩,还要注重学生在使用网络在线平台进行学习活动过程中以及线下课堂教学中的表现情况,使得混合式教学评价成为真正反映学生的学习情况和知识运用能力情况的综合考量。

在实际教学工作中,就如何更好地使用网络在线平台与线下课堂教学相结合的模式来服务于统计学课程,笔者特提出以下几点思考与建议。

(1) 作为经管专业的必修课程,统计学课程受众面广,学生多,教师也多。教师之间可以共建教学资源,既能互相学习,又能丰富教学资源。教师之间应加强沟通,构建出框架,在框架基础上丰富教学资源,提高效率。

(2) 在课前导学的资料中,相对于借用公开课或者网络资源,由教师亲自录制小视频的形式更受学生欢迎。

(3) 教师平时要注重收集与统计学课程相关的前沿信息,在平台及时发布,建设好资源库,让学生能够获取更全面的教学资源,了解本学科的发展方向。

(4) 教师要熟悉平台功能和操作,及时回复学生消息,及时向学生反馈作业的完成情况。

(5) 课堂签到可以通过手势、位置、二维码等形式,既能节省时间,也能监督学生按时出勤。

当然,随着混合式教学实践的进一步发展,越来越多的民办高校也会采用此种模式进行教学,对教学效果的评价指标体系也需要不断改善和提升。在今后的教学过程中,我们要对混合式教学模式进行更加全面深入的探索和实践,激发教师对构建、应用这一新型教学模式评价体系的积极性,结合课程特色形成有针对性的混合式教学模式,进而促使评价指标体系更加科学化、规范化、系统化。

参考文献:

[1] 王芳. 混合式教学模式下学习评价体系构建与应用:以"计算机应用基础"课程实践为例 [J]. 教育现代化, 2019 (26):112 – 115.

[2] 李宜川, 胡灵卫, 沈永杰, 等. 网络环境下结合式教学模式及其教学效果评价体系研究 [J]. 西北医学教育, 2010 (5):876 – 878.

[3] 李晓冬, 黄静月, 蔡春晓. 电路实验混合式教学模式评价体系构建与实践 [J]. 科技视界, 2020 (6):30 – 32.

［4］曹阳，顾问．基于SPOC混合式教学模式的学习评价体系构建［J］．计算机教育，2017（12）：76－80．

［5］张海鸿．浅论在混合式教学模式下高职思政课评价体系的构建：以山东科技职业学院"思想道德修养与法律基础"课程为例［J］．知音励志，2016（17）：60．

［6］张吉军，贾昕宇，张学娟，等．高校课堂教学模式与课程考核体系实践改革的效果分析：以"机械制造基础"课程为例［J］．科教文汇，2014（10）：58－59，62．

［7］翟瑶．在混合式教学模式下的课程评价体系的构建［J］．智库时代，2018（25）：220．

［8］王杨．基于"雨课堂"项目化课程混合式教学的效果与评价［J］．职教论坛，2020（2）：70－75．

［9］苗建花，韩兴国，宋君丽．大数据背景下统计学课程混合式教学模式的探索与实践［J］．西部素质教育，2020（3）：111－112．

［10］杨浩．高职院校混合式教学质量评价指标体系构建与应用实践［J］．中国职业技术教育，2019（11）：69－75．

平行研究法在大学语文教学中的运用

杜冰卉[①]

摘要：在大学语文教学中加入平行研究法，教师以教学文本为基础，认真研读后选定主题、人物形象、艺术手法等作为比较点，再选择适合的作品与之比较，引导学生在比较中发现共通性和差异性，并进一步分析原因所在。可以此增加课堂广度和深度，并助力学生拓宽视野，提升认知高度，体现大学语文人文素养的培养特色。

关键词：大学语文；平行研究法；教学方法

随着世界各国交流的日益频繁和命运共同体理念的逐渐深入，将比较文学中的平行研究法引入到大学语文教学中，既可以增加课堂的广度和深度，也可与时俱进地帮助学生拓宽国际视野、培养开放包容的心态，使学生认识到文化间既有共通性，也有特殊性，树立"求同存异"的理念。

一、平行研究法下的大学语文教学意义

大学语文是主要面向非中文专业学生开设的一门公共必修课，在培养大学生的语文能力和人文素养方面有着重要的作用。该课程的开设，旨在通过对中外经典文学作品的思想情感、审美价值、文化意义的感知和分析，来充实学生的内心世界，提高其人文素质。

语文教学离不开社会大环境的影响。随着各国交流合作的加深，尤其是2013年"一带一路"合作倡议的提出和落实，人类命运共同体的理念也更加深入人心。为使得当代大学生的认知水平符合新时代需求，拥有开放、包容、多元的认知视野和思维，在与国内其他地区甚至是其他国家的人们交往时，能够打破地方主义或狭隘民族主义的认知局限，改善固化思维，这就要求大学语文教学理应发挥其以文本为依托，拓宽视野、提升认知的人文素养

[①] 杜冰卉，女，广东培正学院人文学院讲师。研究方向：东方文化及传媒研究。

培养优势。而比较文学作为一门以世界文学为依托的研究方法，通过跨民族、跨文化、跨语言、跨学科进行比较研究，旨在发现文学乃至文化间的渊源关系、共通性与差异性，以及文学与其他学科如音乐、科技、生态等学科之间的综合关系，它是一种涉及面广、视野比较开阔的文学研究法，与著名社会学家费孝通先生提出的"各美其美，美人之美，美美与共，天下大同"的文化认知理念有着异曲同工之妙。从这方面看，比较文学的研究方法可以在提升认知视野、培养开放包容多元的文化心态方面，为大学语文的教学方法提供一些参考视角。

比较文学的一个突出特性就是宏观性，这是因为"比较文学的最终目的在于帮助我们认识总体文学乃至人类文化的基本规律"[1]。本文关注的平行研究法是比较文学中适应性较广的一种文学研究法，而另一种运用得比较广泛的是影响研究法。影响研究法注重事实联系，探究文学间的渊源关系及在传播中的影响、接受以及变异。与注重事实联系探究文化交流的影响研究不同，平行研究更注重对没有事实联系的文学进行对比研究，对那些没有事实联系的不同作家、作品和文学现象进行研究，比较其异同，通过对异和同的论证，引出有价值的结论。平行研究摆脱了"事实联系"的限制，打破了时间、空间、地位、水平等限制，可以把不同时代、不同地域、不同地位、不同水平的作家、作品，在可比的条件下，在一定的研究目的的选择下，放进自己的研究视野。这样既可以研究不同作品的主题、题材、人物形象、艺术特征等，也可以研究不同的文学运动、思潮、流派等，相较影响研究，这就提供了更广阔的选择空间。平行研究侧重于研究两者间的类同和差异，在对比分析中寻求共通性和差异性，在异同中实现对不同文化的理解和尊重。瑞士籍比较文学家弗朗西斯·约斯特认为："任何一个民族文学中具有重大意义的母题、典型和主题必定是超越政治和语言界限的，虽然它们并不会因此而失去所有的独特的地方色彩。但它们往往反映出各民族文学中存在的共性。"[2]

平行研究的适用对象和范围有着极强的广阔性，这也为大学语文运用此类方法教学创设了更多自由，应用性较强。这种教学方法不仅能让学生在比较中收获对世界更多维、更深刻的认知，同时也有助于学生认识到不同民族、不同地域文化既有差异性也有共通性，进而习得"求同存异"的思维模式和认知视角，为学生在世界各国频繁往来的未来社会生活中更好地实现跨文化沟通奠定了基础。

二、教学应用举例

（一）文本思想比较：《像山那样思考》与《寡人之于国也》

《像山那样思考》是美国"近代环保之父"奥尔多·利奥波德创作的一篇随笔，收录在"绿色圣经"《沙乡年鉴》中。作者首先写了人和山以及其他动植物对狼的嚎叫的不同认知："对鹿来说，它是死亡的警告；对松林来说，它是半夜里在雪地上混战和流血的预言；对郊狼来说，是就要来临的拾遗的允诺；对牧牛人来说，是银行里赤字的坏兆头（指入不敷出）；对猎人来说，是狼牙抵制弹丸的挑战。然而，在这些明显的、直接的希望和恐惧之后，还隐藏着更加深刻的含义，这个含义只有这座山自己才知道。"这表明狼的存在意义和价值是多元的，从不同的角度、不同的利益出发就会出现不同的认知；相较而言，"山"这一"自然"的代表，对"狼嚎"的认知更为客观长远。接着，作者写一次猎狼时观念转变的故事：抱着"不放过打死一只狼的机会"的信念，带着"狼越少，鹿越多"的观念扣动扳机杀死了一只即将归家的老狼。作者看到狼垂死眼中的绿光，开始觉察到自己观念的错误。而后，作者写这次猎狼事件后亲眼看到各州开展大规模"灭狼运动"，本以为狼少之地会成为天堂，没想到却迎来了"新危机"，即灭狼带来鹿的生殖繁荣，鹿多草少，过度啃噬进而带来草原荒漠化的危机。最后，作者发出呼吁，像山那样客观地思考，尊重自然法则，才是长远的安全。在这篇文章里，作者以"狼—鹿—草"这条食物链被斩断为例，揭示人不能仅站在自身短期利益的角度去主观臆断狼存在的价值，而是要像山那样从长远的角度客观冷静地看待狼存在的道理，即尊重自然规则，维护生态平衡。若是在眼前利益驱使下做出破坏自然生态平衡的事情，将会在不久的未来遇到巨大的生存危机。

《像山那样思考》可谓环保意识的呐喊。在平行比较的教学设计思路下，我们在阅读完文本后选择了一篇同样表达环保意识，但又很有中国意识独特性的《寡人之于国也》与之比较。

《寡人之于国也》是《孟子·梁惠王上》中的一章，记录了孟子与梁惠王谈论何为"王道"的问题。文中梁惠王问如何才能增加国家人口，孟子用"连锁推理"的方式给出了答案：先从"不违农时""数罟不入洿池""斧斤以时入山林"推出"材木不可胜用""谷与鱼鳖不可胜食"的结论；再用这个结论做前提，推出"是使民养生丧死无憾也"这个新的结论；又用新的结论作为前提，推出更新的结论"王道之始也"。在整个推理过程中，孟子把"遵守时令""有节有度"放在了最基础的地位，阐释了不仅要用仁爱之心对待民众，对待自然万物也应如此。社会的发展不能以牺牲自然为代价，人类的一切社会活动要符合自然的变化规律。保护自然环境，遵循自然规律，这与人自身的利益密切相关，维护"物我和谐"的关系才是"王道"的基石。孟子的这一观点让人们意识到了保护环境、尊重自然的重要性，自然与人类社会应是休戚与共的。

《寡人之于国也》虽然是战国时期的作品，与《像山那样思考》相比，时间跨度、文化跨度都比较大，但二者都流露出了尊重自然法则，维护生态平衡的意识，提出了人类社会的发展不能以牺牲自然环境为代价，只顾当前不顾长远。不同的是，孟子在《寡人之于国也》中还提到了"遵守时令"，也就是指人类的生产生活要与自然的变化规律相吻合，这是农耕文明下环保意识的具体呈现。中国是一个以农耕为主的国家，农耕跟时令季节有着密切的联系，如"二十四节气歌"就是农耕文化的产物。孟子提出的这一环保策略，可谓中国文化特色的体现，也体现了文化与地理环境之间的密切关系。当然，中国并不仅仅存在着农耕文化，还有游牧文化等。其中，以内蒙古地区为代表的游牧文化也对牧群的"敌人"狼有着清醒的认知，这一认知与奥尔多在文中呼吁的环保理念异曲同工：虽然杀狼，但也要控制数量以维持草原生态平衡。

将两篇文章中的环保思想进行对比，有助于学生意识到环保不是现代社会才萌发的思想，古人早已认识到了与自然和谐相处的重要性。不仅其他国家的人在呼吁保护环境，中国本土的环保观念也早已萌发。人与自然的关系，不仅过去很受人们重视，现在也很受人们重视；于未来，也是需要我们重视的问题，因为它与每一个人息息相关。这种保护环境、尊重自然法则的意识，是跨时代、跨民族、跨文化而存在的共通性的认知。同时，借助对"共识"中的"不同"的分析，也能帮助学生意识到民族文化的独特性，意识到文化与地理环境的关系。

（二）人物形象比较：《精卫填海》和《老人与海》

《精卫填海》是中国上古神话传说之一，民间传诵十分广泛。故事出自《山海经》，讲述了炎帝的小女儿女娃在东海游玩时不幸溺亡，而后化作精卫鸟，每天衔石头、草木投入大海，立志就算天地终结也要填平东海的故事。

后人对这个故事的解读也是众说纷纭,有"复仇"说,有"隐喻"说,也有"征服自然"说等。但不管是哪种解读,都展示了以"女娃"为代表的弱小无辜的力量,在面对以"东海"为代表的不公的待遇和强大挑战时,所表现出的抗争精神以及不畏艰难、矢志不渝的精神气质——即便精卫每天衔木石投到海里如沧海一粟,也依然坚定信念,即使宇宙终结也绝不放弃。

通过对"精卫"形象的认知,我们联想到了海明威的代表作《老人与海》。二者虽然在时空上有极大的跨越性,文化背景也有较大的差异,但故事主人公的精神气质和人生理念极其相似。

《老人与海》是20世纪美国最伟大的作家之一海明威的代表小说,也是助力他获得诺贝尔文学奖的扛鼎之作。小说讲述了古巴老渔民桑地亚哥出海捕鱼的故事。老渔民年纪很大,无依无靠,住在海边的小窝棚里。他坚持每天都出海捕鱼,虽然连续84天没有任何收获,但他并没有放弃。在第85天的时候,依然选择出海。这次他遇到一条巨大的马林鱼,经过三天三夜的搏斗才将其捕获。返航时,又遇群鲨围攻,老人奋力抗争,结果马林鱼肉还是被群鲨撕咬殆尽。最后,老人拖着剩下的鱼头、鱼尾和一条脊骨回家了。面对这样的情境,他曾问过自己"打败你的是什么?"而他的回答是"没有这种东西,这次只怪我走太远"。老人在不断受挫中依然选择怀揣希望坚持出海,独自驾着小船在茫茫的海面上再一次寻觅着他的成功,实现作为一个渔夫的价值。无论结果如何,老人都不认为自己失败了,他认为人活着可不是为失败准备的,完全放弃希望是愚蠢的。海明威为读者塑造了一个在命运重压下依然"永远怀揣希望"的"可以被毁灭但是不能被打败"的硬汉形象,代表着整个人类坚不可摧的精神。

"精卫"是我国上古神话中的人物,是中华民族始祖之一炎帝的女儿,而"老人"是20世纪30年代古巴的一个老渔民,两者完全没有交点,但他们的身上有着共同的精神气质,即重压之下与命运抗争,不畏艰难、锲而不舍。"精卫"是少女女娃溺死后灵魂所化的小鸟,住海边窝棚靠捕鱼为生的"老人"年纪很大且孤苦无依,一幼一老,是"弱小""卑微"的人类力量的代表,在面对"大海"的挑战时,没有哀叹和畏惧,而是依然怀揣着对明天的美好愿景。尽管他们无法逃避命运的安排,但弱小的人在巨大的挑战面前,即使面对失败仍要抗争,不丧失人的尊严,表现了一种积极向上的人生态度,这种超越时空、被命运打压依然奋力抗争、勇往直前的精神,也是东西方文化共同的精神追求。

中华历史文化源远流长,后人在传承《精卫填海》故事的同时,也在不断地扩充注解。虽然其很多版本是由后人改编而成，但极高的流传度和接受度也体现了人们对里面价值观的认同。如果拿《山海经》之后《精卫填海》故事版本中的"精卫"来和《老人与海》中的"老人"进行比较的话，我们又会发现作品对主人公身上体现出的"人"的价值的不同方式的塑造。

《精卫填海》有一个版本，神农氏女儿女娃看到龙王儿子在民间蛮横无理地欺负小孩，便伸张正义，将龙王儿子打回海里，龙王儿子记恨在心，趁女娃到海里游泳时兴风作浪，将其淹死。淹死后的女娃化作精卫鸟，立志填平大海，龙王儿子问她为什么这么不自量力，精卫答到：一是不满龙王儿子夺取自己生命，二是不想其他人的生命再这样被无辜夺取。从这里我们可以看出，精卫选择填海的出发点不只是反抗龙子的不公行为，还以己度人，尽己所能保护其他人免受其害。心中不仅有自己，还有他人，这是"我将无我"的状态，是个人利益与集体利益的融合，是在集体中呈现自我价值的一种体现。还有一个版本添加了精卫的后续故事——有只海燕被精卫大无畏的精神打动，就和她结成夫妇，生出许多小鸟，小精卫和她们的妈妈一样，也去衔石填海，一直到今天，还在做着这份工作。[3]这种结合成家、子孙后代共同奋斗的情节，无疑也是中国家族文化的体现，这个家，小到自己的家庭，大到宗族、国家。团结的集体力量被无限放大，个人在集体中能更好地实现自我价值。两个故事版本都体现了个体与群体的关系及价值意义，我们也可以从中看到集体意识的呈现。

而《老人与海》中的老人桑地亚哥则是个人与命运的抗争，他的不服输的品格一而再，再而三地促使他斗争到底，虽败犹荣。小说赋予了他个体存在的价值和意义，这也是西方文化崇尚个人价值的体现。

二者的对比分析，有助于帮助学生意识到中西方在个人存在的价值问题上有不同认知：一个是集体主义情怀的展现；一个是个人英雄主义的赞歌，是对个人价值的肯定。但同时也让学生意识到了二者的相通之处：无论是东方还是西方的人们都崇尚在遭遇挫折时的那种积极抗争、锲而不舍的积极的人生态度。

（三）艺术手法比较：《祖国土》与《我爱这土地》

《祖国土》是"俄罗斯诗歌的月亮"阿赫玛托娃的代表作之一。在这首短小精致的十四行诗里，前面八行陈述了面对这方灾难深重的"祖国土"不知"价值何在"，甚至想不起它的存在；接着四行借助"套鞋上的污泥""牙齿间的沙砾""多余的、哪儿都用不着的灰尘"意象来具体表现人们对祖国这方土地的不屑、鄙弃；最后两行内容转折，深刻地意识到对祖国的感情，和它化为一体，不拘礼节地称呼它为"自己的土地"，点明了终身挚爱俄罗斯土地的主题。这首诗情感抑扬顿挫，前面表现的好像是对祖国不以为意，甚至悲愤嫌弃，最后经过深沉的思索，情感出现反转，发现对祖国爱得竟然如此炽热深沉。在这首诗中，诗人笔下祖国土的意象与作者心底的爱国情感形成了极大的反差，欲扬先抑，最后形成了更强烈的情感爆发和感染力。

阿赫玛托娃以"祖国土"为依托，表达了对祖国来自心底的热爱，这能使我们想到我国著名的现代诗人艾青笔下的《我爱这土地》，他同样以祖国的土地为依托，表达出了对祖国的深厚情感。

在《我爱这土地》这首诗中，诗人艾青把自己想象成"一只鸟"，这只鸟即使喉咙"嘶哑"，也依旧竭尽全力、不知疲倦地为祖国歌唱，歌唱祖国的"土地""河流""风""黎明"，歌唱至死，死后连羽毛也要腐烂，留在祖国的土地里，与祖国融为一体。最后，诗人自问："为什么我的眼里常含泪水？"自答："因为我对这土地爱得深沉……"直抒胸臆，托出了诗人的真诚而又炽热的爱国之心，并且这份爱是如此的执着、坚贞和顽强。

在大学语文课堂中，我们可以尝试将两首诗的艺术手法进行比较。同样面对灾难深重、遭受苦难的祖国，阿赫玛托娃是用一些令人嫌弃、鄙夷的意象来表达对祖国这片土地的感受，让人误以为她不爱自己的祖国，最后才猛地反转，亮出这些意象正是因为深沉的爱，爱到"不拘礼节"，曲折反转抒发情意。艾青则是将自己化身为一只小鸟，即使声音已经嘶哑，也依旧为祖国歌唱；即使死去，也要埋到祖国的土地里，和祖国融为一体，直抒胸臆，强烈地表达了爱国之情。虽然两首诗的情感呈现方式不同，一曲一直，但都是借助土地来表达炽热的爱国之情，这份爱是与危难的祖国同在的爱，是对受难的祖国不离不弃的爱，这种从苦难中升华出来的爱，是诗人表现出的更深层次的爱。

对比分析可以帮助学生认识两首诗表现手法上的个性色彩以及情感深度，也能帮助学生意识到事物在不同表面之下的本质相通。在遇到跨文化冲突时，学生应学会透过现象看本质，发现其中隐藏的一些共同的出发点，为进一步良好的合作沟通打下基础。

三、教学反思

在当今构建人类命运共同体的时代背景下，大学语文的教学内容和方法需要与时俱进。在基础性的文学知识之外,加入平行比较的研究环节,不局限于课本,也不局限于基础语文知识,深入挖掘作品的文化价值,不仅能丰富课堂内容,加深学生对文本背后的思想认知,在传递人类优秀文化的同时,还可以帮助学生打开视野、拓展认知,提升人文素养。但在一些方面也有局限,具体表现如下。

首先,学生对文本陌生,理解吸收有限。大学语文课堂中的中外作品比较对学生阅读量要求较高,对一大部分非文学专业的学生来说有一定的挑战,学生可能知道作品,有听说或者简单了解,但并不熟悉,学生对拿来比较的文本比较陌生,较大程度上依靠老师解读,学生本人并没有很好地理解和消化。在作者的教学实践中,曾尝试将比较文本阅读放到课前作为预习资料,但真正参与阅读的同学较少。因此,教学中直接拿作品来进行比较,在学生对文本不熟悉的情况下,效果受限,并且很难引导学生独立思考,他们更多的是依靠教师解读分析并给出观点。

其次,对教师知识储备和阅读视野有要求,备课也需更多的时间和精力。在教学中加入平行比较环节,需要教师在研究课本原文的基础上选择"比较点",再找出具有可比性的作品,进而进行异同比较,在比较中探索共通性和差异性。这需要教师激活并不断丰富知识储备,也需要教师具有较开阔的阅读视野。从另一个角度来说,也是教师进行自我提升的一种倒逼策略。同时,因为涉及的文本多,内容多,需要教师在备课过程中花费更多的时间和精力来分析作品,并精心设计课程,以优化平行比较的教学效果,而非仅停留在对两篇作品的简单类比上面。

最后,比较的形式主义倾向。平行研究法虽然对参与比较的文学作品选择面较广,对比分析也多从文学作品本体出发,有较强的选择灵活性,但这种研究方法也有形式主义倾向的弱点。如果对文本背后的文化历史内涵把握不到位,可能会出现仅对文本内容进行过于简单或牵强比较的问题。

大学语文教学可借鉴比较文学研究中的平行研究来提升教学效果,提升学生的审美能力和思维能力,并达到与时俱进地提高学生人文素养的培养目标。虽然对师生的知识储备和思维视角有较高要求,不过倒不失为一种不断学习成长的助推力。

参考文献:

[1] 杨周翰,乐黛云. 中国比较文学年鉴 [M]. 北京:北京大学出版社,1987.

[2] 约斯特. 比较文学导论 [M]. 廖鸿钧,译. 长沙:湖南文艺出版社,1988.

[3] 袁珂. 中国古代神话 [M]. 北京：北京联合出版公司，2016.

[4] 广东培正学院大学语文编写组. 大学语文 [M]. 镇江：江苏大学出版社，2019.

[5] 张明琪，孟昭毅. 比较文学与语文教育 [M]. 天津：天津教育出版社，2013.

[6] 黎跃进. 多重对话：比较文学专题研究 [M]. 北京：北京中国社会科学出版社，2012.

潜显理论与语音"潜性"问题研究

杨 凌[①]

摘要： 事物都有相对性，正所谓有人就有物，有动就有静，有表就有里。如此推断，有显就有潜，有语言就有文化。这都是合乎一般常理的。本文从一般常理切入，从潜显理论入手，从语言推及潜语音。最后将文化与潜文化、语言与潜语言、语音与潜语音进行对比，得出"潜语音比显语音更为重要"的结论。因此，潜语音应当引起语音研究领域的高度重视。

关键词： 语言；潜显理论；语音"潜性"

潜显理论在中国文化中拥有深厚的根基，它普遍存在于现实生活的各个方面，甚至在民间广泛流传，是老百姓喜闻乐见的一种表达性的文化。为了便于阐述，本文暂且以"显潜"为序开启论题。所谓"显"在语言的表层，听来通俗易懂，因为它有双层甚至多层含义，有时会产生一种耳目一新、开门见山的逗哏效果，令人会心一笑。所谓"潜在"语言的深层，诸如"一语双关""一箭双雕""锣鼓听声，听话听音""言外之意""弦外之音"，都是在指说"潜在"话语的深层内涵，意思是告诫人们，这句话还有另一层含义。

一、语言与"潜性"文化

（一）语言的"显性"与"潜性"

《红楼梦》第三回《贾雨村夤缘复旧职　林黛玉抛父进京都》在写到王熙凤初见林黛玉时有这样一段十分精彩的语言描写：

这熙凤携着黛玉的手，上下细细打量了一回，仍送至贾母身边坐

[①] 杨凌，女，广东培正学院人文学院教授。研究方向：语言学、古代汉语、现代汉语、对外汉语教学等。

下,因笑道:"天下真有这样标致的人物,我今儿才算见了!况且这通身的气派,竟不像老祖宗的外孙女儿,竟是个嫡亲的孙女,怨不得老祖宗天天口头心头一时不忘。只可怜我这妹妹这样命苦,怎么姑妈偏就去世了!"[1]

王熙凤的这番话展示出其快人快语、干练果断的处事方法和风格。这正是这段话的"显性"含义。透过这番话,我们会隐隐感受到王熙凤眼观六路、玲珑八面的聪颖,泼辣性格和驾驭语言的非凡能力。此情此景,表现出她泼辣中不失分寸、粗中有细的语言智慧。寥寥数语,既抚慰了贾老夫人老年丧女的悲伤心情,又抚慰了林黛玉幼年丧母的悲哀情绪,从一个侧面展现了大观园总管"凤辣子"王熙凤管理大家庭游刃有余、名不虚传的本领,这正是该段话的潜性含义。当然,还有最重要的一点,即作家曹雪芹通过这段话传递出"老年丧女""幼年丧母"这人生两大不幸的悲情文化,并将其布局在贾老夫人和林黛玉身上做底衬穿插,进一步增添了这一节情节的戏剧性高潮和悲剧之美,从而增强了作品的可读性。同时,反衬出王熙凤能有尺度地抚慰贾老夫人和林黛玉的语言艺术,以此佐证她有独当一面、游刃有余地处置突发事件的能力。这也是该段话更深层次的"潜性"含义。

小说是通过历史背景、人物形象和语言、故事情节反映社会现实问题的。孤立地解读某一段文字、某一段话语,只是看看其中的热闹,那只是对文学作品的显性点滴理解,那正是应了"外行看热闹,内行看门道"这句话。读完《红楼梦》,学着林黛玉扛着小花锄、提着小花篮去葬花,那只是对其局部的理解。只有透彻地理解小说,深刻地把握其历史背景,洞悉每一个人物与故事情节中的总体脉络关系,了解其在总体脉络中的"潜在"含义,才算是真正理解了文学作品的主旨。

(二)语言与"潜性"语言

语言的潜性特点是无处不在的。就成语而言,其"潜性"特点表现得最为突出,之所以说它表现突出,是因为成语都有双层结构,即"显性"的读音、文字的字面含义和"潜性"的文化含义。而"锣鼓听声,听话听音",就是针对这类具有双层含义的语言形式而言的,当然这其中也包括成语。成语多出自古代经典名著、历史故事和人们的口头传承,其意义不是其构成成分意义的简单相加,而是具有意义的整体性,它最大的特点是结构紧密、意义凝练、言简意赅、气息文雅。

《红楼梦》第八回《比通灵金莺微露意 探宝钗黛玉半含酸》有成语

"耳旁风"：

> 雪雁（林黛玉的小丫鬟）道："紫鹃姐姐怕姑娘冷，使我送来的。"黛玉一面接了，抱在怀中，笑道："也亏你倒听他的话。我平日和你说的，全当耳旁风，怎么他说了你就依，比圣旨还快些！"。宝玉听这话，知是黛玉借此奚落他，也无回复之词，只嘻嘻的笑两阵罢了。宝钗素知黛玉是如此惯了的，也不去睬她。

"耳旁风"的本义是耳边风，比喻对所听到的事毫不关心。[2]在上面这段话里，却有"潜性"的含义。林黛玉寄居外祖母家，虽说有贾老夫人这棵大树庇荫，不存在经济上的困难，但是，毕竟不是在父母家，黛玉寄人篱下的自卑心理极重，难以与人相处，言语苛刻、行为孤僻。雪雁受紫鹃指派前来给她送手炉，本是一番好意，她不但不感谢雪雁和紫鹃，偏要从中挑剔出雪雁平时全不听自己指派而去听一个下人（紫鹃）指派的毛病，这是第一层意思。作家文笔的高妙之处在于，还让林黛玉所说的"耳旁风"起到了指桑骂槐的作用，表面在指责雪雁，实际在映射贾宝玉只在乎薛宝钗的话，而把自己的话当作耳旁风。这种含义便是"耳旁风"环环相扣的更深一层的"潜性"含义。

《红楼梦》第一百零五回《锦衣军查抄宁国府　骢马使弹劾平安州》有成语"翻天覆地"：

> 贾母没有听完，便吓得涕泪交流，连话也说不出来。那时一屋子人拉那个，扯那个，正闹得翻天覆地，又听见一叠声嚷说："叫里面女眷们回避，王爷进来了！"

"翻天覆地"本义是形容变化巨大而彻底。这是成语"翻天覆地"的"显性"含义。上面这段文字所表达的背景是，贾老夫人、王熙凤等一班女眷正在摆家宴温馨闲聊，外面忽然传来"王爷就进来查抄家产、拿东西"的消息。邢夫人、王夫人等听后魂飞魄散；又见病中的王熙凤先前还圆睁两眼听着，后来便一仰身栽到地下断气了；贾母还没有听完，便吓得老泪纵横，连一句话也说不出来，真个是场面非常混乱，一屋子的人拉那个，扯那个，诚惶诚恐，不知所措。如此场面与之前的"摆家宴温馨闲聊"相比形成巨大落差，这个落差真大呀！这正是"天翻地覆"的"潜性"含义。

《三国演义》第三十七回《司马徽再荐名士　刘玄德三顾草庐》中有成语"三顾茅庐"：东汉末年，刘备欲请隐居在隆中草舍的诸葛亮出山，治理天下，结果去了三次才见到。[3]后来以此比喻诚心诚意一再邀请，这是该成语的"显性"含义。

当时,刘备作为汉室世胄,欲治理天下大乱和谋求贤达人才心切。正当此时,巧遇精通奇门、兵法、经学的隐士司马徽向其举荐诸葛孔明,此番举荐对刘备而言恰如久旱逢甘霖。刘备一行立马带着一班人马前去拜见孔明先生,却未能见到。过了几天,刘备又命张飞备马,准备再次前去拜见。张飞不耐烦地说,孔明只是一个乡间村夫,不值得刘备亲自拜见,派一个人把他叫来就可以了。刘备反驳张飞说,没听孟子说过,既想求得贤达人士、治国方略,又不以诚意,那就等于把自己拒之贤能门外了;孔明先生是名士,怎么可以随便派人叫他来呢?张飞听后,马上备马和关羽一起陪同刘备前往。尽管这样,此次拜访依然无果,刘备反思良久,只得诚心留书一封,相约第三次拜访。这正是"三顾茅庐"的"潜性"含义。刘备身居高位,三顾茅庐,成为后人诚心诚意求人才的范本,这也是"三顾茅庐"的"潜性"含义。该文还有更加深厚的"潜性"含义,即"欲见贤而不以其道,犹欲其人而闭之门也"一语做论据,说明刘备之所以"三顾茅庐",是在践行儒家论理。这是"三顾茅庐"更深一层的"潜性"含义。以此说明成语的"潜性"含义富有环环相扣性的特征。

二、语音学与"潜性"语音

语言学界"潜显理论"的形成始于20世纪80年代初,发轫于南京大学中文系的王希杰教授研究语言中的"潜显"问题。他在80年代后期的中国语言学研讨会上曾明确提出了语言的"潜显理论",而比较系统的"潜显理论"的形成则是在20世纪90年代中后期。

"显",指的是显现在表层的、现实状态;"潜",指的是潜藏在深层的状态。该理论认为,可以把语言的世界分为"显性"的世界和"潜性"的世界。所谓"显性语言",指的就是到目前为止人们在使用的、表达出来的语言;"潜性语言"是需要人们通过自己的联想去实现的语言。二者之间的关系有"简"有"繁"。为了理解"潜性语言"背后的真正含义,人们通常还得费"九牛二虎之力"。

语音学界的"潜显"问题研究不像语言文化研究那般生动、有趣,它就是实实在在的表层概念和深层内涵。语音学的表层概念虽然通俗易懂,但是"潜性"语音却非常艰涩,似乎需要历经数层的"解题方程"才可求出答案,所以,"潜显理论"在语音学研究中的运用很有意义,且任务艰巨。

（一）辅音声母中的"潜性"问题

有关辅音声母的"显性"问题，学者们多有论述。邵敬敏在《现代汉语通论》中这样注解："发音时气流在口腔或鼻腔受阻碍而形成的音叫辅音。"[4]这一注解强调"辅音是音"。而《现代汉语词典》这样注解："（辅音）发音时气流通路有阻碍的音。"这一注解提醒"辅音是音"。

鉴于此，人们在研究和学习过程中，积极致力于讨论"辅音声母"的精确读音问题，然而却难免令人产生疑惑。诸如指认"b、p、m、f"成"bo、po、mo、fo"或者"be、pe、me、fe"。为了追求读音准确，人们甚至对着镜子，在口腔、鼻腔里演示、指认确切部位。这都是以往关于"辅音"研究中的趣闻。当然，在汉语拼音中把一些辅音读为"bo、po、mo、fo"，其依据是它们是汉语辅音声母的名称。

《现代汉语》上册这样注解："（辅音声母）发音部位指发音时形成阻碍的部位，（辅音）发音方法是发音器官阻碍气流和解除阻碍的方法。"[5]这一注释提示"辅音应该从'发音部位''发音方法'"两个方面去认识，没有着重注释是一个音，没有强调它的读音。通过对比发现，《现代汉语》对"辅音"的注解大大推进了现代语音学的发展，该理论与"辅音"的"显性"含义更加贴近，解开了一些谜团。

在芭蕾舞中，男角的动作受到女角的牵引，体现出二者谁也离不开谁的完美组合。男角起到辅助女角完成舞姿的作用，一旦离开女角表演，男角无所谓表演；一旦离开男角的辅助，女角很难完成优美的舞姿，二者组合的关键"点"才是芭蕾舞的精髓。

在汉语语音中，"辅音声母"好比芭蕾舞的男角，"元音"好比女角，"音节"好比芭蕾舞。辅音的发音部位受到元音发音部位的牵引，二者完美组合，组合成音节。"辅音和元音是组成音节的重要音素。"这与芭蕾舞是一个道理。因此，"辅音声母"是一种"辅助元音"组成音节（字）的"辅助音素"。辅音声母如果不受元音发音部位的牵引，很难找到具体的发音部位。由此看来，认为前面所讲的对着镜子在口腔、鼻腔毫无目标地指认某一辅音的发音部位的做法有些荒谬似乎并不过分，说其是一种误导也不为过。

根据《现代汉语》中"（辅音）发音部位指发音时形成阻碍的部位，其发音方法是发音器官阻碍气流和解除阻碍的方法"的注解，提出"辅音应该从'发音部位、发音方法'"两个方面去认识，没有着重指出"辅音声母"是一个音是明智的。这一理论对认识汉语"辅音声母"是一大改革和贡献。

它启发人们更加重视研究辅音声母"发音部位、发音方法"如何构成音节，帮助人们走出了认识辅音声母的误区。

辅音声母的书写形式和名称是其"显性"含义。现代汉语中的辅音声母"d"与央低不圆唇元音"ɑ"组成"dɑ"音节时，气流从肺腔呼出，来到口腔，用发"ɑ"的口型在舌尖中"d"发音部位不送气除阻，形成"dɑ"音节。同样，辅音声母"t"与央低不圆唇元音"ɑ"组成"tɑ"音节时，气流从肺腔呼出，来到口腔，用发"ɑ"的口型在舌尖中"t"的发音部位送气除阻，形成"tɑ"音节。以此类推，充分证实辅音声母的"潜性"含义。由此看来，"t、d、zh"等辅音声母的发音部位虽然重要，但是它本身并不能发出实质的"音"，只是为"dɑ""tɑ"等音节提供发音部位的"辅音音素"，这才是辅音声母的"潜性"含义。

（二）音位中的"潜性"问题

"音位"是一个很艰涩的问题。《现代汉语词典》对"音位"的定义："一个语言中能够区别意义的最简单的语音单位。"《现代汉语通论》认为："音位就是某一特定语言系统中能够区别意义的最小语音单位。"《现代汉语》认为："音位是某一语言或方言里能够区别意义的最小语音单位。"

以上三种观点一致认为，"音位"是"某一种语言中能够区别意义的最小语音单位"。这个可以认为是音位的"显性"含义。

"音位"不是实际运用中的"字母、拼音、辅音、元音、音节"，却在语音学乃至现代汉语中占有很重要的地位。可以这样理解，与音素相比，音位是一种宽式音标，音素是严式音标。音位具有概括性，忽略运用上的准确性；音素则忽略概括性，强调表达上的准确性。音位允许多样性，音素排斥多样性，它们是一种相对性的存在。在普通话中，辅音声母强调"一音一素"原则，精准是必须的。"z-zh、c-ch、s-sh"在普通话中分别是三个音素，也分别是三个音位/ts/-/tʂ/，/tsʰ/-/tʂʰ/，/s/-/ʂ/。如："三更灯火五更鸡，正是男儿读书时；黑发不知勤学早，白首方悔读书迟。（颜真卿《劝学》）"一诗中的"正"只能读成"zhèng"，"是"只能读成"shì"，"书"只能读成"shū"，如果分别读成"zèng""sì""sū"被认为错。而在南方诸方言系统中，没有舌尖后音，就会把"正"读成"zèng"，"是"读成"sì"，"书"读成"sū"，听来不会出现理解上的问题。这种现象在语言学上被认为是音位的自由变体，即普通话中的舌尖后音"zh、ch、sh"在南方方言区会出现"z-zh、c-ch、s-sh"两种音位的自由变体形式。这正是

"音位"的"潜性"含义。

（三）"音素"与"音位"的"潜性"问题

"音素"的"显性"含义正如《现代汉语词典》中的注解："【音素】语音中最小的单位……"《现代汉语通论》中的注释："音素也就是从音色角度划分出来的最小的语音单位。"《现代汉语》注释："音素是从音色角度划分出来的最小的语音单位。"他们的共同观点是：音素是"语音中最小的单位"，或者说是"从音色角度划分出来的最小的语音单位"。

"音素"的"潜性"含义并不是人们通常认为的语法、词汇、文字中的最小的语言单位，而是针对语音而言的，它是构成音节（字）的拼音字母。现代汉语中的音素包括三个部分，即辅音音素、元音音素和声调调素。音素在语音中有区别意义的作用，置换其中一项，意义随之改变。如"三更灯火五更鸡"中的"鸡"，把它的拼音中的"鸡（jī）"的声母改换成"qī"它就成"齐"了，把声调改换声调成"jí"它就成（急）了，可以得出"音素（包括调素）是从音色角度划分出来的最小的语音单位"的结论。所以，"辅音音素、元音音素、声调调素"都是"音素"的"潜性"含义。

实际上，"音位"和"音素"之间含有一种不成文的默契"种属"关系。普通话里的元音基本上是音位元音，因为它有音位变体。也就是说，元音本体是种，变体是属。在不同的语音环境中，其中某一音位本体就会出现不同的音位变体，这种音位变体在语音学上被称为语音的"条件变体"。

例如，/ɑ/音位在不同的语音条件下会出现几种条件变体。唐朝诗人刘禹锡有《浪淘沙》诗："九曲黄河万里沙，浪淘风簸自天涯。如今直上银河去，同到牵牛织女家。"其中的浪［lɑŋ51］、淘［tʰɑu35］、黄［xuɑŋ35］、万［wan51］、沙［ʂA55］、天［tʰiæn55］、涯［jA35］、牵［tɕʰiæn55］、家［tɕiA55］等音节中，都有/ɑ/音位，但是，它们都是在不同的语音环境中出现的/ɑ/音位的［ɑ］［a］［A］［æ］四个条件变体。这样看来，/ɑ/音位是"种"，［ɑ］［a］［A］［æ］四个音素是其"属"。所谓"'音位'和'音素'之间含有一种'种属'关系"就是这么来的。从这个角度讲，采用音位标注语音是一种宽式音标，汉语拼音采用的就是宽式音标，而用国际音标标注普通话就是一种严式音标。因为国际音标的标注原则就是"一音一素"。这正是"音位"和"音素"的更深一层的"潜性"含义。

（四）普通话中的"拼音字母"与"音位"中的"潜性"问题

从上文可见，音位是一种宽式音标，汉语拼音采用的正是宽式音标，如普通话中的四个舌尖后音是 zh、ch、sh、r，六个元音是 a、o、e、i、u、ü。这是拼音字母的"显性"含义。而用国际音标标注普通话拼音则是一种严式音标。用国际音标标注四个舌尖后音是"一音一符"的 [tʂ]、[tʂʰ]、[ʂ]、[ʐ]，用国际音标标注普通话六个元音就会出现它的音位和它的条件变体-音素的关系，见表1。

表1　六个元音拼音音位与音素关系

序号	汉语拼音字母	国际音标音位	音素
1	a	/a/	[ɑ] [a] [A] [æ]
2	o	/o/	[o] [u]
3	e	/e/	[E] [ɤ] [ə] [e] [ɛ]
4	i	/i/	[ɿ] [ʅ]
5	u	/u/	[u]
ü6	ü	/ü/	[y]

这是汉语拼音字母的"潜性"含义。

（五）声调中变调的"潜显"潜声调

标写在音节上面，能够区别意义的音高变化的标识就是声调。这是声调的"显性"含义。语音学把声调称为"调素"。"调素"有区别意义的作用，所以不容小觑。如"dā、dá、dǎ、dà"这组音节的声母、韵母完全相同，声调不同，其意义"嗒、达、打、大"就不同。再如："mī、mí、mǐ、mì"这组音节的声母、韵母完全相同，声调不同，其意义"咪、迷、米、蜜"就不同。

但是，在实际交际活动中，在一定语音连读运用的环境下，汉语中的有些声调会发生音高变化。在说话的时候，由于语流中一连串的语音紧密相连、互相影响而造成声调上的变化，这种音高变化叫作语流音变。如"展览馆、勇敢者、选举法、纸老虎、党小组、冷处理"这六个词都是上声连读的三字词语。在连续说话时，由于词的内部结构不同，它们的声调的音高发生了变化：前三个变成"阳平、阳平、上声"，即"35、35、214"；后三个变成"上声、阳平、上声",即"214、35、214"。这就是三个上声连读的"潜性"含义。

三、"潜性"语言与"潜性"语音的区别

(一) 延伸性与阻塞性

文学作品中的"潜性"文化有一种"锣鼓听声儿,听话听音儿"的层出不穷的无限延伸性的"潜性"含义;而语音学中的"潜性"语音是一种"百思不得其解"的阻塞性"潜性"含义,后者如果一时阻塞,再悟也悟不出来其中的道理。

(二) 联想性与步骤性

文学作品中的"显性"语言是谜面性质的,"潜性"含义是谜底性质的,开始会给人一种朦胧的感觉,通过不断加深理解和回味,会让人产生无限想象,最终领悟。而语音学中的"潜性"问题是步骤性的,在其某一步骤缺失的情况下,会令人百思不得其解。

(三) 愉悦性与技术性

文学作品中的"潜性"现象属于修辞上的暗喻,人们运用得游刃有余,信手拈来,表面之意在此,实际意义在彼,会给人更深层次的愉悦感受;而语音学中的"潜性"问题是技术性质的,知识性很强,一环紧扣一环,缺少其中一环"潜性"节点,"显性"含义不会露面。

(四) 多向性与单一性

文学作品中的"潜性"现象会产生多向联想结果,而语音学中"潜性"问题只有一种结果。

综上所述,语音学中的"潜性"问题难度较大,值得深入研究。

参考文献:

[1] 曹雪芹. 红楼梦 [M]. 北京:人民文学出版社,1973.

[2] 中国社会科学院语言研究所词典编辑室. 现代汉语词典(第六版)[M]. 北京:商务印书馆,2012.

[3] 罗贯中. 三国演义 [M]. 西安:三秦出版社,1999.

[4] 邵敬敏. 现代汉语通论 [M]. 上海：上海教育出版社，2007.
[5] 黄伯荣，李炜. 现代汉语 [M]. 北京：北京大学出版社，2018.

基于职业能力培养的文书写作教学研究

周巧香[①]

摘要：文书写作在秘书学专业课程中占据核心地位，文书写作能力是秘书学专业学生职业能力的重要组成部分。为了满足社会对文书写作人才的需求，高校秘书学专业文书写作课程的教学目标不仅要求学生掌握文书写作的理论知识，而且应该以培养学生职业能力为核心，提升学生的文书写作水平。高校文书写作课程的教学现状表现为教材质量偏低、师资队伍薄弱、教学较少体现现代教育思想。为了培养学生的职业能力，文书写作教学应重视教材选用，加快教师转型，重视培养年轻教师，开设情景教学，开展第二课堂，从而提高教学质量。

关键词：职业能力；文书写作；师资队伍；情景教学；第二课堂

近年来，随着经济的发展，社会对人才专业化程度要求越来越高，对高层次专业化秘书人才的需求也日益增多。调查数据显示，最近几年，各行各业对秘书人员的教育层次要求相对升高，对高中以下学历的需求占比仅3%，对大专学历的需求占比为45%，对本科学历的需求占比高达86%。[1]2012年，秘书学作为一门独立的学科，被教育部列入《普通高等学校本科专业目录》。之后，全国各地本科院校开始积极申报秘书学专业。目前，已有一百多所高校成功开设了这一专业。本科层次的秘书学专业开设之后，在一定程度上满足了社会对高层次专业秘书人才的需求。本科秘书学专业是一门应用型学科，主要是以社会需求为目标，培养符合用人单位要求的高素质专业秘书人才。那么，本科高校应该培养什么样的秘书人才？应该怎样培养秘书人才才能满足社会所需？换言之，秘书人才应该具备什么样的职业能力才能胜任秘书岗位甚至出色地完成秘书工作？本文拟从本科层次秘书学专业学生的职业能力培养角度研究文书写作教学，在分析目前文书写作教学存在的问题

[①] 周巧香，女，广东培正学院人文学院讲师。研究方向：中国传统文化、叙事学、民办高教研究等。

的基础上，结合本人的思考与教学实践，提出文书写作课程教学的建议和策略。

一、文书写作课程及文书写作能力培养的重要性

职业能力是指人们从事某一职业的多种能力的综合。通常情况下，我们把职业能力分为一般能力、专业能力和综合能力。文书写作能力是秘书学专业学生应该牢固掌握的专业能力，也是其将来从事秘书工作必备的核心职业能力之一。

不同高校开设的文书写作课程名称不尽相同，但课程开设目标却基本一致，即旨在培养学生的文书写作能力。这其中，又以15种法定公文的写作能力培养为重点。杨剑宇教授在《我的三三论——秘书学专业课程设置探讨》中指出，秘书学专业的课程体系结构由三个课程群组成：秘书学核心课群、特色课群和技能课群。[2] 其中，秘书写作属于核心课群。秘书写作不同于文学写作，而是较多地侧重于应用文书的写作。查看各高校秘书学专业的培养方案，我们不难发现，文书写作是必开的课程。从学时、学分分配以及课程性质来看，文书写作尤其是公文写作在秘书学专业所开设的课程中占据核心地位。

对于秘书学专业的学生来说，文书写作能力是必不可少的基本技能之一。具有较好的文书写作能力，才能成为一名合格的秘书学专业毕业生，才能较好地胜任秘书工作。闫洵兮在其《论市场背景下的高校秘书人才培养》中认为："在众多文化素质当中，企业对于秘书人员的'公文写作知识'最为重视，占比59%，其原因在于，公文写作知识属于秘书人员的专业素质，是每一名秘书人员都要具备的基本素质之一。"[1] 文书写作能力（包括公文写作能力）是秘书学专业学生职业能力的核心部分，培养文书写作能力是秘书学专业区别于其他专业的一个独特标志，具备扎实的文书写作能力也是秘书学专业人才区别于其他学科人才的一个显著特点。如果说，在市场经济背景下必须具备一个职业所需的核心技能，才有可能在激烈的竞争中长久地立于不败之地。那么，文书写作能力对于秘书学专业学生来说，就是其立足职场的必备"武器"，而且是强大的"武器"。

综上所述，文书写作课程在秘书学专业所开课程中占据核心地位，文书写作能力是秘书学专业学生职业能力的重中之重。因此，在文书写作课程教学中，师生都应该格外重视对文书写作能力的培养。

二、文书写作课程教学存在的问题

（一）文书写作教材质量偏低

本科高校开设秘书学专业的时间较短，开设之初就面临着教材选择的难题，缺乏成熟的文书写作教材是其中的一个问题。虽然自本科层次的秘书学专业开设以来，各高校或学界学者都积极组织团队编写文书写作教材，各种版本的教材相继出版，但要在短时间内编撰出一本高水平的符合国情、学情的教材是十分不易的。有些文书写作教材编写团队缺乏相应的学术背景，在名利的驱使下，将匆忙编成的教材用于教学。这样的文书写作教材往往缺乏严谨性与科学性，对培养学生的职业能力非常不利。另一种情形是，由于缺少统筹，各自为政编写出来的教材在质量上参差不齐，存在各种各样的问题。一些教材甚至未按规范的要求编写，从基本概念、分类、格式到公文的内容都缺乏统一标准，造成文书写作教材市场的紊乱。

在调研过程中，笔者发现，目前已有的文书写作教材存在的问题主要集中在三个方面。

第一，涵盖文种不全或不当。文书种类较多，在一本内容有限的教材中选择哪些文种至关重要。一些文书写作教材并没有针对大学生主体的特点进行编写，而是把一些实用性不强的文书编入教材，对一些体现时代特色的新媒体文书却置若罔闻。再者，一些文书写作教材专业针对性不强，不适合秘书学专业学生学习与教师教学使用。

第二，选取的例文、材料陈旧，缺乏时代性。例文的选取不当主要表现在两个方面：一是缺乏实用性，与学生的生活有距离；二是例文陈旧。[3] 文书写作既要注重形式，更要重视内容。文书写作教材选取的例文十分重要，好的例文具有较强的代表性，既能准确体现文书的特点，又能充分激发学生的学习兴趣。但一些文书写作教材，在选取例文时欠缺考虑，选用一些陈旧的、脱离现实的例文。例如，一些教材的例文存在"××公社""××国营商店"的字眼，或者是早已升级为市的地区在教材中仍然被称为××县。

第三，偏重理论知识，忽视实践操作。文书写作是实践性很强的课程，教材既要重视理论学习，更要注重实践操作。然而，一些文书写作教材对理论知识的讲解非常充分、详细、具体，却没有给出践行理论的具体方案，或者只有较少写作训练。使用这种理论内容比例过大、实操性不强的教材，不利于学生实践能力的培养,更不利于学生职业能力的提高。

(二) 文书写作师资队伍薄弱

目前,秘书学专业的发展仍处于起步阶段,因其开设时间较短,在很多方面还不够成熟与完善,尤其是师资队伍方面。从专业结构来说,传统专业教师多,高职称、高学历、高学位教师也多,而新办专业教师少,高职称、高学历、高学位教师也少,特别是应用性较强的学科匮乏带头人和专业带头人。[4]秘书学专业是一个年轻的新型专业,上述问题非常突出。作为秘书学专业的核心课程,文书写作师资队伍与其他比较成熟的专业相比,在数量上显得不足,在资质上则显得比较薄弱。

据了解,现有秘书学专业教师大都是汉语言文学专业出身,还有一些教师有着管理学专业背景。这些教师因在自己的专业领域里进行了多年研究,在教学或者科研上很难、也不愿转换学科领域。这种情形导致一些高校的秘书学专业在分配课程教学任务时,汉语言文学类的课程炙手可热,而包括文书写作课程在内的具有专业特色的课程却少有人问津。另一种情形是,有些高校的秘书学专业因其教师队伍多是汉语言文学专业出身,为了保证这些教师有课可上,在制定培养方案时因人设课,导致汉语言文学专业的课程开得很足,而文书写作等专业核心课程却开得很少。这严重违背了专业设置的初衷,不利于高层次秘书学人才的培养。

再者,已有的从事文书写作教学的教师大都不是"科班出身",在学生阶段没有系统地学习过文书写作,专业素养相对不高。虽然有些教师在秘书学专业开设之前具有文书写作方面的教学经验,或者有过关于文书写作方面的研究,但这类教师数量毕竟较少。另外,大多数从事文书写作教学的教师既缺乏系统的学科专业知识,又缺乏实践经验,这不仅不利于教学质量的提高,更不利于学生职业能力的培养。在不了解机关企业等单位文书操作的情况下,教师在课堂上的教学只能是照本宣科,纸上谈兵。这种隔靴搔痒式的教学无法让学生应对复杂多变的实际需要。

(三) 文书写作课程教学较少体现现代教育思想

课堂教学"以学生为主体,以教师为主导"是十分重要的现代教育思想。至今,这一教育思想已经深入人心,为广大教育工作者所熟知。然而,在具体的课堂教学中,真正践行这一现代教育理念并能一直坚持下去的似乎为数不多。就文书写作课程来说,课堂教学重视理论讲解、忽视实践应用的情况广泛存在。不可否认，理论具有指导实践的价值，文书写作教学不能越过理论知识直接进入写作实践。然而，如果只重视理论讲解，课堂教学大部分时间只有教师自说自话，那么这与传统的"满堂灌"教学并无差别。这样的教学模式仍然是教师讲，学生听。学生只是被动地学习，在课堂上并没有扮演主体角色，也没有占据主体地位。

教师的教与学生的学是统一的，两者共同构成完整的教学过程。课堂教学质量的高低，不应以教师讲解的好坏为标准来衡量，而应以学生学习效果的好坏为标准来衡量。教师讲解得再精彩，如果学生无法将知识内化吸收，那么课堂教学也是失败的，当然更不能说教学质量是高的了。秘书学专业开设文书写作课程，目的是培养学生的文书写作能力。因此，教学重点应放在学生的写作实践上，而不是纯粹的理论讲解上。学生掌握了扎实的文书写作理论基础知识，并不等于具备了较强的文书写作能力。"纸上得来终觉浅，绝知此事要躬行。"文书写作是实践性非常强的课程，只有在一次又一次的写作实践中，学生才能真正提高文书写作能力。写作练习实践，能够充分发挥学生的主体性，体现学生的主体地位。学生在课堂上积极思考如何遣词造句、如何谋篇布局，这在"满堂灌"的理论讲解中是无法产生的。

熟知现代教育思想，但在具体课堂教学中却不能充分践行，这是文书写作教学存在的问题之一。很多文书写作教师或者教学团队在制订教学计划和进行教学设计时，并没有预留足够的时间让学生动笔练习写作，也没有给学生创造课堂之外的写作实践机会。教学上的知行不能合一，应引起重视和警惕。

三、文书写作教学的建议与策略

文书写作教材、师资队伍以及教学上少有现代教育思想的体现，不利于学生职业能力的培养。针对以上问题，结合笔者的教学经验以及思考，提出以下建议与策略。

（一）精选、改编、补充写作教材

教材是开展教学的依据，好的教材对教师的教学具有巨大帮助，同时也有利于学生的学习。为了培养学生的文书写作能力，提高职业能力，教师在选用教材时既要重视理论的深度，更要注重内容的实用性；既要重视体系的完整性，更要重视案例的新颖性；既要重视专业的权威性，更要重视现实运

用的复杂性。此外，教材虽然是教学的依据，但不是唯一依据。在教学过程中，教师还应针对教材进行教学创新与改革，教学内容做到立足教材，但不拘泥于教材；深入钻研教材，但又高于教材。同时，在教学过程中，应尽可能多地选取教材之外的新颖的文书案例，作为补充材料丰富教学内容，从而使文书写作既不脱离实际，又具有鲜明的时代特色。

除了选择较高水平的文书写作教材外，还可以组织教师编写文书写作教材。首先，应根据课程特点、教学目标编写教材。沈潜在《回归写作本位注重应用训练——以〈新型现代应用文写作教程〉为例》中强调，应"构建以可操作性训练为核心的教材新体例"，"新体例的基本原则是回归写作本位，加强应用性和写作训练的可操作性"。[5] 应用性强与写作训练多是文书写作课程的重要特征，其教材内容应以文书写作实践为主。其次，根据学校及学生的情况编写教材。不同学校的专业定位不同，研究性专业更注重学生的研究能力，以理论知识的掌握与深入研究为主。应用性专业更注重实际应用，以服务地方经济发展服务为目标。因此，编写符合校情、学情实际的文书写作教材非常有必要。

另外，文书写作教材应根据职业所需选择文种。文书文种较多，文书写作教材虽然不能面面俱到，但应根据秘书工作与秘书职业特点有针对性地编写。在秘书工作中，需要使用的文书，首先以党政公文为主。除此之外，一些特定领域的秘书工作，还需要特定的文书。机关单位的秘书工作经常使用的文书，除了《党政机关公文处理工作条例》中规定的15种法定公文外，还有一般文书，如计划、总结、调查报告、领导发言稿以及活动策划方案等。而法律行业的秘书工作，就需要学生掌握如民事起诉状等法律文书的写作技巧。因此，文书写作教材在文种选择上应根据职业特点，分清主次，同时兼顾特色。

（二）努力提高写作课教师的业务水平

教师是教学的主力军。师资队伍的建设关乎教学质量，并直接影响学生职业能力的培养。一个独立学科如果没有自己专门的师资队伍，是十分危险的。对于秘书学专业文书写作课程缺乏专业教师的问题，可从以下几方面入手解决。

首先，需要做的是加快已有教师的转型。教师转型工作首先要从提高专业竞争力入手，这需要校方给予新专业适当的政策保障与经费支持，同时明确非秘书学专业背景教师的专业岗位，做好定位，使其全身心投入到秘书学专业的教学和研究中。

其次,加强对年轻教师的培养。年轻教师是秘书学专业的未来和希望,决定了秘书学专业的发展前景。年轻教师因其可塑性强,未来发展方向还没完全定型,可作为秘书学专业的重点培养教师。通过自身加强学习,参加学术交流、培训等方式,年轻教师有望成为秘书学专业的骨干。对此,学校可以制定中长期教师成长计划,定时或不定时地选派教师到相关单位进行工作交流或者挂职锻炼。

再次,加强兼职教师队伍建设,丰富教学队伍组成。秘书的实际工作复杂多变,这就要求文书写作教学不能在课堂上空谈理论,更不能不顾实际生搬硬套。实践教学对于文书写作课程来说十分重要,它能够避免教学脱离实际而导致学不能致用的问题。因此,聘请政府机关或企事业单位符合条件的秘书专业人士,建立一支具有良好实操能力的兼职教师队伍是十分有必要的。这种"双导师"制更有利于学生职业能力的培养。

最后,加强教师学术研究,提高教学业务水平。学术研究有利于教学质量的提升,也有利于教学活动的创新。文书写作因其理论与实践并重的特点,不仅要求任课教师具备较强的实践能力,还应具备较广的理论视野。没有文书写作理论研究背景的教师,其在内容讲解上较多地存在简单化、浅显化的问题,有的甚至照本宣科。这样就无法避免课堂变得枯燥乏味,导致学生学习兴趣降低。这就要求教师除了研究教科书之外,还需要学习更多的理论知识,不仅要进行宏观研究,还要进行微观研究。将学术研究与课堂教学结合起来,教学才能深入浅出、游刃有余。一方面,文书写作教师在教学之余,应自觉地提高学术水平;另一方面,学校要树立正确的学术教学观,鼓励教师在教学过程中不断进行学术研究,建立完善的学术和教学评价机制,将教学业绩与科研业绩同等对待,实施教学与科研等效评价。

(三) 运用多种方式进行课堂教学

1. 采用任务驱动模式,开设情景教学

实践与理论具有辩证统一的关系,实践是理论的基础,理论对实践具有推动作用。在文书写作课堂上,采用任务驱动模式,开设情景教学,可以较好地解决理论脱离实践的问题。任务驱动模式以任务为主线、教师为主导、学生为主体,改变了以往"教师讲、学生听"与"以教定学"的被动教学模式,创造了教师制定课堂、学生深度参与的新型学习模式。任务驱动教学,一切围绕教学目标开展活动,教师在课堂上确定学习目标后,将过程交由学生自主完成。学生以问题为动机,以任务为导向,通过自主探索,运用创造性思维,发挥主观能动性业达成学习目标。

任务驱动模式可以通过在课堂上开设情景教学来实现。教师深入了解实际,巧妙制定教学设计,精心创设与现实情况基本一致或类似的情景,然后让学生带着任务进入情景,运用课堂知识解决问题,完成任务。这种情景教学方法模拟实际,更直观、形象,容易激发学生的学习兴趣,不仅改变了传统教学模式中学生被动学习的状况,将理论和实践相互融合,而且能够加强对学生职业能力的培养。

2. 拓宽教学途径,重视第二课堂

对学生文书写作能力的培养,不能仅仅依赖课堂教学,教师应该拓宽教学方式,为学生创造更多文书写作的实践机会。笔者认为,重视并大力开展第二课堂,是一种行之有效的方法。第二课堂以提升学生的实践能力为主,教学组织形式灵活多样,相比于第一课堂更加生动有趣;同时,第二课堂不以追求考试成绩为目的,能够将学生从死记硬背的压力中解放出来,因而更能激发学生的创造性。

那么,文书写作第二课堂应如何开展呢?程文宜与黄海鹏在《高校第二课堂育人功能及实施路径研究》中指出:"第二课堂发展领域可以是理论类、技能类、实践类、竞赛类、志愿服务类,形式可以包括社会调研、参观访问、文化沙龙、学术讲座、科技竞赛等。"[6]这完全适用于文书写作课程。首先,文书写作学习应走出教室,在各种各样的校园活动中巩固课堂知识;其次,文书写作学习应走出校园,在社会上践行学校教育。第一课堂与第二课堂的结合,不仅能够充分调动学生的主动性与积极性,体现现代教育思想,而且能够避免理论与实践的脱节,真正做到知行合一。

在国家大力提倡职业能力教育的时代,注重本科秘书学专业学生文书写作能力的培养与提高具有较强的现实意义。会说不会写只是"假把式",熟练掌握文书写作技巧是秘书学专业学生重要的职业能力之一,也是秘书学专业区别于中国语言文学专业的一个显著标志。因此,不管是从时代角度,还是从专业角度,文书写作课程的重要性都是不言而喻的。

参考文献:

[1] 闫润兮. 论市场背景下的高校秘书人才培养 [J]. 教育现代化, 2019 (70): 40, 42.

[2] 杨剑宇. 我的三三论:秘书学专业课程设置探讨 [J]. 秘书, 2012 (8): 14.

[3] 王韬. 创新型应用文写作教材编写探索:以《新型现代应用文写作教程》为例

[J]．写作（上旬刊），2015（6）：11．

［4］董秀红．地方本科院校转型发展师资队伍建设的思考［J］，凯里学院学报，2019（12）：86．

［5］沈潜．回归写作本位注重应用训练：应用写作教材和教学改革刍议［J］．温州职业技术学院学报，2006（2）：71．

［6］程文宣，黄海鹏．高校第二课堂育人功能及实施路径研究［J］．红河学院学报，2020（2）：105．